航空心理学研究进展

ADVANCES IN AVIATION PSYCHOLOGY

第二卷
VOLUME 2

[美] 迈克尔·A.维杜利奇（Michael A. Vidulich）
[美] 帕梅拉·S.曾（Pamela S. Tsang）
[美] 约翰·M.弗拉克（John M. Flach） 主编

刘娟　郭小朝　周玉彬　主译

清華大学出版社
北京

北京市版权局著作权合同登记号　图字：01-2023-4461

本书封面贴有清华大学出版社防伪标签，无标签者不得销售。

版权所有，侵权必究。举报：010-62782989，beiqinquan@tup.tsinghua.edu.cn。

图书在版编目（CIP）数据

航空心理学研究进展 . 第二卷 /（美）迈克尔·A. 维杜利奇 (Michael A. Vidulich)，（美）帕梅拉·S. 曾 (Pamela S. Tsang)，（美）约翰·M. 弗拉克 (John M. Flach) 主编 ; 刘娟 , 郭小朝 , 周玉彬主译 .-- 北京 : 清华大学出版社，2025. 7. -- ISBN 978-7-302-69958-3

Ⅰ . V321.3

中国国家版本馆 CIP 数据核字第 2025EG1634 号

责任编辑： 仇竹丽　孙　宇
封面设计： 钟　达
责任校对： 李建庄
责任印制： 宋　林

出版发行： 清华大学出版社
　　　　　网　　　址：https://www.tup.com.cn，https://www.wqxuetang.com
　　　　　地　　　址：北京清华大学学研大厦 A 座　　邮　　编：100084
　　　　　社 总 机：010-83470000　　　　　邮　　购：010-62786544
　　　　　投稿与读者服务：010-62776969，c-service@tup.tsinghua.edu.cn
　　　　　质量反馈：010-62772015，zhiliang@tup.tsinghua.edu.cn
印 装 者： 三河市少明印务有限公司
经　　销： 全国新华书店
开　　本： 165mm×235mm　　**印　张：** 15.75　　**字　数：** 266 千字
版　　次： 2025 年 8 月第 1 版　　　　　**印　次：** 2025 年 8 月第 1 次印刷
定　　价： 99.00 元

产品编号：103588-01

审译者名单

主　审　罗正学

主　译　刘　娟　郭小朝　周玉彬

副主译　晋　亮　吕　扬　杨家忠

译　者　白　霜　林　榕　杨胜敏

　　　　梁丽萍　陈曦蒙　白利峰

　　　　国雪利　杜　健　孙丽霞

　　　　钟阿婷　刘庆峰　戈含笑

目 录

第一部分　实践中的航空心理学

第二部分　支持航空心理学的研究方法

第三部分　自动化与复杂系统

第四部分　航空环境中的视觉和触觉

第一部分
实践中的航空心理学

第一章

仪表飞行的历史

威廉·R. 埃尔科林

序　言

　　经过数百万年的进化历程，人类从原始水生生物逐步演化为陆生生物，继而发展出适应树栖生活的特征，但未能演化出适应空中环境的生物结构。在这一漫长的进化过程中，人类虽然主动（或被动）适应了多种瞬时运动模式，但其生理系统始终未能发展出应对持续性线加速度和角加速度的能力——而这恰恰是现代航空环境中最关键的能力要求。当人类从二维地面环境进入三维空域时，其固有的空间定向系统难以处理突然引入的垂直轴向运动和复杂的多向空间变化。这种进化形成的定向能力与航空环境需求之间的根本性不匹配，必然导致空间定向障碍的发生（Gillingham & Previc，1996）。

　　令人深思的是，尽管航空技术已取得革命性进步，但空间定向障碍至今仍是航空安全领域最具挑战性的人因问题（Gibb，Ercoline & Scharff，2011）。虽然从进化角度理解这一现象"不足为奇"，但其对飞行员判断和操作造成的困扰却始终未能得到有效缓解，甚至在关键时刻导致致命失误。尤为严峻的是，当飞行仪表数据与飞行员本体感觉出现不一致时，许多飞行员仍会本能地质疑仪表可靠性——他们甚至通过敲击仪表盘来试图"修复"所谓的故障，而不愿怀疑自己的感知。这种根深蒂固的本体感觉优先倾向以及对仪表数据的习惯性质疑，已成为威胁航空安全的一大认知隐患。

　　早在 20 世纪初叶，研究者就已发现空间定向障碍现象，并逐步认识到其本质源于人类感知系统与飞行环境之间的适应性缺陷。然而时至今日，当代飞行员在空中面临感官冲突时，其本能反应仍与百年前的飞行先驱们如出一辙。历史给予我们深刻的警示：若能在航空发展初期就对这一现象展开系统性研究，或将避免许多本可防范的航空悲剧。尽管相关探索已跨越一个世纪，但关键性突破仍显不足。这其中最值得探究的是，人类最初究竟是如何实现从固守本能直觉判断到信任飞行仪表这一认知飞跃的？在这场关乎生死的认知革命中，当绝大多数从业者仍被本能感知所局限时，唯有少数人敢于挑战常识、坚持科学验证，这为现代航空安全奠定了坚实的理论基础。

　　这段航空史上的关键转折点，最初由卡尔·J.克兰在20世纪70年代初向我讲述（图1.1）。根据这位航空先驱回忆，约在1926年，他的同事兼好友比尔·埃尔科林（被大家亲切地称为"比尔"）取得了一项开创性发现，这项发现最终将彻底革新人类的飞行方式。如同科学史上所有重大突破一样，这项发现从最初提出到获得广泛认可也经历了长达25年时间的沉淀。今天我们可以肯定地说，这是20世纪航空安全领域最具里程碑意义的科学突破之一，它从根本上重塑了航空界对飞行安全的认知范式。与诸多划时代的科学发现相似，发现者本人往往难以获得实质性回报。比尔最终收获的是航空界的专业认可而非物质收益。尤为可贵的是，即便在没有外界认可的情况下，像他这样的科学先驱依然会坚持真理探索——这正是推动航空技术持续进步的核心动力。

图1.1　卡尔·J.克兰（Carl J.Crane）和比尔·埃尔科林（Bill Ercoline）
在得克萨斯州布鲁克斯空军基地9号机库的珍贵合影

（图片来源：私人收藏）

　　除非是专业的航空历史学者，否则很少有人知晓威廉·C.奥克这个名字的重要意义。作为美国空军首批获得飞行资格的 300 名精英飞行员之一，这位军事飞行员以其对仪表飞行技术的执着研究，彻底改写了现代航空安全史。他的故事与发现，将永远惠及所有飞行从业者：无论是曾经翱翔蓝天的前辈，还是如今肩负使命的蓝天骄子，以及未来将要投身航空事业的后来者。这是我们的财富，值得永远珍视与传承。

　　本章内容主要建立在主人公卡尔·J.克兰的珍贵回忆之上，这些回忆被完整记录并呈现给所有对此感兴趣的读者。正如卡尔曾向我强调的那样，这不仅是一段关于仪表飞行技术发展的历史，更是一个深刻探讨人性和人因问题的经典案例。卡尔最初将其命名为"仪表飞行史"，我们也将沿用这个富有历史意义的称谓。谨以本章内容纪念卡尔·J.克兰先生，特别致敬他为航空事业做出的卓越贡献，同时也以此纪念他的挚友威廉·C.奥克（比尔）。卡尔始终认为，比尔那项划时代的发现未能获得应有的历史地位和赞誉。但毋庸置疑的是，比尔的杰出贡献已经惠及全人类——正是他的开创性工作，让现代航空活动变得更加安全可靠。

▌ 约翰·麦克雷迪（空间定向障碍研究的奠基者）

　　1923 年 5 月，美国陆军航空队的约翰·麦克雷迪中尉和奥克利·凯利中尉创造了航空史上的里程碑——他们驾驶福克 T-2 单引擎飞机，完成了人类首次横贯美国大陆的不间断飞行（图 1.2 和图 1.3）。在经历数次失败尝试后，他们最终于 5 月 2 日从纽约起飞，历时 26 h 50 min，于次日成功降落在圣地亚哥。这次壮举为两位飞行员赢得了美国空军颁发的麦凯奖杯（麦克雷迪中尉也因此成为该奖项历史上唯一的 3 次获得者）。当时航空界普遍认为，这是 20 世纪 20 年代最重要的航空成就之一。这次飞行不仅证明了在 24 h 内横跨美国大陆的可行性，更开创了长途航空运输的新纪元。《国家地理》杂志在 1924 年 7 月专门为此发行了特刊，并特邀麦克雷迪中尉亲自撰文记述这一划时代的飞行历程。正如杂志所描述的："这项创举不仅刷新了人类飞行纪录，更标志着航空发展史上的重要里程碑。"

　　实现如此长距离的跨大陆飞行面临着多重挑战，其中持续飞行的超长航时问题尤为突出。受 1920 年代初期航空技术发展水平的限制，飞机航速相对较低，加上必须昼夜连续飞行，整个航程高度依赖当时尚不完善的地面导航保障系统。这一开创性的飞行壮举固然具有重要的历史价值，但更具研究价值的并非麦克雷迪和凯利所取得的里程碑式成就，而是麦克雷迪中尉在其回忆录中系统阐述的飞行理念演进过程——这些珍贵的一手资料为我们理解航空发展初期的关键技术突破提供了独特的研究视角。

图 1.2　历史性飞行中的福克 T-2 单引擎飞机

（图片来源：美国空军国家博物馆馆藏档案）

图 1.3　创纪录飞行机组：约翰·麦克雷迪中尉和奥克利·凯利中尉（1923 年）

（图片来源：美国空军国家博物馆馆藏档案）

在 1924 年 7 月那期极具历史价值的《国家地理》特刊中，作为主要撰稿人的麦克雷迪中尉提出了一个具有前瞻性的观点。这一观点在当时可谓颠覆传统，因为在那个年代，飞行员普遍深信自己具备与生俱来的空间定向能力，认为仅凭直觉就能准确掌控飞机的空间姿态。值得注意的是，这种对自身能力的过度自信至今仍在部分飞行员中存在！他们坚信这种天赋是获得飞行资格的自然禀赋——毕竟，通过大量的飞行实践，他们已积累了相当丰富的经验。然而，麦克雷迪在文中开创性地指出："根据我的飞行经验，我确信在没有固定参照物或可见地平线的情况下，除非借助重力感知飞机的上升或下降趋势，否则飞行员完全无法准确判断飞机的空间姿态（无论是倒飞、平飞还是倾斜状态）"（《国家地理》，1924 年 7 月）。这一具有划时代意义的认知，被麦克雷迪郑重地记录下来，成为后世航空从业者研究的重要文献。

麦克雷迪的观点与当时的普遍看法大相径庭，公开发表这样的见解需要非凡的学术勇气，而这正体现了他一以贯之的治学风格。他始终坚持以实证研究为基础阐述客观事实，即便这些结论与航空界盛行的飞行理论相冲突。正如前文所述，在那个普遍将"直觉操控"奉为天赋能力的时代，这种与生俱来的飞行本能不仅被视作飞行职业的骄傲，更成为航空界根深蒂固的集体信念。

基于大量的飞行实践，麦克雷迪率先发现传统"直觉论"存在重大认知缺陷。他通过系统的观察研究发现，人类空间定向能力在本质上高度依赖外部视觉参照物。这一颠覆性的发现促使他撰写成专业论文发表——这极可能是美国航空史上首篇探讨飞行感知机制的学术文献。尽管同期飞行员或许对这种现象有过模糊感知，但麦克雷迪首次完成了从经验直觉到理论体系的学术跃迁，成为系统阐释飞行空间定向理论的奠基人。

20 世纪 20 年代，航空事业仍处于充满未知与挑战的萌芽阶段。许多关键的飞行测试都在俄亥俄州代顿市的麦库克机场进行，而约翰·麦克雷迪正是当时最杰出的试飞员之一，并担任首席试飞员。如图 1.4 所示，这张珍贵的合影记录了当时美国空军试飞团队的成员：麦克雷迪位于后排中央位置，前排右数第三位则是后来在仪表飞行领域做出重要贡献的詹姆斯·杜立特尔中尉。这些试飞员不仅是航空技术的实践者，更是多项飞行记录的创造者，他们不断突破飞行高度、速度和距离的极限。在那个技术积累的阶段，飞行员们通过实际飞行来掌握飞行技术，正如卡尔所言："我们通过实践来理解飞行"。其中最具挑战性的就是低能见度条件下的飞行操作。对于早期飞行员而言，阴霾天气和夜间飞行完全属于未知领域，每次执行这类任务都伴随着巨大的飞行风险。正是在这样的环境下，麦克雷迪等航空先驱展开了对空间感知问题的系统性研究。

作为这些飞行试验的亲历者，麦克雷迪在《横贯大陆》中详细记录了当时的飞行实践。面对长时间丧失舱外视觉参照的极端飞行状况，他们逐步摸

图 1.4 美国空军在俄亥俄州麦库克机场的早期试飞员（1920 年代）

照片说明：后排（从左至右）：身份未确认的军官、哈罗德·A.约翰逊中尉、霍伊·巴克斯代尔中尉、首席试飞员约翰·A.麦克雷迪中尉（居中）、詹姆斯·T.哈钦森中尉、鲁本·C.莫法特中尉、路易斯·G.迈斯特（民用试飞员）、身份未确认的军官；前排（跪姿，从左至右）：身份未确认的军官、R.G.洛克伍德（民用试飞员）、乔治·图特洛特中尉、詹姆斯·杜立特尔中尉（在仪表飞行领域做出重要贡献）、威廉·N.阿米斯中尉、身份未确认的军官（图片来源：美国空军国家博物馆馆藏档案）

索出一套行之有效的应对技巧。其中最具代表性的方法是在进入云层前主动进行头部摆动和身体活动，这个看似简单的动作实际上相当于在飞行员的前庭系统中建立了一个临时的空间定向参照系。另一种普遍采用的技术是将操纵杆稳固地夹在双膝之间，并在整个穿云过程中保持这一姿势不变——该方法在保持直线飞行时效果良好，但在夜间或复杂气象条件下的适用性则相对有限。这些由实战经验总结出的技巧虽然原始，但确实帮助部分飞行员实实在在地克服了空间定向障碍问题。事实上，当时的飞行实践中还存在着其他辅助方法，但上述两种技术因其可靠性和易操作性而成为主流选择，为飞行员在恶劣环境中维持基本飞行控制提供了重要保障。根据卡尔搜集的第一手资料以及众多飞行先驱的回忆：当时的飞行员群体普遍缺乏经验交流，彼此之间很少主动分享遇到的飞行难题。这种经验共享机制的缺失，无疑在很大程度上制约了早期航空安全技术的协同发展。

空间定向障碍的形成并非单纯源于飞行员的心理或认知局限。在航空业发展的初期阶段，虽然驾驶舱内的飞行仪表具有重要的导航功能，但飞行员们普遍坚信仅凭直觉就能完成飞行任务，完全不需要依赖仪表辅助。图 1.5 展示的是 20 世纪 20 年代最具代表性的柯蒂斯 P-1C "鹰"式战斗机，这款机型是美国陆军航空队在 1920 年代装备的主力战斗机，曾在全球广泛使用。需要指出的是，飞机本身的性能无可挑剔，但其驾驶舱仪表布局设计存在问题。图 1.6 是该机型驾驶舱的实景照片，图中特别添加了指示标线用以标注各类仪表的具体位置和名称，这型飞机的仪表布局在当时堪称一个极具代表性的特例。在照片中，高度表和若干发动机仪表清晰可见，而通过指示标线标注的转弯侧滑仪和威士忌罗盘却被刻意隐藏。仔细观察标示这两项关键仪表位置的指示线（虽然图中未完整标注其名称），会发现这些标线最终指向驾驶舱的地板区域。令人惊讶的是，转弯侧滑仪和罗盘被安装在方向舵踏板之间、操纵杆正后方的地板上！卡尔对此现象进行了分析：由于飞行员坚称

图 1.5　柯蒂斯 P-1C"鹰"式战斗机在停机坪上

（图片来源：美国空军国家博物馆馆藏档案）

图 1.6　柯蒂斯 P-1C"鹰"式战斗机驾驶舱仪表布局

（图片来源：卡尔·克莱恩私人收藏）

不需要这些仪表，设计者便将它们安装在最不显眼的位置。在实际飞行中，若飞行员确实需要使用这些仪表，必须先费力地将操纵杆移开，才能观察到转弯侧滑仪或罗盘的读数。这种设计充分反映了当时飞行员群体对仪表导航系统根深蒂固的抵触心理。

在这一关键发展时期，航空医学界正致力于制定系统的飞行员体检标准（Noe，1989）。医疗专家们建立了一套科学的飞行适应性评估体系，包含视力检测、体能测试等多个维度，其中最为关键的是前庭功能（内耳平衡系统）的评估。当时的医学共识认为，飞行员在飞行中（特别是在无法获得舱外视觉参照的情况下）必须具备健全的前庭功能。到 20 世纪 20 年代初，航空医学界更是将前庭功能的重要性置于视觉功能之上。从某种程度上说，这一观点有其合理性，因为飞行员确实需要良好的前庭功能来维持空间定向。为此，研究人员专门开发了转椅和多轴旋转测试装置，试图通过这些专业设备选拔出那些具有"先天飞行禀赋"的优秀候选者。（值得注意的是，即便在仪表导航的重要性得到证实之后，这一传统观念的转变仍然经历了数年时间才最终完成。）

在航空技术突飞猛进的数十年间，整个行业面临着多重矛盾：飞行员群体坚信可以不依赖仪表进行飞行操作，飞机制造商对有限的几个必要仪表的布局设计举棋不定，而医学界则专注于选拔平衡感优秀的飞行员。只有极少数人意识到可能存在问题，却难以准确定义问题本质或提供确凿证据。正如肯特·吉林厄姆在开篇引文中所指出的，人类在飞行环境中难以维持准确的方向感本是不争的事实，但令人惊讶的是，当时几乎无人认同这一观点。那么，这一行业体系究竟是如何实现渐进式变革的？答案就隐藏在仪表飞行技术的发展历程之中。

为深入理解航空史上的这一关键转折点，我们需要回溯至美国空军的初创时期（当时隶属于美国陆军通信兵团）。图 1.7 展示的是一张极具历史价值的全景照片，拍摄于 1914 年加利福尼亚州圣地亚哥北岛。这张珍贵的照片完整记录了当时美国陆军航空队的全部阵容：军官们整齐列队于前排，士

图 1.7　美国陆军通信兵团全体成员合影（约 1914 年）

（图片来源：美国空军国家博物馆馆藏档案）

兵们排列在后排，他们身后则停放着当时的军用飞机。照片前排右起第五位是本杰明·福洛伊斯中尉，这位航空先驱在 1910 年 3 月 2 日创造了历史性时刻——在得克萨斯州圣安东尼奥的萨姆·休斯顿堡，他独自驾驶美国陆军第一架军用飞机升空，成为美国军事航空史上首位单飞飞行员。

陆军部为这项开创性任务配备了从莱特兄弟公司采购的价值 25 000 美元的军用飞机、基础飞行手册和极其有限的维护经费，给福洛伊斯的指令简单明确：自行掌握飞行技术。完成飞机组装后，福洛伊斯于 1910 年 3 月 2 日清晨开始了具有里程碑意义的首次试飞。当天他共飞行了 4 架次，在最后一次着陆时遇到困难。这一经历促使他立即致信莱特兄弟寻求专业指导，这或许开创了军事航空远程培训的先河。值得一提的是，福洛伊斯还创新性地安装了飞机安全带系统，这可能是航空史上首个实用的飞机安全带系统。凭借这些开创性贡献，他从一名中尉逐步晋升为陆军航空兵高级将领，最终担任航空兵团司令。至今，航空史学界仍尊称他为"美国军事航空之父"（历史花絮：据记载，观看这场划时代飞行的观众中，有一位圣安东尼奥当地的 10 岁男孩卡尔·J. 克兰。这个热爱飞行的少年，正热切盼望着长大后能翱翔蓝天）。

现在，请将目光转向这张全景照片的左侧，如图 1.8 是人物的特写镜头。画面中央是一位身材高瘦的军人，胸前佩戴两枚醒目的奖章，这正是比尔·奥克中士。这位优秀军人随后在柯蒂斯航空学院获得了飞行执照（编号 293），成为美国陆军第二位应征飞行员。首位获此殊荣的是弗农·伯格下士（Arbon，1992）。

图 1.8　美国陆军通信兵团航空分队应征人员（约 1914 年）

（图片来源：美国空军国家博物馆馆藏档案）

比尔·奥克是一位值得被历史铭记的航空先驱，他深刻改变了飞机的飞行方式。虽然这一变革过程比他预期的更为缓慢，但他始终坚定不移地推动着这项革新。可以说，仪表飞行的发展史就是比尔·奥克的成就史。我们相信卡尔·克莱恩正是希望我们了解比尔当年所面临的种种挑战。在他关于仪表飞行的故事中，蕴含着二十世纪最重要的航空发现之一。

比尔最初以骑兵身份入伍，但在目睹飞机的诞生后，便迫不及待地想要加入陆军通信部队的航空分队。他直接向时任指挥官比利·米切尔上尉提出调任申请，并最终获得批准。随后，比尔·奥克中士被任命为军官，在约翰·J. 肯尼迪将军指挥的陆军通信部队担任飞行员。值得一提的是，米切尔上尉不仅批准了比尔的请求，自己也投身航空事业，并经常与比尔一同飞行，这些珍贵记录都完整保存在比尔的飞行日志中。卡尔·克莱恩的研究表明，很可能是比尔·奥克成功说服了比利·米切尔投身航空事业。因此，在比尔的军事生涯中，他还曾与后来成为将军的比利·米切尔并肩飞行。

比尔生命中的另一位重要人物是埃尔默·斯佩里，斯佩里经营一家陀螺仪公司，原本专门生产船舶导航仪表，后来拓展至航空仪表领域。其中，转弯侧滑仪作为船舶导航的重要仪表，能在雾天或夜间等能见度不佳的情况下为船长提供航向变化信息。该仪表配备的液位指示器（充液管中的滚珠）可直观显示航向偏转情况。1918 年，斯佩里将这一设备交给比尔进行测试，主要目的是验证其在航空领域的适用性。

为适应飞机使用需求，比尔对该仪表进行了实用化改进。如图 1.9 所示，他创新性地采用 C 形夹将仪表框架固定在机翼支柱上，并在机翼下方加装了文丘里管，这一巧妙设计使得转弯侧滑仪的陀螺能够通过气流驱动旋转。具体做法是，比尔在外壳顶部开设了一个通气孔，当飞机飞行时，文丘里管周围的气流会通过这个孔吸入空气，持续驱动陀螺旋转，从而实现了无须电力即可保持陀螺持续运转的功能。

在长期的飞行实践中，比尔始终随身携带着这个关

图 1.9 比尔改进的航空用转弯侧滑仪

（图片来源：美国空军装备司令部历史办公室馆藏档案）

键的导航指示器。他特意选用了一个黑色的小型洗漱包来存放这个精密仪器。每次执行飞行任务前，他都会仔细地将指示器安装在驾驶舱附近的垂直支柱上。作为一名严谨的飞行员，比尔坚持详细记录每次飞行中设备的使用情况。他的飞行日志清楚地显示：该指示器在晴朗天气条件下运行良好，但在云层中飞行时经常出现故障。比尔曾多次将设备送回斯佩里的公司进行检测，但每次的检测报告都显示"设备运转正常，建议继续使用"。带着疑虑，比尔仍然坚持使用这个指示器长达 8 年之久，期间持续记录其性能表现。在这漫长的测试过程中，他始终无法确定这个设备是否真正可靠，甚至对其提供信息的准确性也心存疑虑。然而，正是这种坚持不懈的探索精神，最终促成了一个划时代的重大发现。这个发现不仅彻底改变了比尔个人的职业轨迹，更重要的是，它开创性地革新了整个航空导航技术体系，改变了飞行员的操作方式。

戴维·迈尔斯（空间定向障碍的实证先驱）

1926 年，当比尔·奥克调任至加州克里西机场时，他仍坚持在飞行中使用转弯侧滑仪，却始终对该仪表的可靠性心存疑虑。此时的他尚未意识到，一场将彻底改变航空安全认知的革命正在悄然酝酿。这场变革的序幕，始于他例行接受的半年期体检。在完成包括巴氏转椅测试在内的标准检查项目后，航空军医戴维·迈尔斯上尉（图 1.10）提出了一个特别的请求："可否请您配合进行一项附加测试？"。这个看似寻常的询问，即将揭开航空史上一个划时代的重大发现。

图 1.10　戴维·迈尔斯上尉（医学博士）

（图片来源：美国空军装备司令部历史办公室馆藏档案）

迈尔斯博士在前期临床观察中注意到一个耐人寻味的现象。作为飞行员体检的常规项目，在使用巴拉尼椅测试前庭功能时，他发现：当受试飞行员闭眼旋转一段时间后，往往无法准确判断旋转方向，更引人深思的是，在匀速旋转后的减速阶段，飞行员的方向感知会出现系统性偏差——绝大多数人坚信自己正在朝相反方向旋转。尽管这不属于标准检测范畴，迈尔斯博士仍对此展开深入研究，并定期邀请飞行员自愿参与这项补充测试。

已通过常规体检的比尔欣然接受了这项测试。测试中，迈尔斯博士让比尔戴上眼罩在巴拉尼椅上旋转。当旋转速度开始降低时，博士突然询问比尔感知到的旋转方向。比尔毫不犹豫地指出了他认定的转向，然而在眼罩被摘下的瞬间，他震惊地发现，自己判断的方向与实际的旋转方向完全相反！这一意外发现为后续的航空医学研究提供了至关重要的实证依据。

比尔对这个测试结果感到难以置信，他当即向迈尔斯博士提出改日再次测试的请求，希望能重新审视这个令人困惑的现象。那么，究竟是什么原因促使他如此执着？或许源于他长期使用斯佩里转弯侧滑仪积累的飞行经验，又或许只是天才的直觉使然？无论如何，迈尔斯博士欣然同意了这个请求，事实上，他对飞行员在空间定向认知上出现的偏差现象始终保持着浓厚的科研兴趣。

离开迈尔斯博士的办公室后，比尔立即着手设计了一个精妙的验证装置。他制作了一个大小约 30 cm×20 cm×15 cm 的木质暗箱，其一端开口可供测试者的头部伸入观察。暗箱内集成了三个关键组件：①从飞机上拆卸的转弯侧滑仪；②用于照明的 2.5 V 小型手电筒；③通过 1.5 m 橡胶软管连接的人工吹气驱动装置。这个创新设计完美复现了他在飞机上利用气流驱动陀螺的工作原理。完成最终调试后，比尔带着这个创新装置重返迈尔斯博士的办公室。这次，他提出了一个新颖的测试方案：不使用眼罩，而是让测试者把头部完全置于暗箱内部进行观察。迈尔斯博士对这个新颖的设计表示认可，只要确保测试者无法获取外部视觉参照即可。

在严格控制的实验环境下，这项具有历史意义的测试正式展开。迈尔斯博士以 15 γ/min 的标准转速启动旋转椅，并在预设的时间点询问比尔的空间方位判断。令人震惊的是，比尔连续三次准确无误地指出了实际转向方向——这一结果完全颠覆了此前的所有测试记录！在此之前，从未有任何受试者能够实现如此准确的空间定向判断。这个突破性的发现让迈尔斯博士对暗箱内的装置产生了极大的科学兴趣。

这次实验首次通过科学方法证实了"空间定向障碍"现象的存在，明确揭示了飞行员主观感知与飞机实际运动状态之间存在的系统性偏差。实验结果有力地验证了麦克雷迪的前瞻性观点：人类必须借助一些辅助工具才能实现准确的空间定向判断。该研究在航空医学领域具有里程碑意义，为现代仪表飞行理论奠定了实证基础。基于严谨的实验证据，比尔深刻认识到：飞行员在云层和夜间飞行等低能见度条件下采用的传统空间定向技术（如头部摆动、操纵杆固定等）都存在根本性缺陷，这些经验性方法无法克服人类前庭系统的生理局限。他决心以这些科学发现为依据，推动整个航空界的认知革新。然而，改变根深蒂固的传统观念绝非易事，这将是一场持久战，是贯穿比尔整个军旅生涯的艰巨使命。

需要特别指出的是，虽然此前可能有人观察到类似的感知现象，但比尔和迈尔斯博士首次科学地将其与飞行安全问题建立联系。迈尔斯博士开创性的测试方法和比尔非凡的工程智慧共同促成了这一重大发现，尽管这一里程碑式的贡献在航空史上常常未能获得应有的重视。在那个航空医学刚刚起步的年代，医疗团队正竭尽全力完善飞行员选拔标准，然而飞行员群体普遍不愿分享在低能见度条件下的飞行体验，这一信息壁垒严重阻碍了航空安全研究的进展。比尔不仅发现了这个事关所有飞行员的关键问题，更创造性地设计出安全可靠的实验装置来验证这一现象。

无须再猜测问题所在：比尔已经通过实验证明，人类无法依靠直觉准确判断方向。这并非个人能力的问题，因为事实上就没有人能做到这一点，尽管许多人仍然坚信自己可以。这项研究首次提供了确凿证据：无论是否受过专业飞行训练，任何人如果仅凭方向感来判断，都可能在转弯方向上产生错觉。即使在今天，我们也很难理解一个人怎么会感觉自己正在向右转，而实际上却在向左转。但事实确实如此，这就是空间定向障碍的表现方式。由于比尔的发现与当时的普遍认知相悖，他的理论和勇气遭到了许多毫无根据的质疑。

以当时的技术水平，比尔设计的装置（图 1.11，称为"防眩晕盒"或"奥克盒"）确实相当简陋，但其效果毋庸置疑。经过不断改进，该装置最终获得了美国专利局认证，于 1928 年 2 月正式获批专利。

如今，测试者只需借助防眩晕盒，便能成功完成迈尔斯博士设计的旋转测

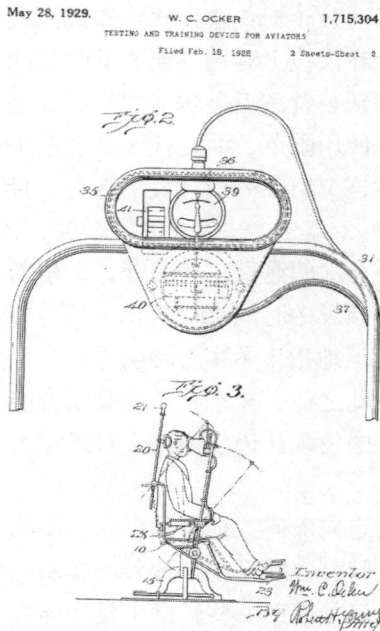

图 1.11　防眩晕盒专利图

（图片来源：卡尔·克莱恩提供）

试。在判断旋转方向时，受试者必须依据旋转针的偏转读数作答，而不能仅仅依赖于主观感觉。简言之，飞行员必须通过"飞行仪表"来校正方向感的偏差。这一原理看似简单，但要让飞行员完全克服自身本体感觉绝非易事，某些情况下甚至面临极大挑战。这无疑是航空史上具有里程碑意义的重大突破——只要配备可靠的飞行仪表来判定空间方位，飞行员便能在除极端雷暴之外的各种气象条件下安全操控飞机。这一革命性发现从根本上改变了传统的依赖目视判断的飞行方式，为现代仪表飞行技术奠定了坚实基础。

正如前文所述，当时绝大多数飞行员都拒绝承认飞行仪表在驾驶中的必要性。比尔成为了众矢之的，不仅要忍受同僚们的冷嘲热讽，更遭到上级指挥官的严厉斥责。比尔被认为"精神失常"，被送往莱特曼总医院接受精神评估，尽管检查结果完全正常。颇具讽刺意味的是，他竟又被要求接受第二次精神鉴定，而结果再次证明他的精神状态毫无异常。即便面对如此境遇，比尔依然坚定不移地推动着飞行仪表在航空安全领域的应用。

命运的转折发生在比尔被调往布鲁克斯飞行训练基地之时。这次调任的潜台词无非是要将他"发配"得远离一线作战部队。正是在布鲁克斯，比尔有幸结识了卡尔·克莱恩中尉，两人的相遇为仪表飞行技术的发展带来了关键性转机，这项技术即将迎来历史性的突破。

卡尔·克莱恩（从'死亡螺旋'幸存者到奥克盒推广者）

卡尔·克莱恩中尉在完成凯利与布鲁克斯两所飞行学校的严格训练后，被正式派驻密歇根州塞尔弗里奇空军基地。某日凌晨，他接到一项特殊任务：护送一名国会议员的儿子从塞尔弗里奇转场至华盛顿博林机场。破晓前的停机坪上，卡尔·克莱恩中尉与这位特殊的年轻乘客登上了那架被称为"珍妮"的 JN-4 双翼教练机。克莱恩中尉负责前舱驾驶，而年轻乘客则安坐后舱。飞行前例行检查、滑行、起飞，一切按部就班地进行，随即这架老式双翼机在晨曦中平稳起飞。爬升过程中，卡尔注意到远处有逐渐聚拢的云团。基于初级飞行训练中获得的知识，他乐观地判断飞越云层应该不成问题。然而当飞机接近云团时，发动机的轰鸣声开始变得吃力，爬升率不断下降，飞机最终在 7000 英尺高度达到了爬升极限。此刻他才猛然意识到事态的严峻：飞机已无法超越云层，可他既没有接受过仪表飞行训练，对云中飞行的风险也缺乏足够认知。面对这一突发状况，悬停在 7000 英尺高空的卡尔必须立刻做出决定：是紧急转向规避云层，还是冒险穿云？短暂权衡后，这位年轻的中尉飞行员选择了后者——他推动操纵杆，驾驶着这架老旧的"珍妮"飞机，毅然冲入了那片未知的茫茫云海之中。

"珍妮"冲入云层的瞬间，整个驾驶舱瞬间被乳白色的浓雾笼罩。克莱恩紧握操纵杆，努力保持着想象中的平飞状态，但仪表盘上的读数却显示出异常：高度持续下降，空速表数字不断攀升——这架飞机正在不知不觉中进入俯冲。在那个航空启蒙的年代，JN-4的驾驶舱内既没有姿态仪，也没有转弯侧滑仪，这些在现代看来至关重要的仪表，在当时却被飞行员们称为"多余的累赘"。毕竟，在目视飞行规则盛行的年代，谁会认为需要仪表呢？克莱恩本能地拉杆试图改出，但高度表的指针仍在无情地下滑。云层中的水汽在挡风玻璃上凝结成细密的水珠，湍流使机翼发出不祥的震颤，这位年轻飞行员的后背已被冷汗浸透。当他回头查看后座乘客的状况时，眼前的景象令人窒息：那位天真烂漫的年轻人正兴奋地向他挥手，全然不知死神正在逼近。在这个被云雾隔绝的空中牢笼里，只有克莱恩清楚，某些可怕的事情正在发生，但他却无从知晓问题究竟出在哪里。

在飞机持续下坠的危急时刻，克莱恩拼命回想飞行教官的每一句训诫。有位老教官的警告突然浮现："永远不要钻进云层，因为你永远不知道里面潜伏着什么危险。"此刻这个忠告显得如此讽刺——他不仅深陷云海，更可怕的是飞机已经完全失控，正以螺旋下坠的姿态冲向地面。这种后来被航空界称为"死亡螺旋"的致命状态，在他的训练课程中从未被提及，更没有人教授过任何应对之策。机舱外呼啸的风声如同死神无情的狞笑，而仪表盘上不断跳动的数字，正在为这场空中噩梦进行着倒计时。

此刻，克莱恩终于清醒地意识到，缺乏仪表飞行训练的自己正面临着怎样的绝境。他在绝望中默默祈祷，期盼着奇迹降临，但这显然无济于事。飞机的高度仍在持续下降，空速表的指针不断攀升。一个可怕的念头在他脑海中逐渐清晰：坠毁已是不可避免的结局！虽然机舱内备有降落伞，但从未接受过跳伞训练的克莱恩根本不敢贸然尝试。他艰难地转过头，想要最后看一眼后座的乘客，却在千钧一发之际看到了令人毛骨悚然的景象：机翼旁赫然矗立着"斯塔特勒酒店"的巨型霓虹招牌——他们的飞机正以惊人的速度，朝着这座摩天大楼的顶层直冲而去！

就在这千钧一发之际，云层突然散开，地面重新映入眼帘。克莱恩以惊人的反应速度猛拉操纵杆，在即将撞上酒店的瞬间将飞机改平。随着发动机发出嘶吼般的轰鸣，"珍妮"号重新获得升力，艰难地恢复了平飞状态，最终得以在底特律河上空重新爬升，朝着托莱多方向继续飞行。这次惊心动魄的经历让克莱恩坚定地决定：永远不再冒险进入云层。他清楚地意识到自己的飞行训练存在着致命缺陷——那些被完全忽略的仪表飞行知识，险些让他们付出生命的代价。那段在云海中迷失方向、几乎酿成惨剧的经历，成为长期困扰他的梦魇，也让他对航空安全有了全新的认知。

正如卡尔·克莱恩在回忆录中所述，这种被称为"死亡螺旋"的飞行现象在航空早期屡见不鲜。但当时的飞行文化使多数遭遇此劫的飞行员选择缄默——他们羞于承认自己遭遇了"空间定向障碍"，唯恐被视为技术不精。直到一年后克莱恩重返布鲁克斯机场担任飞行教官时，在与比尔·奥克共事的过程中，他才真正理解那次惊险遭遇的根源，并逐渐领悟到比尔设计的"防眩晕盒"（或称"奥克盒"）对航空安全的革命性意义：这简陋的木盒背后，承载的是改写航空史的人机交互新范式。

比尔·奥克和卡尔·克莱恩（暗舱飞行先驱）

在布鲁克斯机场，比尔·奥克正面临着一场艰难的博弈。大多数飞行员对他的仪表改进工作嗤之以鼻，认为这些努力纯属多余。比尔敏锐地意识到，根深蒂固的"直觉飞行"教学理念正是阻碍航空安全进步的桎梏，而他决心要打破这一陈规。现存的图 1.12 是一张极具历史价值的照片，忠实记录了比尔初到布鲁克斯时的情景。令人难以置信的是，当时的飞行教官们不仅忽视仪表的重要性，甚至会刻意用纸张遮挡驾驶舱内最关键的转弯侧滑仪。他们固守传统，执意要求学生通过所谓的"天赋直觉"来驾驭飞机，将仪表视为

图 1.12 飞机仪表盘照片，摄于得克萨斯州布鲁克斯机场（约 1928 年）

（图片来源：美国空军装备司令部历史办公室提供）

可有可无的辅助工具。面对铺天盖地的质疑与嘲讽，比尔始终不曾放弃。他抓住每个机会，不厌其烦地向人们演示他的旋转椅和防眩晕盒。转机出现在美国空军航空医学院的军医们身上——这些驻扎在布鲁克斯的医学专家们，对比尔的发明表现出了远超飞行员的专业兴趣与热忱。

（注：据卡尔·克莱恩回忆，传奇飞行家查尔斯·林德伯格曾私下接受过比尔的演示测试。这位性格内敛的飞行英雄同意体验巴氏椅测试，但坚持要在完全私密的帐篷内进行。测试结束后，林德伯格礼貌地向比尔致谢，但此后便再未提及此事。这个意味深长的插曲，恰如其分地折射出当时航空界对比尔创新研究的复杂态度——既无法否认其价值，又不愿公开认可。）

对比尔而言，推动飞行仪表的革新不仅是一项使命，更是一份沉甸甸的责任。他毅然肩负起这一重担，在质疑声中坚定前行。命运的巧妙安排让卡尔·克莱恩中尉在某个寻常日子走进机库时，恰好目睹了比尔为其他飞行员进行转椅测试演示的全过程。卡尔被实验结果深深震撼，立即请求比尔解释其中的原理。比尔不仅系统演示了空间定向障碍的形成机制，更亲自指导他如何通过仪表克服飞行错觉。"你必须完全信任仪表，而非自己的感官判断"——这句箴言成为卡尔飞行生涯的关键转折点。这次演示终于解开了困扰卡尔多年的谜团：当年从塞尔弗里奇机场起飞误入云层后，正是因为飞机进入转弯状态，他既无法准确感知飞行姿态，又缺乏仪表辅助，才险些酿成重大事故。如今，他终于掌握了应对这种险情的关键技术。这次相遇不仅让卡尔获得了新生，更让两位志同道合的航空先驱建立起深厚的友谊。

图 1.13 卡尔·克莱恩（前座）与比尔·奥克（后座）合影

（图片来源：美国空军装备司令部历史办公室提供）

他们随后在暗舱罩（一种安装在驾驶舱上方的遮光装置，能完全阻挡飞行员对外界的视觉参考）下进行了一系列开创性的飞行测试。通过大量演示，他们向整个航空界证明了仪表飞行的必要性。1930 年，他们完成了航空史上里程碑式的壮举——首次完全依靠仪表（使用暗舱罩）进行的跨州飞行，从得克萨斯州的布鲁克斯机场直抵伊利诺伊州的斯科特机场（图 1.13）。这次飞行彻底改写了航空导航的历史。

　　这两位航空革新者的相遇堪称历史性的机缘。布鲁克斯机场作为当时美国空军最重要的训练基地之一，不仅是培养顶尖军事飞行员的摇篮，更是美国空军航空医学院（School of Aviation Medicine，SAM）的所在地。这里汇聚了全美最资深的飞行教官、最前沿的航空医学专家，以及最具探索精神的飞行学员，构成了一个推动航空技术发展的理想平台。在这样的氛围中，比尔和卡尔持续推广仪表飞行理念。在航空军医和热心学员的协助下，他们通过一系列严谨的科学实验和飞行演示，向整个航空界证明：当能见度降低或视觉参考缺失时，唯有依靠仪表飞行才能确保绝对安全。虽然当时大多数飞行员仍固守传统，对这些演示冷嘲热讽，但已有少数思想开明者开始认真思考其中的科学道理。为了彻底扭转行业偏见，比尔和卡尔精心设计了一系列极具说服力的测试。

鸽子的飞行实验

　　在得克萨斯州航空史上留下重要印记的斯廷森机场（与布鲁克斯机场相距仅数英里），卡尔结识了一位坚持"鸟类飞行论"的飞行员朋友。这位朋友坚信能像鸟儿一样仅凭直觉自由翱翔，甚至断言人类的飞行智慧远超鸟类——这一观点在当时飞行员中颇具代表性。实验的灵感源自卡尔对鸽群行为的敏锐观察：每逢晨雾弥漫之时，训练有素的信鸽总是拒绝展翅，宁愿在地面耐心等待雾气消散。这一现象促使比尔和卡尔从著名的山姆·休斯顿堡军事基地（美国陆军重要的航空医学研究中心）借调了一批精锐信鸽。他们创新性地设计了鸟类飞行实验（图 1.14），通过特制头罩完全遮蔽鸽子视觉，精准模拟飞行员在仪表飞行中面临的视觉剥夺状态。随后，这些"失明"的信鸽被带上飞机，在特定高度释放出舱。

图 1.14　戴头罩的鸽子

（图片来源：美国空军装备司令部历史办公室提供）

　　实验过程与发现：

　　1. 初始反应：失去视觉的信鸽本能地剧烈扑打翅膀，试图维持飞行姿态；

2.适应阶段：经历数次失败的飞行尝试后，鸽子会本能地将双翼调整为显著的上反角姿态；

3.应急机制：这种特殊的翼型构型产生类似滑翔伞的空气动力学效应，使鸽子得以相对平稳地降落；

4.归巢本能：一旦着陆解除面罩，这些训练有素的信鸽立即准确无误地飞返基地。

这项开创性实验得出了颠覆传统认知的重要结论。研究发现，即便是经过亿万年进化获得完美飞行能力的鸟类，在视觉受限条件下同样会完全丧失空间定向能力；更令人惊讶的是，在视觉剥夺情境中，鸟类与人类飞行员表现出了高度相似的应激反应模式。这一重大发现不仅揭示了生物飞行的本质局限，更为现代仪表飞行系统提供了坚实的生物学依据，确证了完全依赖生理感官的飞行方式存在致命缺陷，这对航空安全领域具有深远的启示意义。

该研究不仅改变了航空安全的认知范式，更预示着航空医学新时代的来临。比尔和卡尔通过这个看似简单的动物实验，向整个航空界传递了一个振聋发聩的警示：在云端之上，信任仪表胜过信任本能。

直线行走实验

在航空发展史上，飞行员对仪表飞行的抵触根植于一个根深蒂固的传统观念：真正优秀的飞行员天生具备精准的空间定向能力。为彻底打破这一认知误区，比尔和卡尔精心设计了一项简单却极具说服力的实证研究——这项开创性实验至今仍是航空心理学课程的经典案例。

实验设计：

1.受试者筛选：从布鲁克斯机场现役飞行员中招募志愿者，均为飞行小时数超过 500 h 的资深飞行员；

2.视觉控制：采用专业遮光眼罩完全阻断受试者视觉输入；

3.任务设置：要求受试者手持棒球场划线粉刷，在平坦开阔的机场跑道上"直线"行进；

4.数据采集：

（1）粉刷释放的粉末实时记录行走轨迹；

（2）研究团队通过航拍完整记录实验过程（图 1.15 和图 1.16）；

5.要求：受试者需全神贯注于自身方向感判断。

研究发现所有受试者在空间定向任务中均表现出系统性偏差，100% 无法保持直线行走，其偏转方向呈现 47% 右旋与 53% 左旋的均衡分布，且偏转幅度与行进距离存在显著正相关（$r=0.82$，$P < 0.01$）。同时研究观察到显著的个体差异特征（$P < 0.05$），但飞行经验与偏转程度之间未发现统计学显著关联（$P > 0.1$）。

图 1.15 两名志愿者准备进行直线行走测试

（图片来源：美国空军装备司令部历史办公室提供）

图 1.16 实验结果所示的"直线"轨迹

（图片来源：美国空军装备司令部历史办公室提供）

　　这项研究通过严谨的实验设计获得了确凿证据：当失去视觉参考时，人类的空间感知系统存在固有缺陷。《航空医学季刊》发表的航拍轨迹图在航空界引发强烈反响，它从根本上动摇了"优秀飞行员靠直觉飞行"的传统观念，为现代仪表飞行系统奠定了科学基础。正如比尔在研究报告中的深刻洞见：在视觉剥夺状态下，即便是最资深的飞行员也会失去方向基准，这印证了仪表系统不可替代的价值——理性必须超越直觉。

关于这本书

经过多年严谨的科学研究与飞行实践，比尔·奥克和卡尔·克莱恩决定将他们的开创性发现编纂成书。这部著作不仅系统总结了他们的研究成果，更为现代航空安全奠定了理论基础。尽管当时航空界已开始逐渐接纳仪表飞行的理念，但在此之前，从未有人能将以下关键领域整合成完整的理论体系：

- 暗舱飞行训练的标准操作规程
- 空间定向仪表的科学原理与应用
- 导航辅助设备的操作规范
- 仪表飞行的标准程序与应急方案

1932年，这部划时代的著作由得克萨斯州圣安东尼奥的内勒出版公司正式出版（目录页见图1.17）。该书一经问世便引起轰动：迅速被翻译成德、法、西等多国语言；成为国际民航组织首个仪表飞行培训标准的制定依据；直接促使泛美航空等商业航空公司采纳"奥克盲飞系统"；比尔本人更受邀担任泛美航空墨西哥分部（布朗斯维尔训练中心）的首席技术顾问。

特别值得一提的是，泛美航空不仅开创了墨西哥商业航线，更在全球商业航空领域率先全面引入"遮罩式"暗舱训练课程。该著作的广泛传播，不仅确立了现代仪表飞行的国际标准，更推动了全球商业航空业的规范化发展，其影响力延续至今。正如航空史学家约翰逊所言：奥克与克莱恩的这部著作，标志着航空安全从经验主义走向科学规范的重要转折点。

在卡尔职业生涯的暮年，他惊讶地获悉，这部开创性著作的影响力已远播至苏联。俄罗斯航空专家不仅获

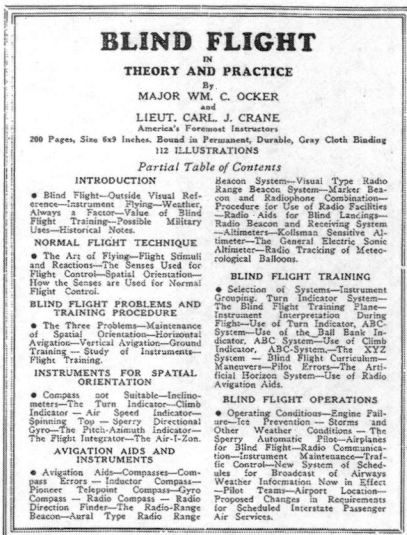

图 1.17　《暗舱飞行手册》目录页

（图片来源：美国空军装备司令部历史办公室提供）

得了该书的副本，更将其译为俄文，作为其仪表飞行训练课程的核心教材。该著作几乎成为全球所有致力于飞行训练革新的航空机构的必读教科书，唯一的例外或许就是美国陆军航空队本身。军方保守势力对变革的抗拒令人扼腕，但历史的车轮终究不可阻挡。正是比尔和卡尔数十年如一日的坚持，以及时间的无情验证，最终促使连最顽固的美国军方也不得不接受这场航空安全的革命。

吉米·杜立特（人类首次全盲飞行）

1929 年前后，航空先驱吉米·杜立特在丹尼尔与哈里·古根海姆基金会的资助下，于纽约米切尔机场完成了一项载入史册的飞行壮举（Hoppes，2005）。杜立特在完全遮蔽驾驶舱视野、屏蔽一切外部视觉参考的极端条件下，成功完成了包括起飞和着陆在内的完整飞行操作。即便以当今先进的航空技术水平来评估，这一成就依然令人叹为观止。

关于比尔、卡尔与杜立特之间的技术交流程度，现存史料尚无明确定论。然而，卡尔明确证实杜立特确实了解布鲁克斯机场的研究工作，而比尔和卡尔也密切关注着杜立特的实验进展。这项开创性的"全盲飞行"成就最终使杜立特获得了麻省理工学院颁发的首个航空工程博士学位。尽管当时学界对此存在争议，但该学位实至名归——因为杜立特完成的是人类历史上首次真正意义上的纯仪表飞行，其技术难度至今仍为航空界所称道。在晚年接受采访时，杜立特始终将这项在古根海姆基金会资助下完成的实验列为其职业生涯最重要的贡献，并认为这次"盲飞"演示对美国航空技术的发展产生了深远影响。对此主题感兴趣的读者，可参阅乔娜·杜立特·霍普斯的权威著作《计算风险》。

需要指出的是，早期参与飞行仪表研发的主要是民间科研人员（包括完成"盲飞"时的杜立特也并非现役军人）。这一时期，美国正通过商业航空公司和多家航空技术先驱公司大力推动航空技术创新。在此背景下，比尔和卡尔工作的独特贡献在于他们系统性地革新了飞行训练方法。这项开创性工作对仪表飞行操作规程的标准化发展产生了持久而深远的影响，其历史意义完全可以与任何重大技术发明相提并论。

詹姆斯·伯威尔（从农田迫降幸存到仪表训练守护人）

1930年年初，美国航空训练中心发布了一份正式声明，明确反对比尔·奥克长期倡导的仪表飞行理念。官方文件中的关键结论如下：在常规飞行条件下，盲飞实属多余；而在异常情况下，依靠现有仪表进行盲飞则极度危险。因此，我们强烈建议在航空训练中心的任何训练阶段都不应包含盲飞内容（Purificato，2012）。

这一官方立场无疑给比尔和卡尔带来了沉重打击，但并未动摇他们的决心。他们依然坚持在航空中心初级飞行学校推广改进后的仪表飞行训练方法。

值得庆幸的是，航空训练中心指挥官弗兰克·拉姆将军最终采纳了他们的建议。同年年底，拉姆将军下令所有毕业班学员必须额外完成4 h的"戴罩"仪表训练。尽管这些学员已经取得飞行执照，但若未完成这项额外训练，将不得执行任何飞行任务。这对刚毕业、渴望一展身手的年轻飞行员们来说，无疑是个令人沮丧的要求——他们必须在正式开始职业生涯前，先完成奥克和克莱恩设计的仪表训练课程。这一决定标志着军事飞行员仪表飞行训练课程的正式确立。

在众多飞行员中，年轻的詹姆斯·吉米·伯威尔少尉对仪表训练的重要性有着深刻体会。一次在浓雾中的飞行经历让他险些丧命——所幸在飞机即将撞击地面的千钧一发之际，他成功控制住飞机完成了硬着陆。飞机奇迹般地完好无损，而劫后余生的伯威尔少尉爬出机舱后，第一反应就是跪地亲吻大地。这段与死神擦肩而过的经历成为他飞行生涯中最深刻的记忆，也是他日后最常讲述的警示故事。

吉米·伯威尔的惊险遭遇与卡尔·克莱恩当年搭载国会议员之子从塞尔弗里奇机场飞往博林机场时的经历如出一辙。唯一的区别在于，吉米是独自一人面对这场生死考验。他在全然不明飞行状态的情况下，奇迹般地从致命的"死亡螺旋"中挣脱。幸运的是，在最后关头他瞥见了地面，立即操纵飞机改出螺旋状态、恢复平飞，在一片农田里迫降成功。这个惊心动魄的秘密被他深藏心底多年。事实上，那个年代可能有许多飞行员都曾经历过类似的生死瞬间，却同样选择沉默。正因如此，当伯威尔少尉后来参加强制性的"戴罩"仪表训练时，他以超乎寻常的专注和严谨对待每一个训练环节。

图1.18所示的结业证书，是颁发给所有完成额外4 h仪表飞行训练的飞行员的官方证明。仔细观察证书上的插图不难发现，当时大多数飞行员仍将

这项训练视为形式主义的玩笑，而非攸关生死的必备技能。对他们而言，完成训练纯粹是为了满足执照的硬性要求，而非发自内心地认可其价值。图1.19的珍贵照片摄于1998年前后，记录下已退休的吉米·伯威尔少将在空军村安度晚年的场景。彼时年过九旬的老飞行员，依然珍而重之地保存着这张证书。他殷切期盼后人能够通过他的亲身经历，了解早期飞行员掌握仪表飞行技术所付出的血泪代价。对比尔·奥克和卡尔·克莱恩这两位航空安全先驱的杰出贡献，伯威尔少将始终保持着最崇高的敬意与最深切的感激。

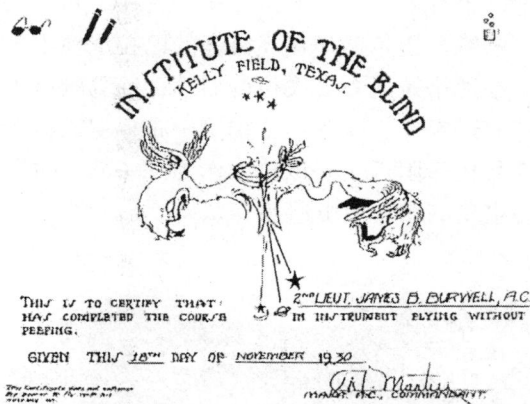

图 1.18　暗舱飞行训练结业证书

（图片来源：吉米·伯威尔本人提供）

图 1.19　吉米·伯威尔个人照片

（图片来源：私人收藏）

航空先驱的珍贵影像

关于比尔·奥克、卡尔·克莱恩和戴维·迈尔斯的个人照片虽然留存不少，但三人同框的合影却极为罕见。目前仅能确认这张可能是他们三人的唯一合影，尽管无法百分之百确定。照片的拍摄背景已成谜，或许是为某次新闻发布会特意安排的摆拍。随着他们在仪表飞行领域的开创性成就，这三位先驱在圣安东尼奥当地已小有名气。图1.20中的照片中，可以明确辨认比尔·奥克站在前排位置，戴维·迈尔斯坐在飞机旁的巴拉尼椅上（不能确认），确认卡尔·克莱恩坐在道格拉斯O-2飞机的后座，前驾驶舱上方清晰可见用于仪表训练的暗舱罩。经考证，这张照片拍摄于布鲁克斯机场，很可能就在至今仍保存完好的9号机库附近——该机库作为"一战"时期仅存的原始木制机库建筑，已成为重要的航空历史遗迹。

图1.20　"三巨头"：1929年前后奥克、迈尔斯与克莱恩在布鲁克斯机场合影

（图片来源：美国空军装备司令部历史办公室提供）

这三个人于布鲁克斯机场的相遇，恰逢航空史上一个关键的转折时刻。作为仪表飞行训练的发源地，布鲁克斯机场的地位即将发生重大改变。随着伦道夫机场的建设完成，1931年，包括飞机、飞行训练人员和航空医学院（SAM）在内的主要单位都将迁往新址。虽然布鲁克斯机场仍会承担其他军事任务，但其作为飞行训练中心的历史就此画上句点。卡尔·克莱恩随首批飞行中队转移至伦道夫机场，而比尔·奥克则继续留在布鲁克斯工作，后来被调往沙尼特机场。直到1960年，布鲁克斯机场仍有飞机在执行军事运输和科研任务，但飞行训练的时代已经结束。历史往往充满戏剧性的转折。1960年代初，美国空军航空航天医学院（USAFSAM）重返布鲁克斯机场，肩负

起支持美国登月计划的新使命。1963 年 11 月 21 日，约翰·F.肯尼迪总统亲自为 USAFSAM 新建的科研建筑群主持落成典礼，为这个承载着航空发展记忆的军事基地开启了太空时代的新篇章。这一安排颇具历史深意——曾经孕育了现代仪表飞行技术的布鲁克斯，如今又将见证人类迈向太空的壮举。

比尔的法律抗争

在布鲁克斯机场，比尔依然坚持不懈地推动仪表飞行训练的发展，但他的努力并未得到机场指挥官的赏识。事实上，指挥官认为比尔已不再适合继续驾驶飞机——他比当时大多数飞行员年长，而仪表飞行训练仍处于起步阶段，尚未被军方主流飞行训练体系所接纳。比尔所倡导的飞行理念与当时的标准操作规程依然存在冲突。

指挥官特意与负责比尔体检的航空军医进行了沟通，表达了自己的担忧，强调必须确保比尔的身体状况完全符合飞行标准，尤其是要对其视力进行格外严格的检查。有传言称，指挥官甚至私下暗示飞行外科医生不能让比尔通过视力检查。虽然具体暗示内容无从考证，但最终比尔确实未能通过航空军医的视力测试。事后比尔对这位军医直言，包括指挥官本人在内，没有人能通过如此严苛的眼科检查标准。这番言论很快传到指挥官耳中，被认为有违军官行为准则。指挥官向比尔发出最后通牒：要么收回言论，要么面临军事法庭的审判。比尔坚持认为自己所言属实，拒绝收回评论，但同意为表达方式不当而道歉。这样的表态并未让指挥官满意，最终双方还是走上了军事法庭的对峙之路。这一系列事件不仅展现了比尔坚守原则的倔强性格，更折射出当时航空界对仪表飞行理念的深刻分歧。

比尔很幸运，得到了很好的法律帮助。他的律师联系了几位比较著名的飞行员，他们都很欣赏比尔对他们飞行职业的影响。在审判期间，奥维尔·莱特和阿米莉亚·埃尔哈特提供了书面证词。两人都就比尔对美国乃至全世界航空安全的推进贡献作了证言。据说奥维尔·莱特还写了一封信，解释说如果不是奥克少校传教士般的极大热情，他怀疑盲飞课程是否会成为当今军队的一门必修课程。奥维尔认为，比尔推动仪表飞行的贡献比任何人的影响都要重大。审判持续了一个多星期，比尔最终被判无罪。

（注：比利·米切尔与比尔·奥克这两位航空先驱有着惊人的相似之处：他们都以远见卓识著称，都曾因坚持理念而与军方高层产生冲突，甚至都经历过军事法庭的审判。比尔的飞行日志显示，他不仅曾多次担任米切尔将军

的飞行教官，更早在美国骑兵部队服役时，米切尔还是他的直属上级。最终，历史证明了他们理念的正确性，两人都被宣告无罪。他们的故事令人深思。）

审判结束后，比尔被调往伊利诺伊州沙尼特机场服役，直至1941年光荣退役。图1.21（a）与图1.21（b）分别展示了比尔军旅生涯的两个重要时刻：约1913年的早期照片，以及1943年最后的正式军装照——照片中的他佩戴着象征射击精湛的手枪与步枪神射手勋章。短短三十年间（1913—1943年），比尔取得的成就令人叹服。退役时，他的累计飞行时长超越了所有现役军人。虽然无法确证，但以其在仪表飞行领域的开创性贡献推断，他很可能也保持着最长的"暗舱"飞行记录。即便退休后，他仍持续鼓励后辈改进仪表训练方法。然而，这些辉煌成就背后也伴随着挫折。比尔曾两次被送往莱特曼总医院接受精神评估。对此他后来幽默地表示，自己可能是航空训练队中唯一能出具两份精神正常证明的军官——这个"殊荣"在队内确实无人能及！

图1.21   比尔·奥克相隔30年的两张照片

（图片来源：第一张由美国空军装备司令部历史办公室提供；第二张由卡尔·克莱恩提供）

比尔·奥克于1880年6月18日出生于宾夕法尼亚州费城，在退役后不久便与世长辞，享年62岁（1942年9月15日）。这位航空先驱虽曾饱受质疑，却也在航空界培养了一批忠实的追随者。其中，乔·达克沃斯上校作为比尔的学生和支持者，获准在得克萨斯州布莱恩机场创立了专门的仪表飞行教官学校（IPIS）——时值第二次世界大战最激烈的时期。该校毕业生将获得象征资质的"绿卡"，证明其完成了这项关键的仪表飞行培训课程。随着飞行训练体系的改革，单独的仪表培训最终被整合到本科飞行员综合培训体系中。1978年，IPIS及其上级机构——位于伦道夫空军基地的仪表飞行中心（IFC）正式结束使命。

1983 年，仪表飞行中心在伦道夫基地重启，但 IPIS 并未恢复。后期发展中，IFC 与其他飞行程序部门合并，组建空军飞行标准局（AFFSA）。如今，AFFSA 下属的高级仪表学校（AIS）驻于俄克拉何马州廷克空军基地，延续着比尔开创的仪表飞行培训传统。

伦道夫空军基地的历史档案中保存着一份早期仪表飞行训练手册，其中的记载令人深思。手册建议飞行员在遭遇空间定向障碍时（当时对多数人而言还是新概念），应当"保持放松、付诸一笑"，并认为"摇头和活动身体"就能消除不适感。这种如今看来颇具讽刺意味的指导，恰恰印证了航空安全观念演进之艰难。正如我们现在所知，消除关于仪表飞行的谬误认知需要漫长的时间，而唯一经得起检验的真理始终是：相信你的仪表，并做出正确反应。比尔·奥克毕生倡导的这一理念，最终成为现代航空安全的基石。

卡尔的贡献

卡尔·克莱恩的航空人生始于 1900 年 10 月下旬的圣安东尼奥。在他 10 岁那年，一个偶然的机会让他目睹了本杰明·福洛伊斯中尉驾驶莱特军用飞机从萨姆·休斯顿堡起飞的场景，这个瞬间点燃了他对飞行的终生热情。少年时代的卡尔常常骑着自行车，不辞辛劳地来到城南的布鲁克斯机场，痴迷地观察每一架飞机的起降。这份对蓝天的向往如此强烈，以至于他一到法定年龄就立即加入了陆军通信部队，如愿以偿地成为了一名飞行员。在凯利机场和布鲁克斯机场的岁月里，他打下了坚实的飞行技术基础，这段经历不仅塑造了他作为飞行员的专业素养，更孕育了他后来在仪表飞行领域的开创性思考。

在布鲁克斯机场和伦道夫机场完成重要服役后，卡尔·克莱恩被调往莱特机场，并于 1937 年凭借开创性的全自动着陆技术荣获麦凯奖。这项成就即使用当今的航空技术标准来衡量，依然令人肃然起敬。1948 年，在担任加利福尼亚州马奇空军基地第一战斗机联队指挥官期间（图 1.22），他结束了辉煌的军旅生涯。

退役后的克莱恩并未停止对飞行仪表的革新探索。在与人合著的经典著作《盲飞理论与实践》中，他提出了一个颠覆性的观点：传统姿态指示器的显示方式与人类自然感知完全相悖。终其一生，他都坚持不懈地呼吁重新设计飞行仪表系统，直至 1982 年春以 81 岁高龄辞世。如今，卡尔提出的姿态指示器设计理念已被广泛应用于俄罗斯各型军用飞机，成为其航空工业的标准配置。

图 1.22 卡尔·克莱恩上校，1947 年摄于加利福尼亚州马奇机场

（图片来源：美国空军装备司令部历史办公室提供）

在仪表飞行发展史上，克莱恩在布鲁克斯机场与比尔·奥克共事期间的一个发现尤为关键。当时机场广泛使用的瑞格斯定向器（图 1.23）本意是用来筛选具备飞行潜质的学员——通过测试候选人在旋转后恢复直立状态的速度来判断其是否适合驾驶军用飞机。然而经过数年实践，这套筛选系统的局限性日益明显：它不仅淘汰了过多潜在优秀飞行员，更因其严苛的标准最终被弃用。这个插曲让克莱恩深刻认识到，传统的选拔方式可能正在错失真正的人才，这一洞察对其后来改进仪表训练方法产生了深远影响。

卡尔·克莱恩以其独特的创新思维，发现这些筛选设备具有更大的应用潜力。在获得批准后，他对一台瑞格斯定向器进行了革命性改造：在吊舱内加装全套定向仪表，顶部增设暗舱罩，完美复现了飞机仪表训练的环境。教官则坐在专用教练席上（图 1.23），精准

图 1.23 改进型瑞格斯定向器

（图片来源：美国空军装备司令部历史办公室提供）

控制吊舱的运动轨迹。这项开创性设计很快申请了专利。

专利审查过程中出现了一个戏剧性的插曲：卡尔的申请与另一项类似专利产生冲突。经专利局详细核查，确认卡尔的发明比另一位发明家——大名鼎鼎的艾德·林克早两年问世。尽管最终卡尔将专利转让给了林克，但他始终享有专利使用费。这项技术催生的"林克飞行训练器"（因其蓝色外壳也被称为"蓝盒"）（图1.24）迅速风靡全球，成为飞行训练的标准装备，部分早期型号至今仍在服役。如今，飞行模拟训练已成为所有飞行课程的必修环节。鲜为人知的是，现代飞行模拟器的雏形竟源自得克萨斯州布鲁克斯机场那台本用于淘汰飞行学员的瑞格斯定向器。正如《空间定向与航空医学》（Previc，Ercoline，2004）所记载的，卡尔以其非凡的洞察力，将一套选拔淘汰装置转型为培养飞行员的利器，书写了航空训练史上最富传奇色彩的创新篇章。

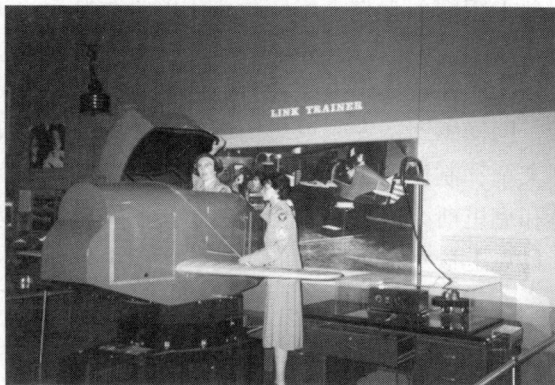

图1.24 早期林克飞行训练器（又称"蓝盒"）

（图片来源：私人收藏）

后 记

这就是我所了解的仪表飞行发展史，尽可能还原了记忆中卡尔讲述的版本。据我所知，这段历史从未被完整记录过。多年来，我多次在不同场合讲述这个故事，会根据时间和听众调整内容详略。虽然存在不同版本，但本章呈现的是最完整的历史框架。

我要特别感谢国际航空心理学家协会提供这个机会，让这段历史得以正式记录并传播。能结识卡尔是我的幸运。正如其妻帕姆所言，卡尔是位文艺复兴式的全才——富有创造力，不断探索更好的方法，并坚持将新想法付诸实践。他是位完美的思想家，在我看来，是与保罗·菲茨、斯坦·罗斯科齐名的人因工程学先驱。

感谢帕姆引荐我认识多丽丝·奥斯本和吉米·伯威尔。比尔的女儿多丽丝慷慨分享了珍贵的照片和剪报资料。这些资料最初保存在布鲁克斯空军基地博物馆，后转移至俄亥俄州赖特 - 帕特森空军基地永久收藏。特别要感谢吉米·伯威尔，他不仅帮助完善了卡尔的故事细节，还提供了作为布鲁克斯机场教官对比尔的独到见解。吉米始终为那张盲飞结业证书感到自豪。在研究比尔历史的过程中，李·阿尔本发挥了关键作用。我们因对比尔的共同兴趣而结为好友，后来李出版了《他们也会飞——服役飞行员的遗产 1912—1942》，全面记录了美国陆军应征飞行员的成就。还要感谢赖特 - 帕特森空军基地的克里斯汀·利格特博士，她找到了 1924 年 7 月《国家地理》杂志的原件，其中记载了约翰·麦克雷迪横跨美国的飞行壮举，清晰展现了早期仪表飞行面临的问题。

感谢雷·奥尔滕西在搜集历史照片方面的鼎力相助，本章引用了不少他提供的珍贵影像。同样感谢圣安东尼奥历史学家鲁迪·普里菲亚托，他撰写的航空先驱系列文章和制作的纪录片极具价值。还要致谢空军研究实验室的迈克·维杜利赫和克里斯蒂·海利尔协助整理出版资料，以及前仪表飞行中心指挥官杰伊·贝克上校对这项研究的支持。最后，感谢家人一直以来的理解与支持。

最后，让我讲一下我是如何遇见卡尔·克莱恩的。那是在 1973 年或 1974 年，我在伦道夫空军基地担任 T-38 "魔爪"飞行教官期间。当时我被分配到新成立的空军仪表飞行中心（IFC）下属的仪表飞行教官学校（IPIS）。虽然 IFC 和 IPIS 因越战后的预算裁减而关闭，但幸运的是，我在那之前结识了卡尔。

当时我在 IPIS 教授"飞行仪表"理论课程，向飞行员讲解各类仪表的机械原理和操作方法。那还是在电子显示屏尚未普及的年代，我们使用的还是传统的"圆盘仪表"。某天，退休上校卡尔·克莱恩（经校长特批）来旁听课程。这位住在圣安东尼奥附近的老者对 IPIS 的了解之深，令所有人都感到惊讶。

每三周一次的课程让我很快与卡尔熟识，我们开始分享各自的飞行经历。不久后，他主动提出要协助我授课。虽然起初不确定他的用意，但我还是欣然接受了这个提议。显然，他在课堂上的表现总能吸引所有人的注意力——也许是因为他对这门学科的精深造诣？无论如何，学生们都爱听他的讲述，老实说，我也一样。他用生动的语言描绘了仪表飞行技术的发展历程，解释各种飞行仪表的起源，深入浅出地讲解人类感知系统的特性，以及如何通过优化设计提升飞行安全性和操作便利性。特别值得一提的是，他经常讲述比尔·奥克这位改变了基础飞行教学范式的传奇飞行员。卡尔坚定地指出，当时广泛使用的姿态指示器存在根本性设计缺陷，这正是多起飞行事故的罪魁祸首。虽然学生们对这个观点反应不一，但所有人都被这段航空史深深吸引。必须强调的是，这段关于仪表飞行发展的历史虽然以比尔·奥克为主角，却是由卡尔·克莱恩亲口讲述的。卡尔不仅重现了历史，更因这段历史让我们结下了深厚的友谊，最终亲如兄弟。

为了更好地理解卡尔改进姿态指示器的理念，我参与了他的"Flitegage"系统测试。这套安装在塞斯纳172上的集成显示系统在1974年堪称革命性设计——当时主流的机械仪表都是独立运作的，而这种集成显示方式完全颠覆了传统。最令人惊叹的是，卡尔设计的显示逻辑与我们熟知的完全相反。经过短短几分钟的暗舱飞行适应，我竟能在零能见度条件下顺利完成起降——完全无须任何外部视觉参考！

卡尔还特意带我参观了布鲁克斯空军基地具有历史意义的9号机库。这座"一战"时期遗留的木制机库是该基地唯一保存完好的原始建筑。机库背后有一个感人的故事：它以当地学员西德尼·布鲁克斯命名，这位年轻人在一次着陆事故中不幸遇难。如今，这个曾经的重要训练场地已经完成了它的历史使命，永久关闭。

在"一战"硝烟弥漫的岁月里，布鲁克斯基地与全国各地的军事基地一样，建造了大量木质机库。战后岁月里，这些年久失修的机库已无法满足新型飞机的需求，陆续被拆除以腾出空间建设现代化设施。然而卡尔却坚持要为后世保留这份历史记忆，他深知9号机库不仅是布鲁克斯基地的灵魂所在，更是航空发展黄金时代的见证。经过他锲而不舍的努力，这座具有象征意义的机库终于在20世纪60年代末得以保存并修复，成为纪念"一战"以来所有在布鲁克斯基地受训飞行员的丰碑。虽然目前机库因市政修复工程暂不对公众开放，但最新公布的修复方案正在实施中——这个消息令卡尔倍感欣慰。

遗憾的是，比尔·奥克的卓越贡献始终未能获得应有的认可。卡尔始终坚信，这位航空先驱的功绩值得被永久铭记。在我看来，比尔通过戴维·迈尔斯博士的旋转实验所取得的科学发现，堪称20世纪航空领域最重要的突破之一。我深信，卡尔·克莱恩和肯特·吉林厄姆也必定会认同这个评价——正是比尔开创性的工作，为现代航空安全奠定了不可磨灭的基石。

原著参考文献

Arbon, L. (1992). *They also flew, the enlisted pilot legacy 1912-1942*. Washington, DC: Smithsonian Institution Press.

Gibb, R., Ercoline, W., & Scharff, L. (2011). Spatial disorientation: Decades of pilot fatalities. *Aviation, Space, and Environmental Medicine*, 82, 717-724.

Gillingham, K. K., & Previc, F. H. (1996). Spatial orientation in flight. In R. L. Dehart (ed.), *Fundamentals of aerospace medicine* (pp. 309-397). Baltimore, MD: Williams & Wilkins.

Hoppes, J. D. (2005). *Calculated risk, the extraordinary life of Jimmy Doolittle—Aviation pioneer and World War II hero*. Santa Monica, CA: Santa Monica Press.

National Geographic Magazine . (1924). *XLVI*(1), July.

Noe, A. (1989). Medical principle and aeronautical practice: American aviation medicine to World War II (Unpublished doctoral dissertation). University of Delaware, Newark, DE.

Ocker, W. C., & Crane, C. J. (1932). *Blind flight in theory and practice*. San Antonio, TX: Naylor Printing Company.

Previc, F. H., & Ercoline, W. R. (2004). *Spatial disorientation in aviation: Progress in astronautics and aeronautics (Book 203)*. Reston, VA: American Institute of Aeronautics and Astronautics.

Purificato, R. (Producer). (2012). *The story of Brooks, episode 3*. (Matson Creative DVD), US Air Force, 311th Human Systems Wing, Brooks City-Base, TX.

撰稿人介绍

William (Bill) R. Ercoline[威廉（比尔）·R.埃尔科林]，美国空军退役中校，飞行时长超过 4000 h，涵盖多种军用和通用航空机型，现任得克萨斯州布鲁克斯城基地 WYLE 科学、技术与工程集团离心机项目负责人。比尔拥有空军技术学院工程物理学硕士学位和工程管理学博士学位，长期致力于人的因素与空间定向障碍、飞行符号系统开发以及航空心理学与生理学等航空医学的相关研究。基于曾经在美国空军学院物理学系担任过副教授的工作经验，比尔目前领导的研究团队负责为美国空军第 711 人力效能联队和美国空军航空医学学院提供生命支持设备研发与测试服务。埃尔科林博士担任美国空军事故调查委员会空间定向障碍问题顾问，为空军航空医学学院教育项目提供专业讲座，并与 Fred Previc 博士合著《航空中的空间定向障碍》教科书。埃尔科林还参与了空军研究实验室的激光护眼研究，是航空航天医学协会（AsMA）资深会员并任期刊评审委员。比尔专注于高负荷环境下机组人员的绩效研究，经常在国际会议上发表关于空间定向障碍及其对策的演讲。

第二章

操作人员面临的挑战与优先事项

欧萨·M. 兰塔宁，卡尔·E. 芬内尔，

杰森·鲁斯，约翰·R. 多尔蒂

2015 年 5 月，国际航空心理学研讨会（ISAP）先后举办了两场重要会议：首场为航空从业人员全体会议，第二场为航空研究人员全体会议。本章内容整理自第一场航空从业人员会议的讨论成果。该会议旨在让航空从业者分享各自领域当前和未来面临的人为因素挑战。次日举行的研究人员会议则针对这些挑战提出了相应的研发方法和解决策略。这两场会议的核心目标都是促进从业人员与研究人员之间的深度交流，从而推动更有效的研发工作和更安全的航空运营。

需要特别说明的是，ISAP 的根本宗旨是推动航空心理学研究向"巴斯德象限"（Stokes，1997；图 2.1）模式发展。这一概念以著名法国化学家、微生物学家路易斯·巴斯德命名，他强调研究不应简单区分为"基础"和"应用"两类。相反，基础研究应当通过探索现实世界现象来获得发展，而实际应用则可以从基础研究的理论和方法中获益。这种双向互动的研究范式，正是 ISAP 所倡导的航空心理学发展方向。

本卷第一章中，比尔·埃尔科林详细讲述了仪表飞行技术的发展历史。这段发展历程生动展示了航空界如何通过深入理解人类感知机制，研发创新仪器设备和培训方法，从而突破人类生理局限，显著提升飞行安全水平。在这一特定技术挑战的推动下，

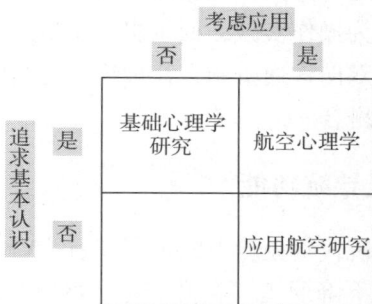

图 2.1　航空心理学中的巴斯德象限

（图片来源：改编自斯托克斯 1997 年的研究成果）

相关研究人员和从业人员在基础科学和应用科学领域都取得了重要突破。

从业者大会汇集了来自民航和军航领域的顶尖操作专家，包括：美国国家航空航天局兰利研究中心首席研究员兼飞行员查德·亚斯基、赖特-帕特森空军基地第 88 作战支援中队空中交通管制首席调度员杰森·鲁西、加拿大航空空客 A320 机长道格·格鲁西奇、联合航空波音 B737 机长兼 B777 机型教练评估员卡尔·芬内尔，以及北达科他州空军国民警卫队第 119 侦察大队指挥官约翰·R. 多尔蒂。这些来自一线操作专家的实践见解，将为后续研究提供重要的方向指引。会议成果充分体现了航空领域基础研究与实践应用的有机结合，展现了"巴斯德象限"研究范式的价值。会议由罗切斯特理工学院心理学副教授埃萨·兰塔宁博士主持，他兼具空中交通管制经验和学术研究的独特背景，为讨论提供了多维视角。

从业者面临的迫切需求

NextGen 实施挑战

NextGen 作为国家空域系统（NAS）现代化的重要计划，正在通过多方协作推动新技术研发和解决方案探索。然而，当前实施过程中存在一个关键缺失：新技术与操作人员互动方式的规划未能与 NextGen 的核心目标有效衔接。虽然人为因素研究界已深入理解"系统弹性""级联故障"等理论概念，以及人机交互对事故预防的影响机制，但真正掌握系统实际运作细节、技术瓶颈所在，以及如何在实际操作中弥补系统缺陷的，始终是身处一线的从业者。令人遗憾的是，在行业与监管机构的合作框架下，研究人员与实务操作人员之间的实质性交流渠道仍然十分有限。这种知识鸿沟导致先进理论难以转化为操作实践，而宝贵的实操经验也无法有效反馈至研发环节。当前亟须建立双向沟通机制，让理论研究与实际操作经验在 NextGen 实施过程中实现有机融合。

垂直导航功能

现代驾驶舱中的垂直导航（VNAV）功能为飞行员带来了新的操作挑战。随着下降通道、爬升通道、区域导航（RNAV）和所需导航性能（RNP）等复杂程序的广泛应用，飞行员需要比以往更深入地理解 VNAV 系统。然而，当前 VNAV 系统的复杂性使其难以被有效掌握。飞行员必须能够准确识别并区分多种飞行状态：保持既定路径（VNAV 路径）、在路径上方或下方飞行（VNAV 速度），以及在固定高度飞行（VNAV 高度）。在执行这些精密程序的同时，飞行员还需持续监控飞行模式，一旦发现异常必须立即采取修正措施。

在精密导航要求极高的环境中运用 VNAV 系统尤其具有挑战性。以 RNP 程序为例，无论是在怀俄明州杰克逊霍尔险峻的山峰间穿行，还是在得克萨斯州休斯顿高流量的复杂空域操作（参见美国联邦航空管理局 NextGen 项目官网，2015 年 11 月 3 日访问数据），都对飞行员的导航能力提出了极高要求。横向导航可能涉及狭窄空域中的急转弯，需要精确控制飞行速度和转弯半径。对于正在适应动态飞行环境和新自动化程序的飞行员而言，同时管理 VNAV 和侧向导航系统尤为困难。尽管这些先进进离场程序在航线运营中的使用率快速增长，但飞行员和空管人员都可能面临操作失误的风险，这凸显了加强相关培训的必要性。

无人机（RPAs）：人机界面和自动化

近年来，无人机系统（RPAs）的快速发展已成为航空领域的重要趋势。这类系统在军事任务中的应用范围持续扩大，其中中高空情报监视与侦察（ISR）任务的需求增长尤为显著。然而，现有 RPA 平台的操作舱及地面控制站的人机界面（HMI）设计仍存在明显缺陷，难以满足未来多机协同及集群作战的复杂需求。

与此同时，RPA 领域的自主性研究尚处于起步阶段。从技术本质而言，RPA 平台需要实现不同程度的自动化，某些任务场景甚至可能要求接近完全自主的运行能力。这一技术需求主要源于以下考量：降低操作人员工作负荷、提升搜索模式等机动操作的执行精度、确保通信中断情况下的持续作业能力等。自动化程度的提升对人机界面设计提出了更高标准，要求界面具备更强的适应性，并能清晰直观地呈现 RPA 的实时状态与预期行为。随着自主化水平的不断提高，操作人员的角色将从直接操控者逐步转变为监督决策者，这种人机协作关系的演变必须通过精心设计的 HMI 来准确体现。这一转变过程需要重点关注以下关键要素：维持完整的任务态势感知、向高度自主的 RPAs 有效传达操作意图、实现精准的指挥控制指令交互，以及应对操作疲劳恢复等人因工程挑战。这些要素共同构成了未来 RPA 人机交互设计的核心难题。理想的 HMI 设计应当兼具直观性和功能性，能够支持包括多平台协同作战在内的复杂任务场景。这揭示了高级自动化系统的一个关键悖论：在操作人员角色向监督者转变的过程中，必须通过优化的人机交互设计维持其深度参与度，同时增强其在复杂情境下的决策能力，从而确保操作人员能够在系统设计未预见的异常情况下（如系统故障诊断）实施有效干预。当前，该领域亟须开展深入的系统性研究，以确立最优化的 HMI 设计范式。

无人机 RPAs：持续运行

无人机 RPAs 的持续运行对操作人员的影响是当前航空心理学亟须重点研究的领域之一。这类持续不间断的情报监视侦察（RPA-ISR）任务给机组人员带来的独特挑战，主要源于其全天候、全年无休的作战特性。虽然针对传统载人航空的持续作战已有较多研究，但 RPA 作战在任务性质和工作模式上存在显著差异，需要开展专门研究。当前最迫切的研究方向是探索如何有效缓解持续 RPA 任务带来的负面影响。这些负面效应已在实际任务中得到验证，其中一位作者在担任 RPA-ISR 任务指挥官期间，就亲身经历了操作团队承受的异常压力和累积性疲劳。与传统航空任务相比，RPA 作战在以下几个方面表现出更严重的身心负荷：不合理的轮班制度导致生物节律紊乱、人机界面设计缺陷增加认知负担、高强度作战压力影响决策质量、通信障碍降低任务可靠性、态势感知支持不足造成信息处理困难，以及人员配置失衡加剧工作压力等。

这些因素的叠加效应使得 RPA 操作人员的疲劳累积速度远超传统航空任务。现有研究多集中于设备功能优化，而对操作人员实际体验、认知负荷及长期健康影响的系统性研究仍然不足。虽然我们已经了解重复性机械操作可能导致腕管综合征等身体损伤，但对于持续监控、多任务处理和快速决策等高强度认知工作带来的累积性心理影响，仍存在大量研究空白。这要求未来的研究必须突破单纯的技术视角，从人因工程和心理学角度出发，全面优化 RPA 任务中的人员效能和可持续性。

技术创新与实际应用之间的鸿沟：变革速度与信任危机

研究表明，监管框架下的技术创新往往面临漫长的实际应用转化周期。操作人员时常因安全增强技术的滞后部署而感到困扰，以二级电子飞行包（EFBs）的动态地图功能为例，尽管该技术已具备应用条件，但研究、监管与实操之间的转化迟滞严重削弱了操作人员对研发流程的信心。某些具有前瞻性的概念，从提出到最终成为空中交通管制（ATC）新方法，可能耗费长达 10 年之久。这种技术转化迟滞现象直接影响了国家空域系统（NAS）的现代化进程。长期依赖传统方法的管制员群体，基于既有系统的高度可靠性，自然对新兴技术和方法持审慎态度。这种信任缺失并非源于专业自负，而是高风险作业环境下对未经充分验证的创新本能的谨慎反应。值得注意的是，ATC 领域的重大变革往往由本可避免的人因失误事故推动，这种创伤性经验进一步强化了从业者的风险规避倾向。颇具启示意义的是，Paul M. Fitts 在 1951 年发表的《高效空中导航和交通控制系统的人因工程》中提出的人因挑战，至今仍是管制员日常工作中的现实困境。这一现象不仅揭示了人因工程研究的持久价值，更凸显了航空安全领域技术转化机制的深层次问题。

实现高效安全航空系统的关键障碍分析

当前航空系统升级过程中面临的主要障碍可归纳为两个核心问题：其一是在新技术和流程设计初期对人因工程考量的系统性忽视；其二是研究人员与实操人员之间缺乏有效的协同机制。要突破这些瓶颈，需要在整个系统改进周期中建立更紧密的产学研协作关系。

人因工程缺位现象普遍存在

在现实系统演进过程中，人为因素常常被置于次要地位。这种认知偏差导致相关问题往往要到出现严重后果时才被重视。新系统的开发动因通常来自两方面：要么是人因失误引发的重大事故，要么是单纯以成本控制为导向的决策。飞行管理计算机（FMC）的案例颇具代表性：该系统本意是通过自动化提升燃油效率并减轻飞行员负担，但由于设计阶段既缺乏学术理论指导，又脱离实操经验，最终导致一代飞行员不得不重新掌握复杂的操作技能，反而增加了工作负荷。

电子飞行包（EFB）的发展同样面临类似困境。许多应用程序的添加缺乏充分的用户测试和跨领域论证，监管标准也存在模糊性和执行不一致的问题。以机场动态地图功能为例，虽然操作需求迫切，但因对实际工作场景理解不足而推进缓慢。若能早期建立研究人员与实操人员的深度协作机制，完全可能实现更优的设计方案和更快的应用进程。

美国高校培养的人因工程专业人才普遍具备以用户为中心设计（User-Centered Design，UCD）的理念，相关经典教材（如 Sanders，McCormick，1993；Wickens 等，1998）为此提供了坚实的理论基础。但现实困境在于：

专业人因研究人员在大型团队中占比偏低、话语权有限，更缺乏与一线操作人员建立长效沟通的制度化渠道。这种结构性缺陷严重制约了人因工程理念在系统设计中的有效落实。

操作人员与研究人员协同工作的现实挑战

在航空系统优化过程中，操作人员深度参与的缺失往往导致研究成果与实战需求出现显著偏差。研究人员通常采用高度聚焦的工作方式，严格限定在特定科学参数范围内开展研究。这种工作模式往往表现为对国家空域系统（NAS）等复杂体系中的某个子系统进行孤立研究。相比之下，经验丰富的操作人员凭借其系统思维和实战经验，能够敏锐洞察当前操作方式可能引发的连锁反应，预见到其对整个大系统各环节的潜在影响。这种认知维度的差异常常导致研究投入的严重浪费：研究人员可能耗费大量时间精力开发出看似完美的解决方案，却因未能考虑系统整体性而被操作人员当场否决。更值得警惕的是，这种失误不仅造成资源浪费，更会持续削弱操作人员对研究团队的信任基础。要建立真正高效的研究 - 实操协作机制，必须首先理解两个群体在沟通互动中面临的多重障碍。下面就组织结构、文化认知和专业语言三个层面进行讨论。

组织障碍

在组织结构方面，双方面临着深层次的体制性障碍。操作人员（如空中交通管制员和商业飞行员）与研究人员的职责定位存在本质差异，各自遵循不同的绩效评估体系。对操作人员而言，参与研究项目往往意味着需要暂时脱离核心业务工作，这在人力资源配置上构成现实挑战。以 FAA 专家为例，他们参与研究项目通常需要额外报酬，这在一定程度上将研究参与定位为"额外工作"而非本职职责。这种定位差异导致操作人员参与研究的积极性普遍不高。

操作人员对以学科专家身份参与研究存在顾虑，特别是担心在模拟实验中的表现可能影响其职业发展。这种担忧在管制员群体中尤为明显，本文作者就曾亲历 FAA 资助项目难以招募管制员参与实验的困境。虽然近年来在 NextGen 等重大项目中出现了操作人员参与度提升的趋势，但研究文献显示，操作人员在实验设计和成果反馈环节的参与仍然有限。

对研究人员而言，开展应用研究面临独特的挑战。相比基础研究，应用研究周期更长、难度更大，且论文产出率较低。虽然应用研究期刊数量有所增加，但在学术评价体系中的权重仍不及理论性期刊，这直接影响了研究人员投入应用研究的积极性。

　　沟通渠道的结构性缺失是另一个关键障碍。航空心理学领域的利益相关方网络分析显示，操作人员处于相对孤立的位置。如图 2.2 所示，操作人员与其他利益方（如研究人员、设计师等）之间缺乏直接沟通渠道，主要依靠监管机构作为中介进行间接交流。这种沟通断层导致操作人员的实战经验难以及时反馈给研究团队。一个典型例证是，本文作者在担任管制员的 15 年间，直到近期才有研究人员主动征询其对系统改进的建议。这种双向沟通的缺失，使得许多潜在的系统优化方案难以被发现和采纳。

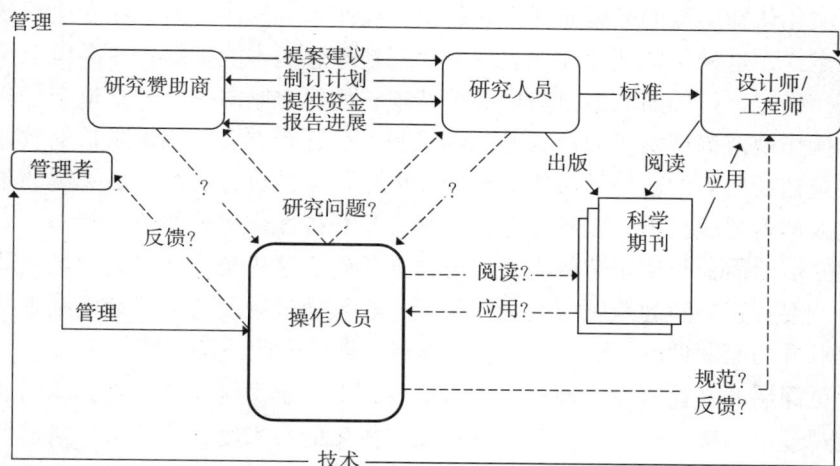

图 2.2　航空研发中操作人员与研究人员之间沟通问题图示

图中实线代表各利益相关方（圆角框标注）之间现有的、已建立的沟通渠道，虚线则表示当前不存在但亟须建立的理想沟通路径。值得注意的是，该图中指向操作人员的唯一直接沟通渠道是经由工程师和设计师引入实施的关于技术规范、操作程序及新技术的监管指令。图中并未呈现从操作人员发出的任何沟通路径。国际航空心理学研讨会（ISAP）全体小组会议所宣称的沟通成效，则以加粗虚线形式体现在研究人员与操作人员之间

　　此外，物理隔离构成了更深层次的障碍。空中交通管制（ATC）作为高度专业化的领域，其工作环境往往设置严格的安全隔离措施：通信系统普遍采用加密技术，关键设施多部署于戒备森严的军事管制区域。这种物理隔离甚至使得同属 ATC 系统的管制员之间都难以开展业务交流，更遑论与外部研究人员的接触。尽管操作人员的实践经验极具价值，但严密的安防体系实质上阻断了他们与学术界的直接沟通渠道。这种专业指导资源的稀缺性以及高昂的协作成本，成为制约系统优化的重要瓶颈。

　　沟通渠道的结构性缺失直接延缓了行业变革进程。如图 2.2 所示，操作

人员的日常工作主要受监管机构制定的法规程序约束——对军事系统而言还包括长期作战规划或特定作战指令，民用系统同样面临类似限制。以美国联邦航空管理局（FAA）的管制标准为例，其修订流程异常缓慢：十年前提出的创新理念，往往需要经历漫长周期才能转化为正式管制程序。这种制度性迟滞导致一个矛盾现象：识别航空心理学的研究价值相对容易，但将研究成果转化为实操改进却困难重重。由于任何实质性变革都必须通过既定的监管流程推进，这种制度设计本身不可避免地造成系统性延迟。

文化障碍

文化认知层面的障碍同样不容忽视。操作人员群体普遍存在专业领域的思维定式，这种认知惯性往往表现为对创新理念的本能抵触。在高压工作环境下，稳定运行的团队会自然形成维持现状的保守倾向——这是迫于任务时限和操作规范等现实压力形成的防御机制。尽管新方法可能带来长期效益，但实施初期所需的额外学习成本和操作风险常常被放大看待。更关键的是，研究人员若要成功引入创新方案，必须首先获得操作团队的信任背书，而信任建立恰恰需要长期稳定的沟通渠道作为基础，这正是当前系统中最稀缺的资源。要真正搭建起跨领域的合作桥梁，必须通过制度化的互动机制来持续培育双方的深度理解，这无疑是一项需要长期投入的系统工程。

更深层的文化差异体现在问题解决范式上。学术研究强调将具体问题置于宏观理论框架中审视，注重对既有知识体系的贡献度，这要求严格遵循文献综述和方法论证的学术规范。而操作人员则倾向于采用直指问题核心的实战型解决方案。这种思维差异容易造成相互误解：操作人员可能认为学者过度拘泥于理论细节，而研究人员则可能质疑实践者缺乏系统思维。实质上，这种认知差异反映的是视角的不同——操作人员关注的是具体工作场景中的系统联动，而研究人员着眼的是学科发展的知识图谱。两种视角都具有其内在合理性，关键在于建立有效的认知转换机制。

专业语言差异形成的沟通壁垒

跨领域协作面临的语言障碍同样不容忽视。操作人员与研究人员各自发展出高度专业化的术语体系，这些术语在群体内部交流时效率极高，却成为跨群体沟通的隐形屏障。这种语言隔阂是双向的：研究人员往往难以把握操作环境的微妙细节，而操作人员也鲜少理解科学研究的严谨规范。当技术转化主要依赖法规强制、现实问题倒逼或经济因素驱动时，这种语言鸿沟极易导致技术应用偏离最优路径。

研究人员面临的术语理解挑战尤为突出。在ATC等复杂操作领域，从业人员发展出高度专业化的"管制术语"——这套语言系统通过精简表达来确保无线电通信效率，避免频道拥堵。这些经过千锤百炼的术语以最少的音节传递关键信息，但只有具备实战经验的管制员才能完全掌握其中精妙。研究人员分析通信录音时，往往因缺乏现场经验而难以准确理解这些专业表达。类似的专业语言体系在其他操作领域同样存在，这就要求研究者在设计项目时必须充分考虑术语转换问题。

操作人员对科研语言的理解同样存在局限。由于专业期刊订阅成本高昂，加之日常工作需要处理大量实时数据，多数操作人员难以及时跟踪最新研究动态。他们更倾向于通过监管机构组织的培训获取新知识，但这种被动接收模式使得前沿研究成果转化为实操改进的周期被人为延长。更值得关注的是，操作人员对科研规范的理解不足可能导致研究设计出现偏差——过于丰富的实战经验有时会使研究问题界定失焦，或提出超出研究能力范围的复杂命题。

这种语言差异的深层影响在于认知框架的塑造。当两个群体尝试协作时，术语体系的差异会直接导致认知视角的错位。操作人员基于具体场景的系统思维与研究人员面向理论构建的抽象思维，需要通过建立有效的"翻译"机制才能实现真正的知识融合。当前亟须发展一套跨界的"中介语言"，既能保留专业术语的精确性，又能促进不同知识体系间的相互理解。

针对跨领域协作障碍的解决方案探讨

上述障碍的核心症结在于操作人员与研究人员之间缺乏常态化的互动机制，导致双方的专业优势难以有效整合。基于此，我们提出以下改进思路：

建立直接沟通渠道的创新实践

改善沟通的首要举措是为航空操作人员创建直接的问题反馈机制。以汽车行业为例，雪佛兰推出的"技术热线"系统允许维修技师直接联系通用汽车的工程师，就维修便利性提出改进建议。这种机制有效解决了设计者与使用者之间的认知断层问题——毕竟，谁能比一线操作人员更了解实际工作中的痛点呢？不过，这种方案需要配套的资源投入：操作人员需要额外时间整理和提交建议，管理机构也需配备专人处理这些反馈。

航空领域已有成功案例可资借鉴：NASA 的航空安全报告系统（ASRS）自 1975 年启动以来，累计处理了超过 33.8 万份安全报告，发布了 2500 余条安全警报（截至 1996 年数据）。该系统通过保密、自愿、非惩罚性原则，成功构建了运营者与研究者之间的信息桥梁（详见 http://asrs.arc.nasa.gov）。研究者可分析报告数据提炼研究假设，监管者和设计师则能据此优化系统设计。这种模式值得在更广泛的操作领域推广，以建立更全面的信息收集网络。

为操作人员量身定制的出版物

操作人员不仅对向研究人员反馈人因工程问题充满热情，同时也渴望了解最新的研发技术和人因工程方法。因此，除了建立更直接的热线沟通渠道外，研究人员还需要努力提升操作人员对前沿发展的认知水平。然而，要将科学文献转化为操作人员能够理解的实际建议和警示，研究人员必须跨越两个群体之间的语言障碍。让操作人员参与写作过程将有助于弥合这一沟通鸿沟。

尽管这个构想十分合理，但要实现它必须克服诸多现实障碍。目前，专业写作并不属于飞行员和管制员的常规工作职责，这意味着他们需要利用个人时间从事这类活动，却无法获得相应报酬。面向操作人员的行业杂志虽然发挥着重要的知识传播作用，但研究人员向这类媒体投稿通常得不到学术界的认可。此外，受版权限制，同一研究成果往往无法同时在学术期刊和行业媒体上发表。

跨领域深度交流的关键在于相互融合

当前操作人员、研究人员与项目赞助方之间的沟通联系，正如图 2.2 所示，呈现出明显的间歇性特征。造成这种状况的根本原因，很大程度上源于操作人员与研究人员在专业背景和工作环境方面存在的显著差异。要实质性改善这一局面，最有效的方式或许在于促进双方在彼此工作场景中的深度互嵌——让研究人员亲身体验操作一线的实际环境，同时使操作人员深入了解科研工作的具体流程。这种双向的沉浸式体验能够帮助双方突破专业壁垒，建立基于共同认知的沟通基础。

研究人员深入操作环境的实践探索

研究人员在操作环境中的观察角色与实验室环境既有相似之处，又存在本质区别。在实验室条件下，研究者完全掌控实验设计和条件设置，能够系统性地解释受试者行为。然而在真实操作场景中，由于对具体任务理解的局限性，研究人员往往难以准确识别和解读关键行为表现。因此，让研究人员预先深入体验目标操作活动至关重要——通过切身理解工作需求、组织期望和规范要求，他们能够获得更真实的研究视角。

让研究人员亲身参与实际操作具有多重价值：既能体会新手学习阶段的困难，又能理解熟练操作人员维持高标准作业面临的挑战。这种双重认知有助于设计更具实操价值的研究方案。但必须强调的是，这种沉浸式调研离不开操作人员的深度配合。操作人员需要超越传统"研究对象"的角色定位，主动引导研究人员理解操作中的精微之处。

一个典型案例来自本文作者（资深空中交通管制员）的实际经验。当研究人员展现出真诚的学习态度并与操作人员建立互信关系时，往往能获得更丰富的工作细节分享。尽管部分交流可能以"情绪宣泄"的形式呈现，但这些坦诚对话恰恰包含着避免解决方案失败的关键信息。通过这种深度互动，敏锐的研究人员能够提前把握系统设计中的潜在陷阱，从而提出更精准的研究问题，制订更周全的解决方案。这种认知共鸣的建立，往往能使研究成果的实用价值呈几何级数提升。

操作人员参与研究过程的实践价值

操作人员无论是通过实验室参与还是现场融入研究活动，都能显著提升其对科研过程的理解深度，进而为研究团队提供更具实践价值的专业支持。值得注意的是，部分操作人员倾向于选择专业技术深耕的发展路径，而非转向行政管理岗位，这种职业取向使他们能够将丰富的实操经验带入研究领域。操作人员普遍对自身专业能力怀有强烈自豪感，这种内在动机驱使他们希望通过参与研究来提升业务水平。以本文某位作者为例，其追求高等教育的初衷正是希望通过深入研究来解决空中交通管制中的现实问题，并探索新技术的应用潜力。

典型案例一：飞行培训体系优化

一位具有丰富飞行经验的作者曾深度参与某新兴航空公司培训课程的研发工作。在与 NASA 人因工程专家的合作中，该飞行员作者系统学习了认知模式理论，协助研究团队精准识别出飞行管理系统（FMS）使用中的关键难点。通过组织具有丰富 FMS 教学经验的航线飞行教官团队，作者帮助研究人员设计了科学的调研问题，并参与数据分析和结论推导。这种深度合作产生了显著的协同效应：不仅揭示了飞行员掌握新型飞机操作的困难点，还发现了飞行教官在教学设计中面临的挑战。基于研究发现，团队提出了一系列创新性培训改进方案，包括强化 FMS 基础知识教学、增设典型应用场景案例、设计渐进式实践训练模块等。这些成果不仅发表在学术期刊上，更被航空制造巨头采纳为行业培训标准制定的重要参考，作者和研究团队还受邀直接参与培训材料的开发工作。

典型案例二：VNAV 系统研发优化

在垂直导航系统 (VNAV) 的研发过程中，作者的专业经验发挥了关键作用。VNAV 系统的复杂性体现在其运行逻辑会随飞行阶段、预设路径和大气环境等因素动态变化，这对飞行员的操作判断提出了极高要求。缺乏实际飞行经验的研究人员往往难以识别系统设计中的潜在问题。在该项目中，作者协助研究团队深入理解 VNAV 的运行特征，验证各类假设和建模概念，最终帮助优化了系统设计。这种合作不仅弥合了理论研究与实际需求之间的差距，更使研发成果在系统可用性和安全性方面达到了新的高度。该案例充分展现了领域专家在复杂系统研发中的独特价值：他们能够帮助研究人员提升对动态变量的认知水平，开发出更精准适用的系统模型。

这些实践案例证明，当操作人员深度融入研究过程时，能够有效促进理论知识与实践经验的有机融合，产生具有显著应用价值的研究成果。这种合作模式不仅提升了研究质量，也为操作人员提供了专业发展的新路径。

航空人因工程的未来发展方向

安全提升始终是航空研究的核心目标，但行业变革的实际驱动力往往来自效率提升和成本控制。这促使我们思考更深层的问题：我们究竟要构建怎样的航空生态系统？人类在其中扮演何种角色？可接受的风险边界在哪里？各利益相关方应承担哪些责任？明确这些根本性问题，才能充分发挥研究人员和操作人员的专业价值。

当前，军事和民用航空领域有两个亟待突破的人因工程研究方向：首先是遥控飞行器（RPA）的人机交互界面（HMI）优化。随着 RPA 在军事任务中的广泛应用和向民用领域的延伸，亟须开发新一代交互系统，以支持多机协同控制、增强态势感知、优化认知负荷，并满足持续作业需求。其次是智能化自动化系统的人机协作。在 NextGen 等新一代航空系统中，自动化承担着复杂环境下的关键任务，必须通过 HMI 优化确保人机协作的可靠性，同时保持人类在决策层级中的核心地位。

要实现这些突破，必须深刻理解图 2.1 和图 2.2 揭示的系统性挑战。航空心理学研究需要在科学严谨性和实践相关性之间取得平衡，这要求建立更高效的研究人员 - 操作人员协同工作机制。这种协同不仅是简单的信息交换，更需要双向深度参与：研究人员必须深入理解操作环境的复杂性，操作人员则应全程参与研究设计与实施。从行业会议的热烈讨论可以看出，双方都对这种深度合作充满期待，但需要机构和政策层面的系统性支持。

值得注意的是，航空创新生态系统包含众多利益相关方。除了研究者和操作人员，监管机构、设备制造商、雇主单位等都发挥着关键作用。ISAP等专业会议为多方对话提供了平台，但要实现持续创新，需要建立更制度化的协作网络。这种网络将确保技术创新既符合科学规律，又满足实际运营需求，最终推动航空系统安全性和效率的同步提升。

原著参考文献

ASRS Celebrates its 20th birthday (1996). *Callback*: *From NASA's Aviation Safety and Reporting System*, Number 204, p. 1.

Fitts, P. M. (ed.) (1951). *Human engineering for an effective air-navigation and traffic-control system.* Washington, DC: National Research Council, Committee on Aviation Psychology.

Reynard, W. D., Billings, C. E., Cheaney, E. S., & Hardy, R. (1986). *The development of the NASA aviation safety and reporting system* (NASA Reference Publication 1114). Moffett Field,CA: Ames Research Center.

Sanders, M. S., & McCormick, E. J. (1993). *Human factors in engineering and design* (7th ed.).New York: McGraw-Hill.

Stokes, D. E. (1997). *Pasteur's Quadrant.* Washington, DC: Brookings Institute Press.

Wickens, C. D., Lee, J. D., Liu, Y., & Gordon-Becker, S. (1998). *Introduction to human factors engineering.* Boston, MA: Addison-Wesley-Longman.

撰稿人介绍

Col. John R. Dougherty（约翰·R. 道格拉斯），美国空军特级飞行员，飞行时长超过 3500 h，曾驾驶过包括 F-16 战斗机（16 年）和 MQ-1 捕食者无人机（8 年）在内的 8 种不同机型，现任第 119 作战大队指挥官，全面负责有人驾驶飞机和无人机（RPA）作战行动。约翰拥有北达科他州立大学电气工程 / 计算机科学理学学士学位，在美国空军服役期间先后负责多个中队的训练、武器、调度及联队安全工作，曾担任过多个重要领导职位，其卓越的飞行技术与管理能力使其成为美国空军无人机作战领域的权威专家。

Karl E. Fennell（卡尔·E. 芬内尔），曾在美国空军服役，期间执飞洛克希德 C-130 运输机，现任波音 737NG 机型机长，是一位拥有 21 年飞行经验的航空公司现役飞行员，同时兼任第618空中作战中心全球应急行动的空军预备役人员。卡尔于1988年获得迈阿密大学心理学学士学位，1993年获得丹佛大学认知心理学硕士学位，兼具扎实的心理学学术背景和飞行实践能力。2006—2007年卡尔致力于优化飞行员培训体系，作为波音787培训开发团队核心成员卡尔参与开发了多项创新解决方案；2008—2011年担任航空公司飞行员协会人的因素主任，在此期间主导了多项飞行安全研究，专注于通过自动化培训和技术改进提升航空安全水平与飞行体验。

Esa M. Rantanen（埃斯科·M. 兰塔宁），罗切斯特理工学院心理学系副教授，持证商业飞行员，并拥有七年空中交通管制员及管制教官的从业经验，具备丰富的学术研究背景与航空实践经验。其研究聚焦于复杂系统中人的因素问题，重点领域包括人的绩效测量与建模、心理负荷评估、决策机制分析，以及人因失误与系统可靠性研究。埃斯科还承担实验心理学硕士课程教学，并指导工程心理学方向的研究生论文。先后获得埃姆布里 - 瑞德尔航空大学航空科学学士与硕士学位，以及宾夕法尼亚州立大学人因工程学硕士学位和工程心理学博士学位，曾任职于伊利诺伊大学厄巴纳 - 香槟分校航空研究所，担任助理教授。

MSgt. Jason Russi（贾森·鲁西），现任赖特 - 帕特森空军基地塔台总控制员，是一名服役16年的美国空军老兵。作为经验丰富的航空管制人员，贾森曾在全美4个州及海外3个国家执行空中交通管制任务。鲁西同时是航空人因工程领域的研究者，目前正在申请立体雷达显示技术的相关专利，展现其在航空技术革新方面的专业造诣。贾森拥有埃姆布里 - 瑞德尔航空大学航空科学硕士学位及信息资源管理硕士学位，正攻读 William R. Ercoline 教授指导的系统工程博士学位。

第二部分
支持航空心理学的研究方法

第三章

研究人员在航空运行中的角色

汉斯·J. 霍曼，帕梅拉·S. 曾，
迈克尔·A. 维杜利，艾米·L. 亚历山大

本章内容部分源自 2015 年 5 月国际航空心理学研讨会期间举行的研究人员专题会议。该会议紧随研讨会前一日举办的操作人员专题会议之后召开，两个会议的共同宗旨在于搭建操作人员与研究人员之间的对话平台，以共同构建更安全、更高效的航空运行环境。其中，操作人员会议的核心任务是向航空业界系统阐述当前面临的实际操作挑战，其讨论成果已完整收录于本卷第二章；而研究人员会议则聚焦探讨如何有效弥合基础研究与实际应用之间的鸿沟。斯托克斯（1997）提出的"巴斯德象限"理论深刻阐释了应用导向型基础研究的价值，本章将延续这一理论视角，论证应用启发式研究作为加速知识转化的重要途径的实践意义。

本章结构安排如下：首先概述典型航空研发机构的基本职能与运作机制，为后续讨论奠定认知基础；继而系统阐述为实现航空安全与效率双重目标所采用的研究方法论及其实践应用；随后重点剖析航空心理学领域两个具有里程碑意义的巴斯德象限研究案例；鉴于研究人员与操作人员的深度协作是应用导向研究成功的关键，本章将详细探讨促进双方有效协同的机制与方法；最后基于前述分析，提出推动行业未来发展的具体行动建议。

航空航天研发机构的核心使命与组织架构

为帮助读者理解航空心理学研究的工作背景，现以德国航空航天中心（DLR）为例说明典型研发机构的组织形态。作为德国国家级大型科研机构，DLR 采用矩阵式管理体系，下设多个专业研究所和跨学科研究部门。该中心的战略定位决定了其必须将航空心理学研究有机整合到更广阔的航空航天科

技多元化研究体系中。

德国航空航天中心（DLR）

德国航空航天中心（DLR）是欧洲最具影响力的航空航天研究机构之一，其发展历程与科研定位体现了现代航空研究的典型特征。该中心的历史可追溯至 1907 年在哥廷根成立的空气动力学研究中心，经过 20 世纪 60 ~ 70 年代的机构整合，于 1969 年正式成为德国国家级研究机构。如今，这个拥有 8000 名员工、总部设在科隆的科研机构，在平衡基础研究与应用研究方面面临着与 NASA 等国际同行相似的战略挑战。

DLR 的核心使命是通过科技创新提升全球交通效率与安全性，同时保护环境资源。这一使命的履行需要充分考虑欧盟内部多元文化背景和复杂政治环境带来的协调难题，正如欧盟委员会"2020 年愿景"所揭示的那样。为此，DLR 建立了由 33 个专业研究所组成的科研网络，并与高校、企业及其他研究机构开展广泛合作，着力弥合基础研究与实际应用之间的鸿沟。

随着 21 世纪全球航空运输量的持续增长，航空业面临着日益严峻的环境挑战和基础设施压力。气候变化、资源短缺、安全保障等社会议题都与航空发展密切相关。在此背景下，DLR 将研究重点放在开发环境友好型技术、优化运输系统效率、提升安全标准等关键领域，致力于为航空业的可持续发展提供科技支撑。该中心特别注重通过完善的成果转化机制，将科研成果有效输送给产业界和政策制定部门，实现科技创新与社会需求的有机结合。

DLR 研究工作的核心特征在于将航空运输系统视为实现未来发展目标的关键要素进行系统性考量。要有效应对这些复杂挑战，必须依靠国际合作和跨学科协作。近期 DLR 与 NASA 续签的长期合作协议就是典型例证，该协议目前涵盖空气动力学、空中交通管理（ATM）和气候研究等多个关键领域的联合攻关。

DLR 航空研究计划的基本框架于 2007 年确立，旨在与欧盟委员会 2020 年愿景及其战略研究议程保持协同。该计划设定了五大核心目标：提升航空运输系统整体效率；优化开发和运营的成本效益；降低飞机噪声和有害排放；改善旅客航空运输体验质量；增强航空业在复杂发展环境中的安全性。

在研究实施层面，DLR 注重将行业应用需求与前沿科学探索相结合，具体开展以下重点研究。

系统层面：建立航空运输系统综合分析评估能力，涵盖空中交通、机场运营和飞行引导等环节，并整合天气和环境影响因素，全面优化 ATM 系统性能及其环境兼容性。

仿真技术：开发先进模拟程序，支持航空领域的设计、评估和认证工作，例如扩展直升机全天候飞行的适用性范围。

实验验证：研发实验技术、设备和系统，通过地面和飞行试验验证关键技术及模拟设备的可靠性，重点包括商用喷气发动机中传统化石燃料与替代燃料的特性、可靠性、点火性能和燃烧稳定性研究。

人因工程：开展驾驶舱、客舱和空管工作区的人机交互研究，综合考虑心理和医学因素，重点开发自适应飞行员及管制员辅助系统，优化显示界面和传感技术，以提升操控品质、增强安全性、降低工作负荷并改善态势感知能力。

环境影响：深入研究航空运输对气候的影响机制，探索航空系统各环节的减排措施。

这些研究依托 DLR 先进的大型实验设施群，包括风洞、飞机研发平台、驾驶舱和塔台模拟器、燃烧室及涡轮测试设备、结构和材料实验室，以及支持高精度数字模拟的基础设施。这些设施为开展符合国际标准（特别是欧盟愿景 2020 和航线 2050 战略）的研究项目提供了坚实基础。

更安全、更高效的航空研究与实践

知识的产生与应用

对许多操作人员和学生而言，"科学"往往与艰深的理论、复杂的公式、厚重的典籍以及实验室里专注工作的研究者形象相关联。这些印象虽然反映了科学探索的一个侧面——即通过基础实验室研究获取新知识的路径，却未能全面展现科学与实践的完整图景。事实上，科学发展的深层动力源自社会需求和市场导向，这些需求已被政策制定者、行业和研究机构识别并列为优先事项。在此语境下，科学展现出其鲜明的实用性和问题导向特征，致力于实现从地方到国际层面的战略目标。由于社会、市场和环境条件持续演变，为人类未来挑战探索新知识成为一个永续的过程。基础科学与应用科学如同硬币的两面，相互依存。航空等领域已成功实践了这种协同模式，在社会需求与科学供给之间建立起紧密纽带。

应用研究与基础研究的辩证关系可通过以下 6 个维度深入解析：

①概念解释：基础科学通过简化现实复杂性，构建理论和模型来解释人

机系统特性；应用研究则聚焦获取可直接指导实践的程序性知识。应用研究通常由实际问题驱动，赞助方对研究方向具有较强话语权，研究成果可快速转化，投资回报周期较短。相比之下，基础研究成果更具抽象性和普适性，其价值可能在未来才能显现，主要资助来自科学基金会等公共渠道。

②环境控制：基础研究多在严格控制的实验室进行；应用研究则倾向于在目标应用场景的自然环境中展开。

③严谨与适应：基础研究强调对误差源的系统控制；应用研究则需根据实际环境动态调整方法。

④效度特征：基础研究在受控条件下具有更高的内部效度，但外部效度可能受限；应用研究虽内部效度较低，但其发现更贴近现实应用。

⑤成果传播：基础研究遵循"不发表即消亡"的学术准则；应用研究因商业考量往往限制成果公开，尽管学术期刊正努力扩大应用研究的发表空间。

⑥风险特征：应用研究因环境不可控性而风险较高；基础研究虽结果更可预测，但可能存在实验室外推的局限性。

需要强调的是，这些差异并非绝对对立。正如斯托克斯（1997）所指出的，在两种研究范式的交叉地带，科学洞见与实践价值往往能实现最佳平衡，催生最具成效的研究成果。基础研究和应用研究各有所长、相互促进；下文将通过具体案例进一步论证这一观点，并探讨如何实现两者的优势互补。

应用研究与基础研究的价值平衡：实证研究视角

为系统评估应用研究与基础研究的相对价值，亚当斯（1972）对两项具有里程碑意义的研究项目进行了深入分析。第一项是美国国防部主导的"后知项目"（Project Hindsight）（Isenson，1967；Sherwin & Isenson，1966）。该项目对 20 种武器系统（包括"民兵"弹道导弹、马克 46 反潜鱼雷和星光瞄准镜等）进行逆向工程分析，追溯 1945 年以来促成关键创新的研发活动。研究发现：在确认的 700 余项研发活动中，91% 属于应用研究范畴；其中98% 的研究动机源于实际问题需求而非纯科学探索；67% 的研究活动早于具体系统应用，平均转化周期达 9 年。这表明具有重大影响力的研究往往并非短期应急之作，而是超前于实际需求的长期积累，其成果通常具有跨系统应用价值。

第二项"跟踪项目"TRACES（《技术回顾与科学中的关键事件》，洛尔巴赫，1968，1969）则突破时间限制，研究了磁性铁氧体、录像机等五项重大社会创新的研发轨迹。该项目将 300 多个关键研发事件分为基础研究、应用研究和开发三类。研究发现：应用研究主要集中在创新前 20 年，而基础研究的影响则更早（创新前 20 ~ 30 年），且贡献度显著高于应用研究（基础、应用、开发的贡献比约为 70%：20%：10%）。

这些研究有力证实了长期基础研究的战略价值，同时也揭示了科研成果转化的时滞效应。斯托克斯、亚当斯等学者指出，基础研究与应用需求的关系并非偶然（参见赫尔顿与肯普，2011），通过需求导向的基础研究设计有望缩短转化周期，但这一机制仍需深入探索。

Gopher 与 Kimchi（1989）的研究为此提供了重要启示。他们识别出三个可从基础心理学原理中显著受益的人因工程领域。

①视觉显示设计：表征原则（信息呈现方式与操作人员心理表征的兼容性）的深入理解可普遍提升各类显示系统效能，而非局限于特定系统。

②心理负荷管理：随着自动化程度提高，亟须建立基于基础认知理论的负荷评估体系，以应对复杂人机交互场景（Vidulich，2003）。

③复杂技能培训：自动化带来的系统复杂性（如第二章操作人员所述）要求回归培训本质，建立基于技能发展普遍规律的教学原则，而非针对具体场景的临时方案。

值得注意的是，Gopher 与 Kimchi 强调，优质的培训原则应具备跨系统、跨时代的普适性。例如，融合渐进式挑战、适时反馈等核心要素的教学设计，无论针对滑翔机、螺旋桨飞机还是喷气式飞机的训练都应适用。尽管自 1989 年以来，传感器、显示技术和计算机系统已取得革命性进步，但这些基础原则仍保持着重要的指导价值。

专业组织在促进研究转化中的关键作用。亚当斯（1972）特别强调专业组织应当承担更积极的桥梁职能。在航空心理学领域，美国心理学协会（APA）下属的应用实验与工程心理学分会、人因工程和工效学协会（HFES）、国际航空心理学协会（AAP）以及欧洲航空心理学协会（EAAP）等专业团体，完全有能力识别那些兼具科学价值与应用潜力的基础研究课题。虽然研究者个体仍保持学术自主性，但通过专业组织凝聚共识确定优先研究方向，可以更有效地配置资源，聚焦于当前最具现实意义的课题。第二章中操作人员提出的实践挑战，正是识别这些人因工程与航空心理学知识缺口的宝贵资源。

但是，从高度受控环境下取得的基础研究成果如何能够推广到现实世界呢？关于基础研究成果的外部效度问题，"后知项目"和"追踪项目"已证实：从实验室到现实世界的知识转化不仅是可行的，更是科学进步的常态。Anderson 等学者（1999）通过元分析技术，系统检验了社会心理学多个领域

（如攻击性行为、领导风格、职业培训等）中实验室与实地研究结果的一致性。他们对 38 组对比数据的分析显示，两者效应量相关性高达 0.73（Cohen，1988），这一发现有力驳斥了"实验室研究必然缺乏外部效度"的误解。研究质量本质上取决于方法的严谨性，而非研究场所本身。

然而，正如 Chapanis（1988）和 Brunswik（1955，1956）等学者所警示的，研究结论的推广必须建立在科学验证基础上。提升研究可推广性的标准程序包括：确保样本代表性、提供充分训练、采用适当测量方法等。Chapanis 特别指出，在研究设计中引入异质性元素是验证结论普适性的有效策略——即在不同经验水平的受试群体、多样化任务、多维度响应指标（如决策速度与质量）以及变化的环境条件（人 - 人或人 - 智能体交互）下重复验证变量关系。

Gopher 和 Sanders（1984）提出的"背靠背"研究策略进一步拓展了这一思路。他们建议：在初步验证阶段采用简化任务和严格控制条件后，应逐步增加任务复杂度，使其逼近真实环境，通过比较不同复杂度下的结果，不仅能检验理论关系的边界条件，还能发现现有理论的不足，推动知识体系的完善。

Wickens 和 McCarley（见本卷第四章）则警示了过度依赖零假设显著性检验的潜在风险。在航空安全等应用领域，过分关注统计显著性（如 $P < 0.05$）可能导致错失实际重要的效应。虽然不主张完全摒弃传统检验方法，但他们呼吁研究者同时采用更全面的评估框架（详见第四章论述），以避免因统计显著性门槛而忽视具有实际应用价值的研究发现。

巴斯德象限研究的典范：航空心理学两大案例

本节通过两个典型研究案例，展示如何通过基础研究与应用研究的有机结合，持续提升航空运输安全水平。

案例一：军事飞行员选拔体系的发展

军事航空人员选拔与分类项目（Flanagan，1947；North & Griffin，1977；Koonce，1984；Driskell & Olmstead，1989；Damos，2007）是将心理测量理论应用于飞行员能力倾向测试的典范。该项目通过降低训练淘汰率、缩短培训周期，实现了人力资源的优化配置，产生了显著的经济效益并提升了系统整体性能。

"二战"期间军事飞行员需求的激增推动了选拔工具的快速发展。1939—1940 年，美国国家研究委员会设立了空军航空心理学项目与战斗机飞行员选拔培训项目，投入巨额研究经费。至 1945 年，这些项目已汇聚大批顶尖科学家，开发出包括能力测试、人格量表、动机问卷和仪器测试在内的完整选拔体系。在 John Flanagan 的领导下，项目初期每年成功选拔约 3 万名合格飞行员（Driskell & Olmstead，1989），累计测试人数达数十万。

这一大规模研究实践的影响远超预期：不仅建立了完善的选拔体系，更催生了多个心理学分支领域的理论突破。在工程心理学（Chapanis 等，1947；Fitts，1947，1951；Roscoe，1980；Williams，1980）、教育心理学（Gagné，1965）、人格心理学（Cattell，1950）、智力理论（Guilford，1956；Cattell，1971）及人类绩效分类学（Fleishman 等，1968）等领域都产生了深远影响。这些开创性工作确立的评估标准、培训方法和设计原则，至今仍在现代航空运输系统中发挥着重要作用。最新研究成果可参见 Barry Kantowitz 主编的《交通运输中的人因工程》系列丛书。

案例二：飞行员疲劳管理研究

被美国国家运输安全委员会列为航空安全最严峻挑战之一（Rosekind，2013）。超长航线、自动化普及以及全天候运营需求，使疲劳相关操作失误显著增加。类似研究已在多个高危行业展开：空中交通管制（Nealley & Gawron，2015）、铁路运输（Bowler & Gibson，2015）、航海（Allen 等，2008）、公路运输（Barr 等，2009）、消防（Dawson 等，2015）以及医疗手术（Sturm 等，2011）等领域都建立了相应的疲劳管理体系。

心理学通过严格的实验室研究，系统揭示了睡眠剥夺对人类表现的广泛影响（Lim & Dinges，2010；Wickens 等，2015）。这些研究虽然受限于反应时、记忆力等简单指标的测量，以及睡眠调节机制的复杂性，难以直接应用于实际场景，但成功解析了体内平衡、睡眠不足和睡眠惯性等关键生理过程，为建立预测疲劳的生物数学模型奠定了理论基础（Åkerstedt，Folkard，& Portin，2004）。

为验证这些模型在真实飞行环境中的适用性，研究者开展了系列应用研究（如 Petrilli 等，2006）。其中，新西兰梅西大学与华盛顿州立大学的联合研究（Gander 等，2015）通过整合四项独立研究数据，涉及 237 名飞行员在 13 条航线上的 730 次远程飞行记录，突破了应用研究样本量小的局限。该研究首次在复杂操作环境中证实了昼夜节律对睡眠倾向、疲劳程度和反应时的显著影响。

这些发现促使监管部门调整了飞行执勤时间限制。然而，正如 Graeber（2008）指出的，单纯依靠时间管理难以有效控制疲劳风险，因为疲劳程度与执勤时长并非简单线性关系。Cebola 和 Kilner（2009）在 Eurocontrol 研讨会上提出的核心问题"何时疲劳会危及安全？"凸显了这一难题的复杂性。基于学术研究与实践经验的融合，国际民航组织（ICAO）在 2011 年将疲劳风险管理系统（FRMS）纳入标准框架。这一创新性方案通过整合多源数据，实现了对机组疲劳的主动预测与管理。更重要的是，FRMS 收集的运营数据持续优化着疲劳数字模型，推动着疲劳研究新知识的产生，形成了从基础研究到应用实践再到理论完善的良性循环。

促进研究人员与操作人员协作的沟通机制

从第二章操作人员的表述中可以清晰看出，操作人员展现出强烈的合作意愿，甚至渴望以多种形式与研究人员建立协作关系。研究人员同样认识到这种合作的必要性，前文所述的两个成功案例充分证明了这种互利合作的价值。然而，要实现更有效的沟通，仍需克服第二章所讨论的多重挑战。以下是促进双方交流的具体途径：

跨领域交流平台：面向研究人员与操作人员的会议与出版物

1. 专业期刊的桥梁作用　科学期刊传统上是研究人员交流的主要平台，但随着学科发展，基础研究与应用研究的分界正在模糊。当前涌现出一批致力于连接两者的期刊，如《实验心理学杂志：应用》《工效学科学理论问题》《人为因素》等。这些期刊通过定期出版特刊聚焦热点议题，例如《国际航空心理学杂志》曾推出飞行员选拔、教员培训、航空维修人为因素等专题，为研究人员、航空公司、制造商和监管机构提供了探讨实际需求与科学解决方案的理想平台。

2. 面向操作人员的知识转化　部分期刊鼓励研究人员以操作人员易于理解的语言撰写文章，如《设计中的人体工效学》。这类出版物不仅促进知识传播，更能激励研究人员与操作人员开展深度合作，共同产出更贴近实践的研究成果。

3. 操作人员主导的报告系统　航空安全报告系统（ASRS）作为典型案例，收集飞行员、管制员等自愿提交的安全事件报告，通过分析识别系统缺陷并发布预警。在当今网络化时代，建立更全面的人为因素早期预警报告系统，将为操作人员与研究人员在问题初期建立直接联系提供新途径。

4. 专业会议的交流平台　人为因素和工效学年会、国际航空心理学研讨会等专业会议，持续为操作人员、研究人员和行业代表提供面对面交流机会。

特别值得一提的是欧盟委员会 2014 年启动的 OPTICS 项目，该项目通过定期研讨会和动态知识库，促进政策制定者、行业领袖与顶尖研究人员的对话，共同确定有前景的研究方向并动态调整安全研究议程。这种机制不仅提升既有知识的可获取性，更能确保研究活动与行业战略需求保持同步。

这些多元化的沟通渠道共同构成了促进研究与实践融合的基础设施，为双方协作提供了制度性保障。随着这些机制的不断完善，研究人员与操作人员的合作将更加紧密，推动航空安全水平的持续提升。

技术桥梁人。建立技术桥梁人机制是促进研究成果转化的重要途径。亚当斯（1972）提出的技术桥梁人概念，指的是那些比普通从业者更广泛涉猎工程与科学文献，并能将基础科学知识转化为实践语言的专门人才。这类人才不仅需要保持与外部科研团队的专业联系，更应在组织内部获得正式角色认定和相应的激励机制。虽然许多机构中已存在类似职能的岗位，但通过制度化的角色设计和奖励体系，可以显著提升知识传递的效率和广度。

组织氛围和制度支持。要有效推动研究与实践的结合，必须建立系统性的制度支持体系。这包括鼓励学术成果发表与专业期刊订阅、支持参与学术会议和研讨会、建立操作人员参与研究的激励机制，以及给予研究人员开展非严格受控研究的自由度。虽然这些措施会增加运营成本，但相较于低效设计、培训失败和安全事故带来的损失，这些投入具有显著的投资回报率。要实现真正的变革，需要在工作场所和学术机构同步推进思维范式转变，并通过政府、行业和学术管理机构的协同参与来完善协作网络。

研究资助计划。从"后知项目""跟踪项目"等案例中获得的关键启示是：长期研究往往能产生更深远的影响。在航空领域尤其如此，因为新飞机或空管系统的研发周期通常长达数年。这一认识已促使欧美主要资助机构调整策略。美国国家科学基金会和国立卫生研究院等传统基础研究资助方，现在明确要求项目申请说明研究的广泛影响。欧洲则通过 ACARE（欧洲航空研究咨询委员会）建立了系统的战略规划机制。

ACARE 成立于 2001 年巴黎航展，汇聚了欧洲 40 多个机构和欧盟议会代表，其核心使命是推动航空业更好地满足社会需求。该组织先后发布了《2020 年愿景》（2001）和《2050 飞行路径》（2011）两份战略文件，为欧洲航空研究提供了明确方向。基于这些规划，欧盟实施了包括"地平线2020""清洁天空"等在内的一系列重大研究计划，通过专门工具促进产学研合作，建立了政府与科学界的新型契约关系。

虽然欧洲愿景中的许多内容（如清洁发动机、可回收飞机等）超出心理学范畴，但其关于飞机自动化的目标将深刻影响从业者的角色定位。《2050飞行路径》明确指出："自动化将转变飞行员和管制员的角色，使其成为战略管理者和监督者，仅在必要时进行干预。"实现这一愿景并验证其可行性，将是航空心理学面临的重大挑战，必须建立研究人员与操作人员之间更为紧密的协作机制。

面向未来的前瞻性科学研究

科学创新的本质不仅取决于现有的研究条件和资金支持，更源于人类与生俱来的好奇心、创造力以及团队协作精神。这些关键要素往往具有自发性特征，难以通过常规计划或制度安排来精确调控。针对当下问题的应急性解决方案通常只能获得短期效益，难以产生真正具有突破性的科学洞见。科学政策制定者和管理者需要具备战略眼光，充分认识到当前在组织文化建设、人才梯队培养以及青年科学家支持等方面的投入，实质上是在为社会的长远发展积蓄创新动能。优秀的科研管理应当实现双重目标：一方面确保公共科研资金的合理使用和项目目标的达成，另一方面为科研人员保留足够的创造空间和探索自由。这种平衡并非否定市场导向研究的价值，而是强调当基础研究能够准确把握未来发展趋势时，即使暂时缺乏直接应用前景，最终必将服务于人类未来的重大需求。正如法国作家圣埃克苏佩里（Antoine de Saint-Exupéry）的深刻洞见："我们的使命不在于预测未来，而在于创造未来"（Saint-Exupéry，1950）。这一哲学思想恰当地诠释了前瞻性科学研究应有的价值取向——不是被动地应对变化，而是主动地塑造未来。

原著参考文献

Adams, J. A. (1972). Research and the future of engineering psychology. *American Psychologist, 27*, 615-622.

Åkerstedt, T. Folkard, S., & Portin, C. (2004). Predictions from the three-process model of alertness. *Aviation, Space and Environmental Medicine, 75*, 75-83.

Allen, P., Wadsworth, E., & Smith, A. (2008). Seafarer's fatigue: A review of the recent literature. *International Maritime Health, 59*, 1-4.

Anderson, C. A., Lindsay, J. J., & Bushman, B. J. (1999). Research in the psychological laboratory: Truth or triviality? *Current Directions in Psychological Science, 8*, 3-9.

Barr, L., Popkin, S., & Howard, H. (2009). *An evaluation of emerging driver fatigue detection measures and technologies.* Report FMCSA-RRR-09-005. U.S. Department of Transportation,Federal Motor Carrier Safety Administration.

Bowler, N., & Gibson, H. (2015). *Fatigue and its contribution to railway incidents.* Rail Safety and Standards Board (RSSB) Special Topics Report, February.

Brunswik, E. (1955). Representative design and probabilistic theory in a functional psychology. *Psychological Review, 62*, 193-217.

Brunswik, E. (1956). *Perception and the representative design of psychological experiments* (2nd ed., rev. & enl.). Berkeley, CA: University of California Press.

Cattell, R. B. (1950). *Personality: A systematic, theoretical, and factual study.* New York: McGraw.

Cattell, R. B. (1971). *Abilities: Their structure, growth, and action.* Boston, MA: Houghton Mifflin.

Cebola, N., & Kilner, A. (2009). When are you too tired to be safe? Exploring the construction of a fatigue index in ATM. *6th Eurocontrol ATM Safety & Human Factors R&D Seminar*, Munich, Germany.

Chapanis, A. (1988). Some generalizations about generalization. *Human Factors, 30*, 253-267.

Chapanis, A., Chardner, W. R., Morgan, C. T., & Sanford, F. H. (1947). *Lectures on men and machines: An introduction to human engineering.* Baltimore, MD: Systems Research Laboratory.

Cohen, J. (1988). *Statistical power analysis for the behavioral sciences* (2nd ed.). Hillsdale, NJ: Erlbaum.

Damos, D. L. (2007). *Foundations of military pilot selection systems: World War I.* Technical Report 1210. United States Army Research Institute for the Behavioral and Social Sciences.

Dawson, D., Mayger, K., Thomas, M. J. W., & Thompson, K. (2015). Fatigue risk management by volunteer firefighters: Use of informal strategies to augment formal policy. *Accident Analysis and Prevention, 84*, 92-98.

Driskell, J. E., & Olmstead, B. (1989). Psychology and the military: Research applications and trends. *American Psychologist, 44*(1), 43-54.

European Commission, Group of Personalities (2001). *European aeronautics: A vision for 2020.* Retrieved from http://ec.europa.eu/research/transport/publications/items/european_aeronautics_a_vision_for_2020_en.htm (accessed January 13, 2017).

European Commission, High Level Group on Aviation Research (2011). *Flightpath 2050:Europe's vision for aviation.* Retrieved from http://ec.europa.eu/transport/modes/air/doc/flightpath2050.pdf (accessed January 13, 2017).

Fitts, P. M. (1947). *Psychological research on equipment design* (Research Rep. No. 17). Washington, DC: Army Air Forces Aviation Psychology Program.

Fitts, P. M. (ed.) (1951). *Human engineering for an effective air navigation and traffic-control system.* Washington, DC: National Research Council Committee on Aviation Psychology.

Flanagan, J. C. (1947). Research reports of the AAF Aviation Psychology Program. *American Psychologist, 2*, 374-375.

Flanagan, J. C. (ed.) (1948). *The aviation psychology program in the Army Air Forces* (Research Report 1). Washington, DC: U.S. Army Air Forces Aviation Psychology Program.

Fleishman, E. A., Kinkade, R. G., & Chambers, A. N. (1968). *Development of a taxonomy of human performance*. Technical Progress Report 1. AIR-726-11/68-TPR1. American Institute for Research. Washington Office.

Gagné, R. (1965). *The conditions of learning*. New York: Holt, Rinehart and Winston, Inc. Gander, P. H., Mulrine, H. M., Van den Berg, M. J., Smith, A. A. T., Signal, T. L., Wu, L. J., & Belenky, G. (2015). Effects of sleep/wake history and circadian phase on proposed pilot fatigue safety performance indicators. *Journal of Sleep Research*, 24, 110-119.

Gopher, D., & Kimchi, R. (1989). Engineering psychology. *Annual Review of Psychology*, 40, 431-455.

Gopher, D., & Sanders, A. R., (1984). S-Oh-R: Oh stages! Oh resources! In W. Prinz & A. F. Sanders (eds.), *Cognition and motor behavior* (pp. 231-253). Heidelberg: Springer.

Graeber, R. C. (2008). Fatigue risk management systems within SMS. *Proceedings of the FAA Fatigue Management Symposium: Partnerships for Solutions*, Vienna, VA: June 17-19.

Guilford, J. P. (1956). The structure of intellect. *Psychological Bulletin*, 53(4), 267-293.

Helton, W. S., & Kemp, S. (2011). What basic-applied issue? *Theoretical Issues in Ergonomics Science*, 12, 397-407.

International Civil Aviation Organisation (ICAO) (2011). *Guidance material for development of prescriptive fatigue management regulations*. Annex 6, Part I, Attachment A-1. ICAO, Montreal, Canada.

International Civil Aviation Organisation (ICAO) (2012). *Fatigue risk management systems. Manual for regulators*. Doc 9966 (1st ed.), ICAO. Montreal, Canada.

Isenson, R. S. (1967). *Project hindsight (final report)*. Washington, DC: Department of Defense, Office of the Director of Defense Research and Engineering.

Koonce, J. M. (1984). A brief history of aviation psychology. *Human Factors*, 26(5), 499-508.

Lim, J., & Dinges, D. F. (2010). A meta-analysis of the impact of short-term sleep deprivation on cognitive variables. *Psychological Bulletin*, 136, 375-389.

Loellbach, H. (ed.) (1968). *Technology in retrospect and critical events in science (TRACES)*. (National Science Foundation Contract NSF-C535) Vol. 1. Chicago, IL: Illinois Institute of Technology Research Institute.

Loellbach, H. (ed.) (1969). *Technology in retrospect and critical events in science (TRACES)*. (National Science Foundation Contract NSF-C535) Vol. 2. Chicago, IL: Illinois Institute of Technology Research Institute.

Nealley, M. A., & Gawron, V. J. (2015). The effects of fatigue on air traffic controllers. *The International Journal of Aviation Psychology*, 25, 14-47.

North, R. A. & Griffin, G. R. (1977). *Aviator selection 1917-1977*. Technical Rep. No. SP-77-2. Pensacola, FL: Naval Aerospace Medical Research Laboratory.

Petrilli, R. M., Thomas, M. J. W., Dawson, D., & Roach, G. D. (2006). The decision-making of commercial airline crews following an international pattern. In: *Proceedings of the Seventh International AAvPA Symposium*, Manly, NSW, Australia.

Roscoe, S. N. (ed.) (1980). *Aviation psychology*. Ames, IA: Iowa State University Press.

Rosekind, M. (2013). Managing fatigue in aviation. *Aviation Safety Coordinators*, NTSB, July 24, 2013.

Saint-Exupéry, A. D. (1950). *The wisdom of the sands*. New York: Harcourt, Brace & Co.

Sherwin, C. W., & Isenson, R. S. (1966, June 30). *First interim report on project hindsight (Summary)*. Washington, DC: Office of the Director of Defense Research and Engineering.

Stokes, D. E. (1997). *Pasteur's Quadrant: Basic science and technological innovation*. Washington, DC: Brookings Institution Press.

Sturm, L., Dawson, D., Hewett, P. J., & Hill, A. G. (2011). Effects of fatigue on surgeon performance and surgical outcomes: a systematic review. *ANZ Journal of Surgery*, *81*, 502-509.

Vidulich, M. A. (2003). Mental workload and situation awareness: Essential concepts for aviation psychology practice. In P. S. Tsang & M. A. Vidulich (eds.), *Principles and Practice of Aviation Psychology* (pp. 115-146). Mahwah, NJ: Lawrence Erlbaum Associates.

Wickens, C. D., Hutchins, S. D., Laux, L., & Sebok, A. (2015). The impact of sleep disruption on complex cognitive tasks: A meta-analysis. *Human Factors*, *57*, 930-946.

Williams, A. C., Jr. (1980). Discrimination and manipulation in flight. In S. N. Roscoe (ed.), *Aviation psychology* (pp. 11-30). Ames, IA: Iowa State University Press.

撰稿人介绍

Amy L. Alexander（艾米·L. 亚历山大），美国麻省理工学院林肯实验室技术专家，主要从事人机交互模拟（HITL）的规划与实施工作，承担美国联邦航空管理局（FAA）重点科研项目。艾米于 2000 年获得俄亥俄州立大学心理学学士学位，2005 年获得伊利诺伊大学厄巴纳 - 香槟分校心理学博士学位，其研究涉及多个航空人因工程领域，包括机舱图形气象显示系统和告警机制的测试评估、利用游戏平台量化航空天气预报对空中交通管理决策的影响、优化海洋空域隔离标准以及开发无塔台机场的空中交通服务方案等。艾米持有私人飞行员执照，兼具航空实践经验和学术研究专长，是人因与工效学学会（HFES）和航空心理学协会（AAP）成员。

Hans J. Hoermann（汉斯·J. 霍尔曼），德国航空航天中心（汉堡）人的因素科学家，拥有柏林自由大学应用心理学博士学位（1987 年），在航空人因工程研究领域有 30 年的工作经验，发表学术论文 100 余篇。作为欧洲航空心理学协会注册航空心理学家及《国际航空心理学杂志》领域编辑，汉斯的研究聚焦飞行机组人员绩效与疲劳管理、驾驶舱资源管理培训及飞行员能力评估体系开发、不同自动化水平对驾驶舱人机协作的影响等。汉斯长期与航空培训组织合作，开发了多项机组资源管理与飞行培训专业课程，并曾担任波音公司马德里研发中心安全与人因技术研究员，2006 年当选英国皇家航空学会会士（Fellow，最高学术荣誉），学术成就获得国际认可。工作之余，汉斯热衷于驾驶单引擎飞机，将专业研究与飞行实践相结合。

　　Pamela S. Tsang（帕梅拉·S. 曾），美国莱特州立大学心理学系教授，认知心理学与航空人因工程领域的杰出学者。帕梅拉先后获得曼荷莲学院学士学位和伊利诺伊大学厄巴纳 - 香槟分校博士学位，并曾在美国国家航空航天局（NASA）艾姆斯研究中心担任国家研究委员会博士后研究员，其研究聚焦人类认知能力与专业绩效评估，主要方向包括：注意力机制研究、真实环境中的专业技能发展、认知老化过程，以及航空心理学应用。帕梅拉特别注重将基础研究发现转化为实际应用，其研究成果已成功运用于航空安全、地面交通运输和医疗系统等多个重要领域。作为该领域的权威专家，与Michael Vidulich 教授共同主编了《航空心理学原理与实践》这一学科经典著作，为航空人因工程的理论发展与实际应用搭建了重要桥梁。

　　Michael A. Vidulich（迈克尔·A. 维杜利奇），美国空军研究实验室人类效能部应用神经科学分部的资深科学家，航空人因工程与认知科学领域的权威专家。自 1989 年起兼任莱特州立大学心理学系客座教授，此前曾在美国国家航空航天局（NASA）艾姆斯研究中心从事研究工作，2006—2013 年担任战斗机接口部门技术顾问。先后获得纽约州立大学波茨坦分校心理学学士、俄亥俄州立大学心理学硕士及伊利诺伊大学厄巴纳 - 香槟分校博士学位。作为人机界面评估领域的开拓者，维杜利奇博士专注于开发基于认知科学的界面适应性评估指标。迈克尔与 Pamela Tsang 教授共同主编了航空心理学经典著作《航空心理学原理与实践》，并与 Tsang 教授及 John Flach 教授合作编辑了《航空心理学研究进展（第一卷）》。

第四章

航空安全研究中的常识性统计

克里斯托弗·D.威肯斯，杰森·S.麦卡利

本研究旨在帮助飞行员提升对飞行管理系统（FMS）模式的理解及异常状态应对能力。项目选取某通勤航空公司 20 名现役飞行员参与实验，其中 10 人接受常规培训课程，另外 10 人参与新开发的强化培训课程。培训结束一周后，所有受试者在高保真模拟器中接受测试，需要应对 FMS 的意外配置情况，研究人员记录从异常识别到正确响应的时间作为核心评估指标。初步数据显示，强化训练组的平均反应时间为 9.5 s，较对照组的 14 s 有明显缩短，但独立样本 t 检验表明这一差异未达到统计学显著性（$P > 0.05$）。随后进行的后续研究对 16 名飞行员（每组 8 人）实施了略微修订的强化课程，结果同样显示新培训课程带来的改善效果不显著（平均差异 3 s，$P > 0.05$）。基于这两项研究结果，研究人员得出结论认为新的培训课程并不比标准课程更有效。然而，强化课程的开发团队对此结论提出异议。他们指出，如果将两项研究的样本合并分析（每组 $N=18$），组间 4.5 s 的平均差异则具有统计学显著性（$P < 0.05$）。此外，开发人员强调原始研究中获得的 P 值（分别为 0.07 和 0.11）已十分接近传统的 0.05 显著性阈值，且从实际操作角度来看，反应时间缩短 30% 以上可能具有重要的实用价值。

这一典型案例凸显了经典零假设显著性检验（NHST）在航空心理学、航空航天人因工程以及安全关键人为因素研究中应用的潜在缺陷。研究发起人若仅依据"统计不显著"的结论而否决强化培训课程，可能导致错失改善 FMS 相关事故隐患的重要机会。该案例印证了 Wickens（1998）关于"常识统计"的论述，同时也呼应了早期航空安全研究学者 Harris（1991）、Loftus（1996）的见解，以及 Cumming（2012，2014）提出的"新统计学"理念。

在下文讨论中，我们将深入分析这一现象背后的核心问题，并提出相应的改进建议，以期提升航空安全研究的科学性和实用性。

关于 NHST 的 4 个关键问题

首先，我们需要审视困扰零假设显著性检验（NHST）的若干核心问题（这一列举并非穷尽，详见 Schmidt，1996；Wagenmakers，2007）。

问题一：显著性检验制造了真效应与零效应之间存在绝对区分的假象

传统 NHST 方法通过计算效应概率 P 值，并将其与预设阈值 α 比较，从而做出"统计显著"（$P \leqslant \alpha$）或"不显著"（$P > \alpha$）的二元判断。需要明确的是，P 值反映的是在零假设成立的前提下，获得观察结果或更极端结果的概率。当该概率小于等于 α 时，效应即被判定为统计显著。

然而，NHST 本质上是一个受多种因素影响的启发式过程：既受数据误差方差制约，也受 α 值选择的主观性影响。遗憾的是，研究者常将 α 阈值视为"真实效应"与"零效应"的绝对分界点（Nelson 等，1986；Dixon，2003），试图从概率性证据中得出确定性结论，这种误解导致了虚假的确定性。Fisher 在提出 P 值概念时，虽然建议采用 $P=0.05$ 作为参考标准，但他强调 P 值仅用于衡量"对假设产生怀疑的理性依据"（Fisher，1959），而不是非黑即白的判断标准（Schneider，2015）。这种观点主张在连续 P 值范围内承认具有实际或心理学意义的基准，就像航空领域将 25 000 英尺作为"无菌驾驶舱"的阈值那样，但不应忽视基准之间或之外的证据强度差异。Neyman 和 Pearson（1933）则反对将 P 值作为分级证据的观点，他们认为概率性结论既不能证实也不能证伪假设。他们主张"制定行为规范，确保在长期实践中不会频繁犯错"。Neyman（1957）将这种思路描述为"归纳行为"——用统计证据指导行为选择，而非"归纳推理"——用统计证据塑造信念体系。Hubbard 和 Bayarri（2003）对这两种经典统计方法的区别作了精辟阐述。

对于希望通过统计推断形成科学信念的研究者而言，Fisher 的假设检验哲学可能比 Neyman-Pearson 方法更具实用价值（Schneider，2015）。事实上，过度执着于"归纳行为"不仅无必要，还可能付出高昂代价。若将统计分析类比自动化系统，Fisher 方法与 Neyman-Pearson 方法的区别，类似于第二阶段自动化（信息整合与推理）与第三阶段自动化（决策制定）的区别。正如相关研究指出（Parasuraman 等，2000；Onnasch 等，2014），第三阶段自动化的错误往往比第二阶段的错误后果更严重。

这种二分法的统计思维容易导致典型的"统计逻辑谬误"。例如，当ANOVA显示工作负荷在低（L）、中（M）、高（H）三个水平存在显著影响，但事后检验仅发现L与H差异显著（$P < 0.05$）时，就会产生逻辑矛盾：如果L与H存在差异，而M介于二者之间，何以认定M同时"等于"L和H？

更严重的是，这种二元思维会通过两种方式产生误导：最明显的是导致研究者忽视那些真实存在但未达$P=0.05$标准的效应；危害更大的是，它使得那些勉强达到显著性门槛（$P≈0.05$）的虚假效应得以在文献和应用中长期存在。一旦获得统计显著性，该"发现"就被视为真实存在，而无法复现的结果则被归咎于方法缺陷或统计功效不足。实际上，接近0.05的P值最多只能作为效应可复现的初步证据（Cumming，2008）。略高于0.05的效应不应被简单忽略，同样，略低于0.05的效应也不应被视为确凿结论。

问题二：NHST固有的保守性倾向

表4.1展示了NHST的标准决策矩阵，其设计体现了该方法对现状的潜在偏向。矩阵的横向维度呈现了研究者试图探究的"真实世界"状态，在本研究中特指强化FMS培训课程能否切实提升飞行安全性的客观事实（即零假设H0）。我们通过实验检验这一假设，计算相关统计量，并依据P值是否低于预设α水平来形成结论。矩阵的纵向维度则列出了可能得出的统计结论。

表 4.1　在零假设显著性检验（NHST）框架下的经典统计决策表

实验结果	真实情况	
	新培训方案能提升 安全性	新培训方案不能提升 安全性
拒绝零假设 H0（$P < 0.05$）		Ⅰ型错误（弃真错误） 后果严重，必须严格防范
未能拒绝零假设 H0（$P > 0.05$）	Ⅱ型错误（存伪错误） 其风险容忍度通常高于Ⅰ型错误	

当我们将两种真实状态与两种统计结论进行组合时，就会显现出两类潜在的误判风险：第一类错误（假阳性）体现在矩阵右上单元格，即当实际不存在效应时却错误地得出存在效应的结论；第二类错误（假阴性）出现在左下单元格，表现为当效应真实存在时却未能被检测到。这种框架设计本身就隐含着对现状（零假设）的保护倾向，因为研究者在设计实验时往往更重视控制第一类错误（通常设定$\alpha=0.05$），而对第二类错误的防范相对不足。

在零假设显著性检验框架下，研究者通过设定α水平直接控制Ⅰ型错误

（假阳性）的风险，而对 II 型错误（假阴性）的控制则是间接通过统计功效（$1-\beta$）来实现的。当保持 α 水平不变时，统计功效主要取决于效应量和样本量 N 这两个关键参数。由于真实效应量在研究前是未知的（若已知则无须研究），研究者通常需要基于预期效应量来估算所需的样本量，以达到预期的功效水平。值得注意的是，虽然统计学的奠基者 Fisher、Neyman 和 Pearson 都反对机械地采用固定不变的 α 阈值，但学界已形成 $\alpha \leq 0.05$ 的惯例标准。相比之下，对统计功效的要求则相对宽松：Cohen（1988）提出 0.80 的功效水平是可接受的，但大量研究表明实际研究中的功效往往更低（Cohen，1962；Sedlmeier & Gigerenzer，1989）。这意味着当前研究实践默认允许假阴性率（β）达到假阳性率（α）的四倍以上，导致超过 20% 的真实效应可能被遗漏。这种情况与刑事司法系统存在显著类比：正如司法系统更重视避免冤枉无辜（设定"排除合理怀疑"的严格标准）而非漏判罪犯，科研领域也表现出对 I 型错误更严格的防范倾向。

这种不对称的关注源于基础科学的传统认知，即假阳性结论（错误地支持不存在的效应）比假阴性（遗漏真实效应）具有更大的危害性。确实，研究结论被证伪会严重损害科学信誉，正如心理学等领域近期凸显的"可重复性危机"所警示的那样（Pashler & Harris，2012）——不可重复的发现会削弱各方对研究的信任，最终影响政府、产业界和公众对科研工作的支持。然而，在航空安全等应用研究领域，是否应该延续基础科学对两类错误的这种不对称关注？下文将论证这种取向的局限性，并由此引出第三个关键问题。

问题三：传统的 NHST 实践中对显著性水平的僵化使用

无论是 Fisher 还是 Neyman-Pearson 学派都明确反对固定不变的 α 值设定。Fisher（1935）虽然承认研究者常将 5% 作为显著性水平的便捷标准，但他特别强调这一选择具有主观性且需要根据具体研究环境进行调整。Neyman 和 Pearson（1933）则更进一步主张 α 值的选择应当反映潜在决策的成本效益分析，他们明确指出"在某些情况下避免第一类错误更为重要，而在另一些情况下避免第二类错误更为重要，这种权衡必须由研究者自行判断"。然而令人遗憾的是，现代 NHST 实践普遍忽视了这一基本原则，几乎无一例外地将 α 值机械固定在 0.05 水平，完全舍弃了应有的代价-收益考量。这种僵化的做法在应用研究中尤其危险，例如当第二类错误可能导致严重后果（如拒绝真正有效的安全改进措施）时，研究者仍然盲目遵循 0.05 标准，这种脱离实际需求的决策方式显然违背了统计检验方法创立者的初衷，在航空安全等高风险领域可能造成不可挽回的损失。当前研究实践中这种将复杂统计决策简化为单一显著性判断的倾向，亟须引起学术界的深刻反思和系统性改革。

　　表 4.2 通过期望值理论构建的航空培训决策框架揭示了传统 NHST 方法的局限性。该框架虽然在形式上与表 4.1 类似，但其本质已发生重要转变：决策主体从研究人员转向实际运营管理者，决策问题从"是否拒绝零假设"转化为"是否实施新培训方案"。这一转变带来了三个关键创新：首先，该框架明确量化了新培训方案的直接实施成本和可避免航空事故的潜在损失；其次，它建立了 I 型和 II 型错误决策的经济后果模型，突破了传统 NHST 对 α 值的固定设定；最后，该方法基于贝叶斯框架整合效应量估计，通过成本 - 收益分析动态优化显著性水平，最终实现决策预期价值的最大化。这种创新方法特别适用于航空安全领域的高风险干预措施评估，能够在平衡安全效益与经济可行性的同时，满足多利益相关方参与的风险管理决策需求。

表 4.2　经典期望值决策矩阵

决策选项	真实情况	
	新培训方案能提升安全性的概率 [$P(H)$]	新培训方案不能提升安全性的概率 [$1-P(H)$]
采用该方案	可避免事故的损失减去方案实施成本	方案实施成本
不采用该方案	可避免事故的实际损失	零成本

问题四：NHST 框架忽视先验概率的关键缺陷

　　表 4.2 决策矩阵的核心特征在于其明确纳入了先验概率的考量。在该框架中，H 代表新培训方案能提升安全性的假设，$P(H)$ 表示在获取新数据前该假设为真的初始概率，$1-P(H)$ 则为假设不成立的概率。这种贝叶斯式的概率表征与 NHST 存在本质区别：传统 P 值仅表示在零假设成立条件下，获得当前或更极端数据的条件概率（Howson & Urbach，2006）。而频率学派的 NHST 从根本上拒绝为假设赋予概率（除 0 或 1 外），导致其在计算 P 值时完全忽略既有研究证据。

　　这种理论差异产生两个严重后果：其一，某些统计显著但实际极不可能的发现可能被错误采信（Wagenmakers 等，2011）；其二，如本章案例所示，多个效应方向一致但未达显著水平的研究，其累积证据无法被有效整合。这种"证据断裂"现象尤其阻碍了小样本研究的科学进展。

　　本研究强调两个关键发现：首先，安全关键领域的决策者需要超越简单的"拒绝 / 不拒绝"二元结论，获取包含效应大小、成本收益分析和先验概率的综合证据。当前 NHST 的简化输出实际上推卸了研究者的决策支持责任。其次，在统计功效不足且忽视先验概率的情况下机械应用显著性检验，会产生系统性偏差——这种偏见可能阻碍具有潜在安全效益的干预措施实施，最终危及航空安全。

针对上述问题，我们建议从以下两个关键维度进行系统性改进：首先是优化研究设计与分析方法，其次是完善研究成果的呈现方式。

实验设计与分析

提高统计功效。具体而言，研究者可通过以下两种主要途径实现这一目标：其一，扩大被试者样本量（N）或严格控制实验条件以减少无关变异，从而有效降低统计噪声；其二，在 NHST 框架下采用 Wilcox（1998）提出的稳健统计方法替代传统参数检验，避免因违背参数假设条件而造成统计功效的损失。理论上，当统计功效提升至 0.95 并维持 α 水平在 0.05 时，可显著降低对安全改进效应的检测偏误。然而，航空安全研究在提升统计功效方面面临独特的现实挑战。首要制约因素在于专业被试者的获取：招募具备航空专业技能的操作人员参与实验存在极大难度，在有限的研究预算下，能够获得中等规模的样本已属不易。虽然大学生志愿者群体易于招募且样本量充足，但其操作表现与专业飞行员之间的生态效度存在显著差异。更为关键的是，正如 Wickens（2009）所强调的，最具安全威胁的操作情境往往是那些罕见的"黑天鹅事件"（Taleb，2007）。以本研究中的 FMS 培训评估为例，操作人员对首次意外情境的应对表现就属于此类关键数据。这类事件具有不可重复性特征，无法通过多次实验来降低数据变异，但却能够提供极端情境下的重要安全指标（Wickens 等，2009）。

针对航空安全研究特有的小样本局限性和关键安全事件的低频率特性，我们主张建立更加灵活务实的证据评估范式。这一范式包含三个相互支撑的要素：其一，在确保研究方法严谨性的基础上，摒弃对 P 值阈值的教条式应用，转而采用连续性的证据强度评估；其二，对未能达到传统显著性水平但具有潜在安全价值的效应给予充分重视，特别是在效应方向一致且具有实操意义的情况下；其三，发展专门针对小样本、低发生率安全事件的分析方法学框架，如贝叶斯统计、混合效应模型等高级分析技术。这种评估范式的转变不仅能够更好地适应航空安全研究的现实约束，更重要的是可以捕捉到那些虽然统计显著性有限但实际安全意义重大的关键发现，从而为航空安全实践提供更有价值的科学依据。

　　提出备择假设。在假设检验中，研究者应当明确构建具有实际意义的备择假设（H1），使其与零假设（H0）处于同等地位。虽然传统的统计功效计算通常采用标准化效应量（如 Cohen's d = 0.5 的中等效应），但对于应用研究而言，采用具有明确实践意义的绩效指标来定义备择假设更具说服力。以本研究为例，在空间定向障碍情境下，及时诊断自动化系统失效至关重要，研究者可以将反应时间改善超过 3 秒定义为具有实际价值的效应（即 H1 = 3 秒，H0 = 0 秒）。这种基于具体绩效指标的备择假设构建方法需要结合前期研究或试点数据来估计标准差，并将具有安全意义的最小效应量转化为标准化单位进行功效分析。在航空人因工程领域，安全边际通常可以直接用时距参数（如时间间隔、空间距离）来量化，这使得点估计型备择假设特别适用。例如，对于特定的显示界面改进或训练方案创新，可以预先设定"准确率提升 5%"作为具有实际价值的备择假设。

　　需要注意的是，为 H1 指定点估计值并不能完全消除统计决策错误的风险。由于统计功效的限制，观察到的效应量可能落在不确定区间（如 1～2 秒）。在这种情况下，采用 Loftus（1996）提出的"暂不判断"原则可能是最科学的处理方式，即承认现有证据不足以支持确定性结论，而非在统计显著性边界做出非此即彼的判断。这种方法既尊重了统计不确定性，也避免了在证据不足时做出武断决策可能带来的安全风险。

　　本研究采用"智能统计"分析框架结合计划对比方法，对如图 4.1 所示的假设性案例数据进行深入分析。

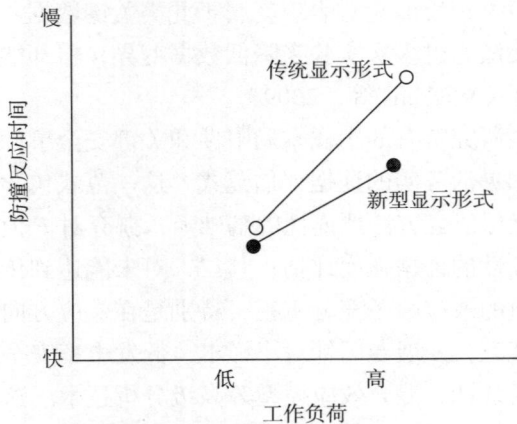

图 4.1　一项 2×2 实验设计的假设性结果

　　实验模拟了典型的人机交互研究场景，重点考察两种显示形式（传统 vs

新型）在不同工作负荷条件（低 vs 高）下对飞行员空中防撞反应时间的影响。

本研究通过方差分析发现，工作负荷因素对飞行员表现具有统计学显著影响，而显示类型及其与工作负荷的交互作用均未达到显著水平。若遵循传统统计范式，分析可能就此止步。然而，采用 Wickens（1998）提出的"智能统计"方法，我们进一步聚焦于最具安全意义的情境——高工作负荷条件下的防撞表现（这一关键场景往往决定着最坏情况下的安全水平）。通过计划对比分析，我们能够更有针对性地考察特定条件下的效应。更进一步，我们可以借鉴 Van de Schoot 等（2011）的方法，检验关于各条件均值具体排序的信息性假设。这种方法与 Cumming（2014）的主张高度一致：研究者应在实验前就明确预期效应的具体模式。传统的综合 F 检验作为一种间接且低效的方法，往往难以准确捕捉我们真正关心的特定效应——例如在本研究中，高级预警系统能否显著缩短飞行员在高负荷条件下的反应时间。

在安全研究中应用智能统计的第二种策略是采用单侧检验替代双侧检验。这一方法基于以下逻辑：安全决策者主要关注特定干预是否能提升安全性，而对可能降低安全性的干预与无效干预不做严格区分，因为这两类结果都意味着安全改进的失败。这种取向特别适用于行业和政府部门的一线决策者，他们需要明确判断是否采纳新的安全政策或系统。然而，学术研究者需审慎使用单侧检验。由于科学研究的根本目标是构建指导安全实践的理论知识体系，而报告显著的安全损害与报告无效结果具有完全不同的科学意义。若采用无法检测安全风险的单侧检验，研究者可能无意中掩盖某些操作的危险性，从而对后续研究造成误导。因此，在基础研究中保持双侧检验的敏感性，对于全面认识人机系统的安全特性至关重要。

针对 P 值检验的固有局限，一个更具革新性的解决方案是彻底转向替代性分析范式。"新统计学"运动（Cumming，2012，2014）主张研究者应当摒弃传统假设检验，转而采用置信区间和效应量估计作为核心分析工具。Kruschke（2015）等学者则更激进地提倡使用贝叶斯参数估计和可信区间完全取代假设检验。这些方法的共同优势在于将研究问题从"是否存在差异"转变为"差异程度如何"，实现了分析视角的根本转变。具体而言，参数估计和效应量分析能够为决策者提供更具实践价值的信息。以本研究为例，决策者显然更关注"反应时间平均提升 5.0 s（95% $CI \pm 1.50$）"这样具有实质意义的发现，而非"平均提升 0.05 s（95% $CI \pm 0.015$）"这类虽然统计显著但实际价值有限的微小效应。这种分析方法不仅更符合应用研究的实际需求，也为后续的元分析提供了更丰富的信息基础（Greenland，2000）。特别对于样本量受限的研究（如航空安全领域），层次分析法能够有效整合不同观察者的数据，显著降低估计误差。

模型比较方法为传统检验提供了另一条革新路径。通过计算模型拟合的似然比（可从标准方差分析输出中获取，参见 Glover & Dixon，2004；或基于贝叶斯技术，参见 Rouder 等，2009），研究者能够在多个维度获得比 NHST 更丰富的信息：首先，该方法允许直接比较零模型与备择模型的相对拟合优度，在数据确实支持零假设时给予明确确认；其次，通过量化模型间的相对优势，研究者能够更准确地评估结论的可靠程度——极大或极小的似然比都提供明确支持，而接近 1.0 的值则提示需要更多数据才能做出确定结论。这种方法特别适合航空安全这类需要权衡多种复杂因素的决策场景。

实验结果展示

实验结果展示应当遵循"数据丰富性"原则，其核心在于为研究使用者提供尽可能完整的数据信息。这里需要特别说明的是，"原始数据"并非仅指个体受试者的原始观测值（尽管在某些情况下这些数据确实必要），更重要的是提供多维度的分析结果呈现，包括但不限于数据可视化图表、置信区间范围、效应量指标，以及超越简单"$P < 0.05$"二分法的完整统计检验结果。这种全面的数据呈现方式对后续的元分析研究具有特殊价值，我们将在下文详细讨论。从自动化阶段理论视角来看（Parasuraman 等，2000；Onnasch 等，2014），统计软件的功能设计存在重要区别：仅提供"接受 / 拒绝"零假设结论的统计软件属于典型的后期决策自动化，这种自动化虽然便捷但存在显著风险——当建议拒绝零假设时存在 5% 的 I 类错误风险，而建议接受时则存在（1- 功效）概率的 II 类错误风险。借鉴人机交互研究的最佳实践，更理想的解决方案是要求统计软件在早期信息整合阶段就提供全面支持，即在输出推论统计结果的同时，自动生成包含可视化图表、置信区间等关键信息的综合报告。

在结果表述方面需要格外谨慎，必须避免给读者造成"未达 0.05 显著性水平的效应可以忽视"的错误印象。特别需要警惕的是那些从糟糕到更糟糕的表述方式，例如用"无显著差异""无差异"甚至"等效"来描述 $P=0.07$ 的效应。即使研究者完整报告了 P 值，那些仅阅读摘要或讨论部分的读者仍可能产生误解。更科学的表述方式（尽管可能需要与期刊编辑协商）包括："边缘显著（接近传统显著性水平）""临界显著（处于显著性阈值的临界点）"或"不显著"等。更重要的是，研究者应当在正文中（而不仅限于表格和图表）明确描述这些效应的实际幅度，例如"反应时间平均缩短4 s"或"准确率提升30%"，这样才能确保读者充分理解研究发现的实际意义。

在实验中积累证据。我们先前讨论的"先验概率"概念——即在获取当前实验数据前对效应真实存在可能性的评估——其最佳来源正是既往研究证据，虽然文献综述可以提供定性总结，但元分析方法（Rosenthal，1991；Borenstein 等，2009；Cumming，2014）才是实现跨研究证据整合的理想工具。元分析不仅能够通过量化既往研究的"集体智慧"来判断效应是否存在，更重要的是可以提供效应强度的精确估计值，这实质上构成了一个明确的备择假设。这一认识带来两个重要启示：首先，研究者可以通过元分析技术对文献中的效应量进行系统估算，为后续研究提供更可靠的先验信息；其次，在报告研究结果时，必须完整呈现所有关键统计细节，包括达到显著性水平的效应和那些虽未达显著但具有理论或实践意义的结果，并分别报告其效应量指标。这种全面、透明的报告方式能够确保后续的元分析获得无偏的效应量估计，从而促进科学知识的持续积累。特别值得注意的是，即使是"阴性结果"（未达统计显著性）也可能包含重要信息，当这些结果以效应量形式呈现时，它们对科学共同体的价值将得到充分体现。

结　论

数十年来，P 值和显著性水平 α 在人因工程及相关领域的统计推断中占据着主导地位。虽然这些指标为科学推理注入了必要的严谨性，但其草率应用和广泛误用也导致研究结论失真和科学发展受阻（Schmidt，1996；Cumming，2012），甚至可能阻碍了安全技术的进步。这种基于"显著/不显著"的二元判断范式存在严重局限：既可能使研究者陷入对虚假效应的追逐，更可能压制或延迟具有潜在价值的安全改进措施。值得庆幸的是，当前已有多种成熟的零假设检验替代方法可供选择，许多前沿研究者已不再将 P 值作为主要报告指标。即便对于继续使用传统 NHST 框架的研究者而言，若能更审慎地解读 P 值和 α 值，同样可以显著提升人因研究的科学质量和实践价值。这一转变不仅关乎统计方法的革新，更是研究范式的进化——从简单的二元判断转向对效应大小、置信区间和实际意义的全面考量。

原著参考文献

Borenstein, M., Hedges, L., Higgins, J., & Rothstein, H. (2009). *Introduction to meta-analysis*. Chichester, UK: John Wiley & Sons Ltd.

Cohen, J. (1962). The statistical power of abnormal-social psychological research: A review. *Journal of Abnormal and Social Psychology*, *65*, 145-153.

Cohen, J. (1988). *Statistical power analysis for the behavioral sciences*. 2nd ed. Hillsdale, NJ: Erlbaum.

Cumming, G. (2008). Replication and *p* intervals: *p* values predict the future only vaguely, but confidence intervals do much better. *Perspectives on Psychological Science*, *3*, 286-300.

Cumming, G. (2012). *The new statistics: Effect sizes, confidence intervals, and meta-analysis*. New York: Routledge.

Cumming, G. (2014). The new statistics: Why and how. *Psychological Science*, *25*, 7-29.

Dixon, P. (2003). The p-value fallacy and how to avoid it. *Canadian Journal of Experimental Psychology*, *57*, 189-202.

Fisher, R. A. (1935). *The design of experiments*. Edinburgh, UK: Oliver and Boyd.

Fisher, R. A. (1959). *Statistical methods and scientific inference* (2nd ed.). London: Oliver & Boyd.

Glover, S., & Dixon, P. (2004). Likelihood ratios: A simple and flexible statistic for empirical psychologists. *Psychonomic Bulletin & Review*, *11*, 791-806.

Greenland, S. (2000). Principles of multilevel modelling. *International Journal of Epidemiology*, *29*, 158-167.

Harris, D. (1991). The importance of type 2 error in aviation safety research. In E. Farmer (ed.), *Stress and error in aviation* (pp. 151-157). Brookfield, VT: Avebury.

Howson, C., & Urbach, P. (2006). *Scientific reasoning: The Bayesian approach* (3rd ed.). Chicago, IL: Open Court.

Hubbard, R., & Bayarri, M. J. (2003). Confusion over measures of evidence (p's) versus errors (α's) in classical statistical testing. *The American Statistician*, *57*, 171-178.

Kruschke, J. K. (2015). *Doing Bayesian data analysis, second edition: A tutorial with R, JAGS, and Stan*. London: Academic Press/Elsevier.

Loftus, G. R. (1996). Psychology will be a much better science when we change the way we analyze data. *Current Directions in Psychological Science*, *5*, 161-171.

Nelson, N., Rosenthal, R., & Rosnow, R. L. (1986). Interpretation of significance levels and effect sizes by psychological researchers. *American Psychologist*, *41*, 1299-1301.

Neyman, J. (1957). "Inductive behavior" as a basic concept of philosophy of science. Revue De l'Institut International De Statistique/Review of the International Statistical Institute, 25, 7-22.

Neyman, J., & Pearson, E. S. (1933). On the problem of the most efficient tests of statistical hypotheses. Philosophical transactions of the Royal Society of London. *Series A: Containing*

Papers of a Mathematical or Physical Character, *231*, 289-337.

Onnasch, L., Wickens, C., Li, H., & Manzey, D. (2014) Human performance consequences of stages and levels of automation: An integrated meta-analysis. *Human Factors*, *56*, 476-488.

Parasuraman, R., Sheridan, T. B., & Wickens, C. D. (2000). A model of types and levels of human interaction with automation. *IEEE Transactions on Systems, Man, and Cybernetics—Part A: Systems and Humans*, *30*, 286-297.

Pashler, H., & Harris, C. R. (2012). Is the replicability crisis overblown? Three arguments examined. *Perspectives on Psychological Science*, *7*, 531-536.

Rosenthal, R. (1991). *Meta-analytic procedures for social research* (rev. ed.). Beverly Hills, CA: Sage.

Rouder, J. N., Speckman, P. L., Sun, D., Morey, R. D., & Iverson, G. (2009). Bayesian t tests for accepting and rejecting the null hypothesis. *Psychonomic Bulletin and Review*, *16*, 225-237.

Schmidt, F. L. (1996). Statistical significance testing and cumulative knowledge in psychology: Implications for training of researchers. *Psychological Methods*, *1*, 115-129.

Schneider, J. W. (2015). Null hypothesis significance tests. A mix-up of two different theories: The basis for widespread confusion and numerous misinterpretations. *Scientometrics*, 102, 411-432.

Sedlmeier, P., & Gigerenzer, G. (1989). Do studies of statistical power have an effect on the power of studies. *Psychological Bulletin*, *105*, 309-316.

Taleb, N. (2007). *The black swan: The impact of the highly improbable*. New York: Random House.

Van de Schoot, R., Hoijtink, H., & Jan-Willem, R. (2011). Moving beyond traditional null hypothesis testing: Evaluating expectations directly. *Frontiers in Psychology*, *2*(24). doi: 10.3389/fpsyg.2011.00024.

Wagenmakers, E.-J. (2007). A practical solution to the pervasive problems of *p* values. *Psychonomic Bulletin & Review*, *14*, 779-804.

Wagenmakers, E.-J., Wetzels, R., Borsboom, D., & Van der Maas, H. L. (2011). Why psychologists must change the way they analyze their data: the case of psi: Comment on Bem (2011). *Journal of Personality and Social Psychology*, *100*, 426-432.

Wickens, C. D. (1998). Commonsense statistics. *Ergonomics in Design*, *6*(4), 18-22.

Wickens, C. D. (2009). The psychology of aviation surprise: An 8 year update regarding the noticing of black swans. In *Proceedings of the 15th International Symposium on Aviation Psychology*. Dayton, OH: Wright State University.

Wickens, C. D., Hooey, B. L., Gore, B. F., Sebok, A., & Koenicke, C. (2009). Identifying black swans in NextGen: Predicting human performance in off-nominal conditions. *Human Factors*, *51*, 638-651.

Wilcox, R. R. (1998). How many discoveries have been lost by ignoring modern statistical methods. *American Psychologist*, *53*, 300-314.

撰稿人介绍

Jason S. McCarley（杰森·S. 麦卡利），南澳大利亚弗林德斯大学心理学学院教授，著名认知心理学家。杰森在路易斯维尔大学获得实验心理学博士学位后，先后在美国海军研究生院和伊利诺伊大学完成博士后研究，曾在密西西比州立大学和伊利诺伊大学任教。自 2012 年起担任《实验心理学杂志：应用》副主编，在注意力与人类绩效研究领域具有重要影响力。麦卡利教授采用行为实验与数学建模相结合的方法，专注于视觉搜索机制、驾驶员分心行为及人机交互优化等主题的研究。

Christopher D. Wickens（克里斯托弗·D. 威肯斯），现任美国科罗拉多州立大学心理学教授及阿利昂科学公司（科罗拉多州博尔德）高级科学家，同时担任伊利诺伊大学心理学与航空学荣誉退休教授。1985—2005 年，担任伊利诺伊大学航空人因研究部主任。威肯斯教授在注意力机制、航空显示设计及人机交互领域做出了开创性贡献，其最突出的成就是建立了视觉注意力监控、多任务处理和工作负荷的认知理论模型。

第五章

能力倾向测试在新入职空中交通管制员岗位分配中的应用

克里斯蒂娜·L.伯恩，达娜·布罗奇

美国联邦航空管理局（FAA）当前正面临空中交通管制专业人员（ATCS）选拔与岗位分配的系统性挑战。随着 1981 年大罢工后（McCartin，2011）入职的管制员群体陆续达到退休年龄，FAA 启动了大规模招聘计划（FAA，2015），预计未来数年每年将录用 1000 ~ 1200 名新管制员，而每年申请者规模高达数万人。为应对这一供需失衡，FAA 采用职前能力倾向测试筛选最具潜力的候选人。

通过初步筛选后，FAA 需要将每年约 1000 名合格人选科学分配至不同管制岗位（Rumsey & Arabian，2014）。空中交通管制系统主要分为两大职能领域：①终端管制负责机场起降阶段的航空器管制，包括机场塔台（ATCT）目视管制和雷达进近管制（TRACON），前者管辖半径约 8 km 的机场地面及周边空域，后者则覆盖 80 ~ 96 km 范围内的进离场空域；②航路管制（区域管制）则为巡航阶段的航空器提供跨区域雷达管制服务。由于这两类管制在工作内容、技术手段及培训体系上存在本质差异，新录用人员必须接受定向培养。

岗位分配决策对 FAA 具有重大战略意义，主要体现在三个方面：首先，不同培训路径的时间成本差异显著，终端管制平均需要两年取得资质，而航路管制则需三年；其次，经济成本方面，2011 财年数据显示每名管制员年均培训成本达 149 938 美元（《空中交通管制员培训合同的管理》，2014），早期淘汰损失约 10 万美元，后期淘汰则可能超过 30 万美元；最后，历史淘汰率存在明显分野，航路管制培训淘汰率高达 40%，远超终端管制的 20%（Manning，1998）。这些因素共同导致 FAA 每年在培训方面损失数百万美元，并引发国会和政府监督机构的高度关注。此外，培训失败还会造成各管制单位人员配置缺口，浪费宝贵的教学资源。因此，建立科学的人员分配机制，将新录用人员匹配至最适合的培训序列，已成为 FAA 在人力资源管理和运营效率提升方面的关键课题。

本章聚焦于空中交通管制员培训序列的初始分配决策问题，即如何科学地将新录用人员分配至终端或航路管制培训序列。研究内容按以下逻辑框架展开：首先系统梳理美国空中交通管制体系的基本架构及管制员的核心职责，详细解析 2006—2011 年招聘高峰期的人员选拔与分配流程；其次基于政府调查报告和利益相关方评估，深入分析现行流程存在的系统性缺陷；在此基础上提出核心研究假设——能力倾向测试对终端与航路两类管制培训成效的预测效度存在显著差异；随后报告针对该假设开展的实证研究设计及结果分析；最后从实践应用和理论发展两个维度讨论研究发现的价值，并提出未来研究的改进方向。这一研究框架不仅关注具体分配决策的优化，更着眼于建立科学的人员 - 岗位匹配机制，为提升管制员培训体系的整体效能提供实证依据。

背 景

美国空中交通管制（ATC）体系与管制员职能概述

空中交通管制员的核心职责是确保所负责区域内的空中交通安全、高效、有序地流动。美国空中交通管制（ATC）系统及其管制员工作具有明确的分级特征。目前全美约有 14 300 名一线管制员服务于 315 个 FAA 管制单位（FAA，2015）。这些管制单位根据运营流量和复杂性被科学划分为 4 ~ 12 级。其中，运营流量指年度处理的航空器架次总量，而复杂性则涵盖机场跑道布局、空域结构设计、特殊运行类型比例等多重因素。以实际案例对比：得克萨斯州 Waco 管制单位（5 级）管理两条跑道，2015 年仅处理 36 138 架次，主要面向通用航空；而最高等级的芝加哥区域管制中心（12 级）同年需应对 230 万架次商业航班。这种分级差异直接体现了工作难度和专业要求的显著区别——高等级单位因其复杂的空域结构、高密度流量和多样化运行类型，对管制员的专业技能与应变能力提出了更高要求。管制员的核心职责正是确保所辖空域内航空器安全、高效、有序地运行，这种精细化的分级体系既优化了人力资源配置，也为管制员的职业发展提供了清晰路径。

空中交通管制员的选拔与分配机制研究（2006—2011 年）

美国联邦航空管理局（FAA）及其前身机构自 1936 年起即负责空中交通管制员的选拔、分配与培训工作（Komons，1989）。相关技术文献非常丰富，本研究重点关注 2006—2011 年的选拔流程，该阶段因预期管制员退休潮而启动大规模招聘。2012—2013 年，受国会预算争议影响，招聘规模缩减；2014 年后选拔机制又经历重大调整，因此本研究聚焦于招聘高峰期的选拔体系。在 2006—2011 年期间，美国联邦航空管理局（FAA）的空中交通管制员选拔流程始于申请人根据官方发布的职位公告在线提交申请，这类公告通常能吸引数以万计的应聘者。申请者首先需要满足一系列基本资格要求，包括必须具备美国公民身份、年龄不超过 30 岁，以及达到规定的最低学历和工作经验标准。统计数据显示，约 54% 的申请者能够通过这一初步筛选环节（APT Metrics®，Inc.，2013），成功通过初审的候选人随后将进入能力倾向测试阶段，接受进一步的评估。

在 2006—2011 年的选拔流程中，AT-SAT（空中交通选拔与培训测试）作为关键的筛选环节，采用计算机化测试系统对候选人进行全面评估（表 5.1）。该测试由 8 个精心设计的子测试构成，其中 7 个专注于测量空间推理、多任务处理等核心认知能力，另一个则通过传记式问卷考察人格特质和发展潜力。测试形式方面，既包含四个动态交互式模拟情境，也设置了四个静态测试模块，后者采用类似传统笔试的评估方式。需要特别强调的是，AT-SAT 本质上是一项能力倾向测试，其评估重点在于候选人固有的认知特质和潜在能力，这些特质难以通过后期培训获得，同时该测试并不涉及具体的空中交通管制

表 5.1　空中交通管制员选拔与培训（AT-SAT）测试系统

子测验	说明
仪表读数 (DI)	观察并解读一组模拟仪表上的读数
应用数学 (AM)	解决与距离、速度和时间相关的简单数学问题
动态监测 (SC)	监控动态数字显示屏，识别经常变化的目标
角度判断 (AN)	判断两条相交线之间的角度
字母工厂 (LF)	要求应聘者对不断变化的字母信息进行分类、排序和优先级决策，同时需要保持对整体情境的清晰认识
空中交通管制 (ATST)	在需要确定优先级的交互式、动态低保真度模拟的空中交通情况中控制交通
类比推理 (AY)	解决语言和非语言类比题，测试记忆力和抽象推理能力
经历问卷 (EQ)	回答利克特问卷，了解过往生活经历

专业知识或操作技能的考核。

AT-SAT 测试系统通过 8 个子测试产生 22 个分项指标，这些指标经过科学加权并加入调整常数后，最终整合为 1 个 0 ~ 100 分的标准化综合评分。研究数据表明，获得 70 分及以上的候选人在实际工作情境中展现出胜任基础管制岗位的能力（Wise et al., 2001），这一临界值的设定基于对工作绩效的预测效度而非培训表现。该测试系统的开发过程及其心理测量特性已由 Ramos 团队（2001a, 2001b）通过严谨的实证研究进行了完整记录和验证。

AT-SAT 测试的综合得分将申请人划分为两个等级：得分在 70 ~ 84.99 分之间的归为"适合"（Qualified）类别，85 分及以上的则归为"高度适合"（Well-Qualified）类别。在录用过程中，"高度适合"的申请人享有优先录用权，只有当该类别候选人耗尽后才会考虑"适合"类别的申请人。值得注意的是，录用通知会直接指定新录用人员将被分配至终端或航路管制单位。在分配决策过程中，选拔官员会综合考虑管制单位的人员需求和个人偏好，但由于缺乏正式的操作指南，他们仅能获知申请人的分数区间而非具体得分，这在一定程度上限制了分配决策的精准性。

2006—2011 年，随着 FAA 大规模招聘计划的推进，美国交通部监察长办公室对招聘流程展开审计，以评估 FAA 应对管制员退休潮的成效（美国交通部监察长办公室，2009）。后续审计报告特别建议 FAA "评估并重新设计 AT-SAT 测试，使其能够根据管制员的技能特点进行岗位分配"（美国交通部监察长办公室，2010）。这一建议主要针对如何优化人员配置，特别是为纽约、芝加哥和南加州等高流量、高复杂度管制单位匹配具备相应能力的管制员。其理论依据在于不同管制单位（甚至不同等级岗位）对管制员的技能组合可能存在差异化需求，而现有的 AT-SAT 测试未能充分体现这种差异化的评估功能。

岗位分配假设

正如监察长建议所指出的，鉴于塔台管制员与区域管制员工作性质的显著差异，不同类型管制单位对能力倾向的需求可能存在系统性区别。这一假设具有直观合理性：塔台管制员需要整合目视观察、地面雷达数据和飞行员报告来识别飞机位置，而终端雷达进近管制（TRACON）或航路管制中心（ARTCC）的管制员则完全依赖二维雷达显示屏处理高度抽象化的三维空域信息。不同管制单位在工作环境、任务复杂度、交通流量特征和操作程序等方面存在明显差异，特别是塔台管制与雷达管制在作业方式上存在本质区别。虽然各类管制岗位确实需要不同的专业知识和技能，但更值得探讨的是，这些差异是否会导致对基础认知能力倾向的不同要求。因此，建立基于能力倾向差异的预测模型，检验 AT-SAT 在终端与航路培训中的预测效度差异，对于实现人员 - 岗位的最佳匹配具有重要价值。

然而，实证研究数据却呈现不同结论。1995 年的岗位分析研究（Nickels 等）发现，在完成管制工作所需的核心能力倾向方面，塔台与航路中心之间并不存在显著差异。研究数据显示，各类管制单位对工作人员的基础能力要求具有高度一致性。研究者明确指出，从人员选拔的角度考量，不同管制单位对管制员的能力倾向要求并无本质区别。

这两种看似矛盾的观点——基于工作差异的直觉判断与实证研究结论——构成了本研究的基本框架。我们的研究旨在评估监察长建议的可行性，具体而言，就是检验基于 AT-SAT 分数差异进行终端 / 航路岗位分配的实用价值。

基于能力倾向的岗位分配

基于能力倾向的岗位分配决策必须符合专业测量标准，即需要确凿证据证明测试分数与不同岗位的工作表现或成功概率存在关联（美国教育研究协会等，1999）。这种证据可以表现为以下形式：首先，预测指标（如 AT-SAT 子测试）与不同岗位类型（终端或航路）或不同等级管制单位的工作绩效评价标准之间可能存在差异化的相关模式（工业与组织心理学会，2003）。其次，能力倾向测试分数在不同岗位的培训成功率预测上可能表现出显著差异。这些证据共同构成了将测试分数应用于人员分配决策的科学基础。

数据来源

本研究采用两个独立验证数据集来评估基于 AT-SAT 分数进行终端 / 航路岗位分配的可行性。数据来源包括：① Ramos 团队（2001a，2001b）针对航路管制员开展的 AT-SAT 验证研究；②美国研究院（AIR®，2012）针对塔台管制员实施的 CoVATCH 验证研究。以下对两项研究进行简要说明：

航路管制员验证研究（Ramos 等）实施于 20 世纪 90 年代末期。基于 1995 年岗位分析结果，研究人员开发了一套计算机化测试系统。约 1000 名在职航路管制员参与测试，同时收集两类绩效数据：行为概要量表（BSS）

评分和计算机化绩效测评（CBPM）。BSS 由同事和主管在 11 个绩效维度上进行评估，包括空管安全、运行效率等；CBPM 则采用情境判断测试范式，通过模拟航路管制场景进行客观评估。研究将两项指标按 6 ∶ 4 比例合成综合效标，AT-SAT 分数与综合效标的相关性为 0.51（未校正），经样本限制校正后提升至 0.68（Waugh，2001）。

塔台管制员验证研究（CoVATCH）于 2012 年完成，涉及 302 名现职塔台管制员。研究沿用双轨效标测量：调整后的 BSS 评分和塔台模拟绩效测量（TSBPM）。TSBPM 采用塔台视景模拟的情境判断测试。效标合成方式与航路研究相同（TSBPM 占 60%，BSS 占 40%）。AT-SAT 分数与综合效标的相关性为 0.42（未校正）。值得注意的是，塔台岗位的 AT-SAT 子测试权重与航路岗位存在差异，表明 AT-SAT 可能具备岗位分配功能，但需进一步验证（AIR®，2012）。

拟定的岗位分配方法的发展

本研究探讨了 AT-SAT 测试分数在岗位分配中的多种应用方式。在方法论层面，我们考察了两种主要分配策略：一是设定特定临界值，将高于该值的候选人定向分配至航路岗位；二是采用分段式分配方案，将测试分数划分为若干区间，最高分段者优先分配到特定岗位，最低分段者定向分配至另一类岗位，而中间分段者则根据实际用人需求进行灵活分配。

在具体实施层面，AIR® 研究团队提出了基于回归方程的精细化分配方案。该方案通过分别计算每位申请者在航路和塔台管制岗位的适配分数，建立双重评估体系。例如，某位申请者可能被评估为"高度适配终端岗位 / 适配航路岗位"，或呈现相反的组合模式，亦或是"双重高度适配"或"双重适配"等不同情况。这种多维度的评估框架为人员岗位匹配提供了更精确的决策依据。

AIR® 提出的分配方案虽然具有理论可行性，但在实际操作中存在三个显著局限性：

首先，该方案可能导致评价体系的混乱。具体表现为需要同时考虑两个维度的排名：一是申请人整体录用优先级的排序（影响录用决策），二是特定岗位适配度的排序（影响分配决策）。这种双重标准会使选拔流程复杂化，增加决策者的主观判断负担。例如，当某候选人在某一岗位类型中表现为"高度适配"，而在另一岗位仅为"适配"时，若其首选岗位已招满，是否应调整其整体录用优先级？更棘手的情况是，当申请人在某一岗位完全不适配时，应如何权衡其分配决策？

其次，从统计角度看，由于分类区间的设定宽度以及航路与塔台岗位评分间存在中等程度的相关性（$r=0.65$，见表 5.2），按照 AIR® 方案实施时，预计将有大量合格申请人在两类岗位中获得相同的适配等级（如均为"高度适配"或"适配"）。这种情况实际上无法为岗位分配提供有效的决策依据。

表 5.2　AT-SAT 不同评分方式与初始管制岗位培训成败的相关性

项目	运行筛选分数	航路岗位评分	终端岗位评分
运行筛选分数			
航路岗位评分	0.880		
终端岗位评分	0.651	0.793	
初始岗位培训成败	0.120	0.210	0.176

注：研究数据来自 2332 名管制员，所有相关系数均达到显著水平（$P < 0.01$）。运行筛选评分、航路岗位评分、终端岗位评分的计算方法相近但各有差异，这些计算方法是通过两项 AT-SAT 验证研究确定的

最后，方法论上存在不一致性。航路岗位的回归方程在 2002 年经过重新加权调整，旨在平衡预测效度与减少不利影响（即避免对受保护群体造成差别性影响）。然而，AIR® 研究中的塔台岗位方程并未进行类似调整。这意味着，航路岗位评分不仅反映了真实的预测效度，还包含了平权考量；而塔台评分则完全基于效度指标。这种处理方法的不对称性，使得两类岗位评分的差异既可能源于真实的预测关系差异，也可能来自航路方程特有的平权调整。

考虑到这些局限性，我们开发了一种替代性的分配方法。该方法首先采用当前实际应用的 AT-SAT 评分方程（经过加权调整以减少不利影响，参见 Wise 等人 2001 年研究），按照现行分数线将申请人划分为"高度适合""适合"和"不适合"3 个类别，完成初步筛选。随后，基于两个独立开发的评分体系分别计算附加分数：一是 Ramos 等人（2001a，2001b）原始未调整权重的航路岗位方程；二是 AIR®（2012）开发的塔台岗位方程。在本研究中，这 3 个评分分别称为运行筛选评分、航路岗位评分和终端岗位评分。

具体实施过程如下：首先根据运行筛选评分进行筛选，被判定为"不适合"的申请人直接淘汰。对于通过初筛的申请人，分别计算其航路和终端岗位评分，将较高者作为推荐分配方向。若出现评分相同的情况（较为罕见），则认定申请人同时适合两类岗位。最终分配结果将保留初始的运行筛选评分等级（高度适合 / 适合）作为附加参考信息。这种方法通过分层决策机制，在保留现行筛选标准核心功能的同时，引入了岗位适配度的精细化评估维度。

岗位分配方法的评估

本研究采用多维度分析方法评估所提出的岗位分配方案的有效性（图5.1）。首先运用逻辑回归模型分析 AT-SAT 3 个计算方程得分与初始岗位培训成功率之间的关系，该效标指标（获得认证专业管制员资格与否）在过往两项同期效度研究中未被采用。其次通过列联表分析检验 AT-SAT 用于岗位分配的实际效果。最后依据《员工选拔程序统一指南》的 4/5 法则（EEOC，1978）评估可能产生的不利影响，确保选拔程序符合平等就业要求。

研究数据整合了 FAA 多个核心数据库的信息，包括在线申请系统、国家培训数据库、AT-SAT 测试数据库及人事薪资系统。分析样本分为两组：用于不利影响分析的样本包含 2007—2009 年所有参加 AT-SAT 测试且有完整人口统计学信息的申请人（种族数据 $n=15\,052$；性别数据 $n=14\,115$）；用于其他分析的样本则限定为 2012 年 7 月前已完成初始岗位培训（取得 CPC 资格、未通过或因表现问题调岗）且具有完整 AT-SAT 数据的申请人（$n=2332$）。两组样本均来自同期申请空中交通管制员职位的候选人群体。

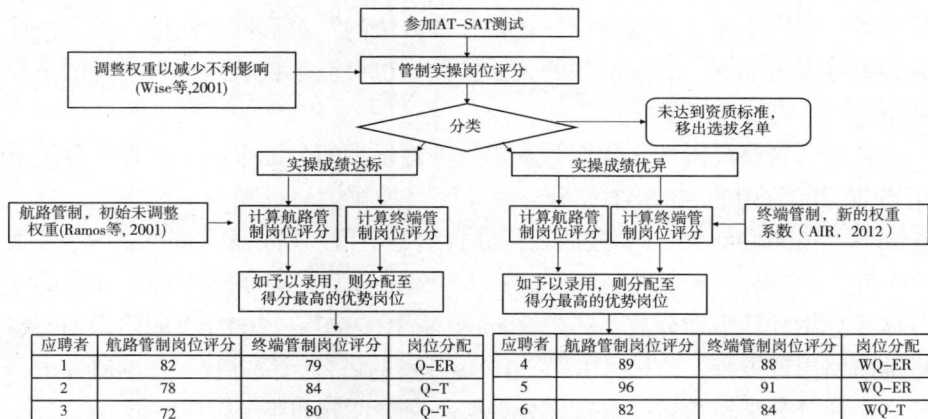

应聘者	航路管制岗位评分	终端管制岗位评分	岗位分配
1	82	79	Q-ER
2	78	84	Q-T
3	72	80	Q-T

应聘者	航路管制岗位评分	终端管制岗位评分	岗位分配
4	89	88	WQ-ER
5	96	91	WQ-ER
6	82	84	WQ-T

图 5.1　空中交通管制员岗位分配假设流程图

注：Q-ER：适合航路岗位，Q-T：适合终端岗位，WQ-ER：高度适合航路岗位，WQ-T：高度适合终端岗位

逻辑回归分析

逻辑回归分析表明，运行能力得分（$R^2=0.022$，$\chi^2=32.71$，$P \leqslant 0.001$）、

航路管制得分（$R^2 = 0.064$，$\chi^2 = 99.32$，$p \leq 0.001$）和终端管制得分（$R^2 = 0.047$，$\chi^2 = 71.88$，$p \leq 0.001$）均能显著预测初始岗位培训结果，这些未经修正的原始相关系数虽相近但存在差异（表 5.2）。这一发现与先前采用普通最小二乘回归的 AT-SAT 效度研究（Broach 等，2013）以及使用培训结果作为效标的纵向研究结果一致。进一步分析显示，当分别考察航路和终端管制样本时，各子测试与培训成功率的相关模式存在差异，这与 AIR® 研究发现的权重差异现象相吻合。这些证据共同表明 AT-SAT 同时具备差异效度（整体效度系数随管制类型变化）和差异预测（子测试权重因管制类型而异）的特征，完全符合《教育与心理测试标准》（AERA 等，1999）和《员工选拔程序原则》（SIOP，2003）的技术要求。因此，从测量学角度而言，AT-SAT 已具备用于岗位分配的技术基础，但 FAA 在实施前仍需综合考虑其他非技术性因素。

列联表分析

本研究通过列联表分析评估了基于 AT-SAT 评分的岗位分配效果，将不考虑评分因素的实际分配结果与完全依据 AT-SAT 航路 / 终端评分的假设分配进行对比分析。实际分配与假设分配的组合产生 4 种可能情形（表 5.3），其中两者一致的情况被界定为正确分配，不一致则为不正确分配。通过比较这两类人员在岗位培训成功率上的差异（表 5.4），我们能够直观评估 AT-SAT 评分系统对岗位分配的预测效能，从而验证基于能力倾向的分配方案在实际应用中的有效性。

进一步的列联表分析评估了基于 AT-SAT 评分的分配方案对培训成功率的影响，结果显示其效果存在岗位差异。在航路岗位，采用 AT-SAT 指导分配可使成功率从基准水平的 77% 提升 3 个百分点至 80%；而终端岗位的成功率则可能从 79% 下降 5 个百分点至 74%，导致整体成功率净下降两个百分点。这一结果需要结合岗位供需状况进行深入解读：由于航路岗位申请者中表现优异者（成功率 83%）远多于实际职位空缺，预计约 40% 的终端岗位可能被这些在航路评分中表现突出的申请者填补。通过加权计算，这种交叉分配将使终端岗位的整体成功率回升至 77%[（83% × 40%）+（74% × 60%）]，但仍较当前基准水平低两个百分点。这一分析表明，AT-SAT 指导分配对航路岗位具有积极效果，但对终端岗位的影响则需要结合人力资源配置策略进行综合考量，特别是要权衡航路高分申请者在终端岗位的优异表现与整体成功率之间的平衡关系。

表 5.3　实际分配与假设分配对比

实际分配	假设分配	
	航路岗位	终端岗位
航路岗位	547(正确分配)	297(错误分配)
终端岗位	881(错误分配)	607(正确分配)

表 5.4　初始管制岗位培训成败的列联表分析

实际分配	假设分配	不成功		成功		总计
		N	%	N	%	
航路岗位 **	航路岗位	111	20	436	80	547
航路岗位	终端岗位	79	27	218	73	297
终端岗位	航路岗位	153	17	728	83	881
终端岗位 **	终端岗位	159	26	448	74	607
总计		502	22	1830	78	2332

注：** 表示"正确"分配，即应聘者实际被分配到的岗位 (例如航路岗位或终端岗位)，与假设使用 AT-SAT 评分模型进行预测时所建议的岗位分配结果是一致的

综合分析表明，采用 AT-SAT 评分进行岗位分配可能产生差异化效果：航路岗位的培训成功率预计可提升 3 个百分点，而终端岗位则可能下降两个百分点，整体净增长约为 1 个百分点。然而，这一评估需要结合两类岗位的实际招聘规模进行加权考量。鉴于终端岗位在年度招聘中占比更高（约占总招聘量的 64%），其成功率变化对整体效果的影响权重更大。经过岗位比例调整后的计算结果显示（见表 5.5），若实施 AT-SAT 指导分配方案，两个岗位的综合成功率可能反而会出现轻微下滑。这一发现凸显了在评估选拔工具效用时，必须综合考虑各岗位在招聘规模上的结构性差异，而非简单比较单一维度的成功率变化。

表 5.5　是否基于 AT-SAT 评分进行岗位分配时初始岗位培训的成功率

	不基于 AT–SAT 分配的成功率（%）	基于 AT–SAT 分配的成功率（%）
航路岗位（36% 的职位）	77	80
终端岗位（64% 的职位）	79	77*
各岗位总计（按岗位数量加权）	78.82	78.08

注：* 表示该比率考虑了将 40% 原本适合航路岗位的人调整到终端岗位的情况

不利影响分析

本研究对岗位分配可能产生的不利影响进行了深入分析。需要特别注意

的是，岗位分配作为重要的就业决策，可能对特定群体的职业发展产生显著影响。基于 FPPS 系统 2012 年 7 月的薪酬数据分析显示，航路管制员的年平均收入较终端管制员高出约 2 万美元。这一收入差距虽然是通过对所有等级管制单位的整体测算得出的粗略估计值（无法精确反映个体实际收入差异），但确实表明被分配至航路岗位的人员在职业生涯中可能获得更优厚的薪酬回报，因此从经济角度而言，航路岗位被视为更具优势的分配选择。

通过对 AT-SAT 分配规则的分析发现，不同人口统计群体的岗位分配存在显著差异（详见表 5.6）。具体数据显示：黑人候选人中仅有 23% 被推荐至航路岗位，而白人候选人的这一比例达到 52%，不利影响比率（0.23/0.52＝0.45）明显低于《员工选拔程序统一指南》（EEOC，1978）设定的 0.80 临界值。类似地，西班牙裔/拉丁裔申请人和女性申请人的不利影响比率分别为 0.62 和 0.66，均显示出不同程度的分配差异。这些数据表明，基于 AT-SAT 分数的岗位分配方案可能对某些受保护群体产生系统性影响。

表 5.6　岗位分配决策的不利影响

	假设分配			航路岗位分配率	不利影响比率[a]
	航路岗位	终端岗位	总计		
按种族划分					
亚洲人	228	228	456	0.50	0.95
黑色人种	713	2324	3037	0.23	**0.45**
夏威夷-太平洋岛民[b]	26	49	75	0.35	**0.66**
西班牙裔-拉丁裔	269	556	825	0.33	**0.62**
美洲原住民-阿拉斯加原住民	30	35	65	0.46	0.88
白色人种	4632	4209	8841	0.52	
多种族	462	569	1031	0.45	0.86
未标记群体	357	358	715	0.50	0.95
总计	**6717**	**8328**	**15 045**		
按性别划分					
女性	1103	2320	3423	0.32	**0.66**
男性	5350	5686	11 036	0.48	
总计	**6453**	**8006**	**14 459**		

注：a. 种族的不利影响比率是相对于白人计算的，性别的不利影响比率是相对于男性计算的；b. 申请人群体中占比少于 2% 的群体用斜体表示。粗体比率表示低于 4/5 法则可接受的标准 (0.80)

结　论

本研究通过综合分析 AT-SAT 的两项同步验证研究及最新数据，证实了不同管制岗位对能力要求确实存在差异性。多项回归分析结果显示，虽然终端和航路岗位的预测方程存在共性，但其权重配置确实存在统计学差异，这从技术层面为 AT-SAT 用于岗位分配提供了理论依据。

然而，这种差异的实际应用价值值得商榷——尽管两类岗位在操作环境和工作内容上差异显著，但其核心能力要求却展现出高度一致性。更重要的是，实证数据表明采用 AT-SAT 进行分配的边际效用极其有限：虽然航路岗位成功率可能提升 3%，但终端岗位成功率相应下降 2%，在考虑两类岗位的招聘规模后，整体培训效果几乎没有任何改善。这种微弱的正向效应甚至可能被操作复杂性带来的负面影响所抵消，使得该分配方案的实际价值存疑。

研究还揭示了一个重要的数据局限性：当前 AT-SAT 终端岗位方程仅基于塔台管制员样本开发，而完全忽略了终端雷达进近管制（TRACON）这一关键岗位类型。考虑到 TRACON 与航路管制在雷达使用和工作复杂度上的相似性，现有终端方程可能并不适用。如果 FAA 决定推进此项工作，必须补充 TRACON 管制员的专项研究，以确定其最适合的预测模型——是沿用塔台方程、采用航路方程，还是需要开发全新的独立方程。这一关键数据的缺失使得当前任何分配建议都带有显著的不确定性。

更值得关注的是，AT-SAT 分配方案可能引发的平等就业问题。数据分析显示，弱势群体（如黑人、西班牙裔和女性）被分配至高收入航路岗位的比例显著偏低，不利影响比率均低于 EEOC 设定的 0.8 临界值。这种系统性偏差可能导致受保护群体在职业发展初期就面临薪酬差距的累积效应。当权衡不足 3% 的成功率提升与可能加剧的社会公平问题时，这种技术方案的伦理风险不容忽视。总之，基于现有证据，本研究不建议 FAA 在当前阶段采用 AT-SAT 进行岗位分配决策。

展　望

本研究为空中交通管制员的岗位分配问题提出了新的研究方向。未来研究可突破当前通用能力倾向测试（如 AT-SAT）的局限，着力开发更具领域特异性的评估体系。例如，可针对空管人员的核心专业技能（如雷达操作能力）构建专项测量工具，从而实现对特定岗位胜任力的精准评估。Baldwin 和 Hutson（2015）开发的管制技能评估方法正进行初步测试，有望为岗位分配提供更精准的预测指标。

同时，我们建议拓展评估维度，不仅关注认知能力与培训结果，还应纳入个性特质和工作偏好等因素。现有 AT-SAT 测试主要测量认知能力，而个人对岗位的适应性和满意度同样重要。理想的分配方案应当平衡"能做什么"

与"想做什么"的关系，考虑工作满意度和组织归属感等长期影响因素。需要指出的是，不当的岗位分配不仅影响个人发展，还会引发组织层面的连锁反应，包括频繁的内部调动、士气低落、人手短缺等问题（Loi 等，2006；Cropanzano 等，2007；Nadiri & Tanova，2010）。FAA 需要在组织需求与个人发展之间寻求更好的平衡，这既是对人力资源的优化配置，也是对管制员职业发展的负责任态度。

原著参考文献

American Educational Research Association, American Psychological Association, & National Council on Measurement in Education . (1999). *Standards for educational and psychological testing* (4th ed.). Washington, DC: American Psychological Association.

American Institutes for Research . (2012). Validate AT-SAT as a placement tool. Draft report prepared under FAA contract DTFAWA-09-A-80027 Appendix C. Oklahoma City, OK: Federal Aviation Administration Aerospace Human Factors Research Division (AAM-500).

APT Metrics®, Inc. (2013). *Extension to barrier analysis of air traffic control specialist centralized hiring process. Final report*. Washington, DC: Federal Aviation Administration Office of the Assistant Administrator for Human Resources. Retrieved from https://www.faa.gov/about/office_org/headquarters_offices/acr/eeo_affirm_program/media/Barri er_Analysis_Report.pdf (accessed January 13, 2017).

Baldwin, K., & Hutson, K. (2015). *Radar vectoring aptitude test—Prototype for evaluations*. Report prepared under FAA contract F081-0215BB04-TR. McClean, VA: Mitre Corporation.

Borman, W. C., Hedge, J. W., Hanson, M. A., Bruskiewicz, K. T., Mogilka, H. J., Manning, C., … Horgen, K. E. (2001). Development of criterion measures of air traffic controller performance. In Ramos, R. A., Heil, M. C., & Manning, C. A. (eds.). *Documentation of validity for AT-SAT computerized test battery*, *Volume II*. Report No. DOT/FAA/AM-01/6. Washington, DC: Federal Aviation Administration Office of Aviation Medicine.

Broach, D., Byrne, C. L., Manning, C. A., Pierce, L., McCauley, D., & Bleckley, M. K. (2013, March). *The validity of the air traffic selection and training (AT-SAT) test battery in operational use* (DOT/FAA/AM-13/3). Oklahoma City, OK: Federal Aviation Administration, Civil Aerospace Medical Institute.

Cropanzano, R., Bowen, D. E., & Gilliland, S. W. (2007). The management of organizational justice. *The Academy of Management Perspectives*, *21*(4), 34-48.

Equal Employment Opportunity Commission, Civil Service Commission, Department of Labor, & Department of Justice . (1978). Uniform guidelines on employee selection procedures. *Federal Register*, *43*(166), 38290-39315.

Federal Aviation Administration . (2015). *A plan for the future: 10-year strategy for the air traffic control workforce 2015-2024*. Retrieved from http://www.faa.gov/air_traffic/publications/controller_staffing/media/CWP_2015.pdf (accessed January 13, 2017).

Hanson, M. A., Borman, W. C., Mogilka, H. J., Manning, C., & Hedge, J. W. (1999). Computerized assessment of skill for a highly technical job. In Drasgow F., & Olson-Buchanan, J. (eds.), *Innovations in computerized assessment* (pp. 197-220). Mahwah, NJ: Lawrence Erlbaum.

Horgen, K., Lentz, E. M., Borman, W. C., Lowe, S. E., Starkey, P. A., & Crutchfield, J. M. (2012). *Applications of simulation technology for a highly skilled job*. Paper presented at the 27th Annual Conference of the Society for Industrial and Organizational Psychology, San Diego, CA.

Komons, N. A. (1989). *Bonfires to beacons: Federal civil aviation policy under the Air Commerce Act, 1926-1938*. Washington, DC: Smithsonian Institution Press.

Loi, R., Hang-yue, N., & Foley, S. (2006). Linking employees' justice perceptions to organizational commitment and intention to leave: The mediating role of perceived organizational support. *Journal of Occupational and Organizational Psychology, 1*, 101-120.

Manning, C. A. (1998). Air traffic controller field training programs, 1981-1992. In D. Broach (ed.), *Recovery of the FAA air traffic control specialist workforce, 1981-1992*. (Report No. DOT/FAA/AM-98/23). Washington, DC: Federal Aviation Administration Office of Aviation Medicine.

Management of air traffic controller training contracts: Hearings before the Senate Subcommittee on Federal Contract Oversight, January 14, 2014 (McNall Questions for the Record (QFR) for Senator McCaskill). Retrieved from http://www.hsgac.senate.gov/download/?id=2B709C2C-DB78--4B00--9B7F-325B940B8EF7 (accessed January 13, 2017).

McCartin, J.A. (2011). *Collision course: Ronald Reagan, the air traffic controllers, and the strike that changed America*. New York: Oxford University Press.

Nadiri, H., & Tanova, C. (2010). An investigation of the role of justice in turnover intentions, job satisfaction, and organizational citizenship behavior in hospitality industry. *International Journal of Hospitality Management, 29*, 22-41.

Nickels, B. J., Bobko, P., Blair, M. D., Sands, W. A., & Tartak, E. L. (1995). *Separation and control hiring assessment (SACHA) final job analysis report* (Deliverable Item 007A under FAA contract DFTA01-91-C-00032). Washington, DC: Federal Aviation Administration, Office of Personnel.

Ramos, R. A., Heil, M. C., & Manning, C. A. (eds.). (2001a). *Documentation of validity for the AT-SAT computerized test battery, Volume I*. (Report No. DOT/FAA/AM-01/5). Washington, DC: Federal Aviation Administration Office of Aviation Medicine.

Ramos, R. A., Heil, M. C., & Manning, C. A. (eds.). (2001b). *Documentation of validity for the AT-SAT computerized test battery, Volume II*. (Report No. DOT/FAA/AM-01/6). Washington, DC: Federal Aviation Administration Office of Aviation Medicine.

Rumsey, M. G., & Arabian, J. M. (2014). Military enlistment and classification: Moving forward. *Military Psychology, 26*, 221-251.

Society for Industrial and Organizational Psychology . (2003). *Principles for the validation and use of employee selection procedures* (4th ed.). Bowling Green, OH.

U.S. Department of Transportation Office of the Inspector General . (2009). *Training failures among newly hired air traffic controllers*. (Report No. AV-2009-059). Washington, DC: Author. Retrieved from https://www.oig.dot.gov/library-item/28939 (accessed January 13, 2017).

U.S. Department of Transportation Office of the Inspector General . (2010). *Review of screening, placement, and initial training of newly hired air traffic controllers*. (Report. No. AV-2010-049). Retrieved from http://www.oig.dot.gov/audits?tid=71 (accessed January 13, 2017).

Waugh, G. (2001). Predictor-criterion analyses. In Ramos, R. A., Heil, M. C., & Manning, C. A. (eds.). *Documentation of validity for AT-SAT computerized test battery*, *Volume II*. (Report No. DOT/FAA/AM-01/6). Washington, DC: Federal Aviation Administration Office of Aviation Medicine.

Wise, L. L., Tsacoumis, S. T., Waugh, G. W., Putka, D. J., & Hom, I. (2001). *Revision of the AT-SAT*. (Report No. DTR-01-58). Alexandria, VA: Human Resources Research Organization.

撰稿人介绍

Dana Broach（达娜·布罗奇），美国联邦航空管理局（FAA）民用航空医疗研究所（CAMI）心理学家，拥有超过 30 年的工作经验。达娜于 1991 年获得塔尔萨大学工业与组织心理学博士学位，专注于航空安全关键岗位人员的选拔研究，主要探索知识、技能、能力及个人特质与任务绩效之间的关联，其研究涵盖多个关键领域，包括工作分析、人类能力分类学、测试开发与验证、工作绩效测量、效用分析，以及为 FAA 空中交通管制专家、电子技术人员、系统专家和联邦空警等职位提供劳动力规划支持。作为该领域的权威专家，布罗奇博士发表学术论文 100 余篇，包括期刊论文、书籍章节、技术报告及会议演讲等。达娜积极参与相关学术组织，是美国工业与组织心理学会（SIOP）、美国心理科学协会（APS）、美国航空心理学协会（APA）、美国航空航天学会（AIAA）、欧洲航空心理学协会（EAAP）以及澳大利亚航空心理学协会（AAAP）的成员。

Cristina L. Byrne（克里斯蒂娜·L. 伯恩），美国联邦航空管理局（FAA）民用航空医疗研究所人因部研究人员，自 2011 年起在该机构从事航空人因工程研究。毕业于俄克拉何马大学，获得工业与组织心理学博士学位，现为工业与组织心理学会（SIOP）和人因工程学会（HFES）会员。伯恩博士的研究领域涵盖培训与组织发展、调查与测试工具开发、测试验证，以及航空交通管制员人力资源的效用分析，其核心研究聚焦于空中交通管制员的人才选拔、培训与岗位配置，致力于探索影响 FAA 高难度航空交通管制员培训项目成功的关键人员与组织因素。

第三部分
自动化与复杂系统

第六章

航空界面中的自动化可视化

亚历克斯·柯里克，凯西·阿克曼，本杰明·西费尔特，

恩里克·萨尔盖，凯尼恩·里德尔，唐纳德·塔勒尔，

罗纳德·卡博纳里，吕·沙，奈拉·霍瓦基米安

本章聚焦当前自动化系统设计中普遍采用的"替代式"范式存在的局限性。该范式将自动化系统定位为对人类传统控制职能（如系统控制理论）和决策职能（如多属性决策与动态规划）的简单替代。作为对比，我们通过两项实证研究提出了一种创新性的"增强式"设计方案：自动化系统不直接控制交通工具，而是驱动动态可视化界面的生成。这种设计通过可视化技术（如飞机控制安全包线的动态呈现、滑行路线优化中多目标权衡关系的直观展示）揭示系统隐含的动态特性，从而弥补传统自动化系统的不透明性缺陷。研究表明，这种动态视觉增强策略能有效提升操作人员的系统参与度，并显著强化其决策质量和控制鲁棒性。

在深入研究成果之前，有必要先梳理该设计理念在人因工程学与航空心理学领域的理论渊源与发展脉络。

自动化替代式设计的不良效应

自动化系统在航空领域的应用已实现全面普及，其复杂程度随着飞行安全与效率要求的提升而持续升级。尽管自动化技术显著提升了飞行安全水平，但由此引发的飞行员参与度下降问题却导致了新型事故与安全隐患的增多。这一现象被学术界界定为"环外控制"（Out-of-the-loop，OOTL）问题（Endsley & Kiris，1995）或"环外控制技能退化"（OOTLUF）现象（Wickens & Hollands，2000），并催生了大量后续研究。最新研究成果包括 Casner 和 Schooler（2014）关于自动化引发的任务无关思维（即飞行员注意力游离）

的突破性研究。值得注意的是，这一问题在智能汽车领域（如谷歌和特斯拉等企业正在路测的自动驾驶原型）也引发了广泛关注。学界与产业界已形成基本共识：要求驾驶者在长期脱离控制后能够及时有效地接管系统的全自动驾驶设计理念，至少在短期内难以实现商业化成功或获得市场普遍认可（Lafrance，2015）。这种认知转变突显了自动化设计中保持操作人员适当参与度的重要性。

颇具讽刺性的是，自动化系统可靠性的提升反而可能成为新的安全隐患源。其内在机理在于：当自动化系统长期稳定运行时（即故障率极低时），其决策逻辑对操作人员会逐渐变得不透明——这种"黑箱化"现象导致当系统出现不可避免的偶发故障时，飞行员在紧急接管控制权时往往因缺乏对系统状态的充分认知而感到措手不及，表现为显著的态势感知缺失。

当自动化系统突发故障需要飞行员紧急接管时，其操作效能往往会出现显著下降，这一现象在学术界被分别表述为"自动化意外"（Automation Surprise，Billings & Woods，1994）和"控制权回归障碍"（Manual Control Reversion Deficit，Hadley et al.，1999）。针对此类问题所引发的衍生性人因挑战——特别是"运行模式辨识混淆"与"模式选择失误"（Sarter & Woods，1995; Degani & Heymann，2002）——研究者已发展出多种应对策略。深入分析表明，这些问题的根源在于现行人机界面设计存在根本性缺陷：未能建立有效的自动化状态可视化机制，导致飞行员无法构建完整的系统心智模型。这种认知局限直接表现为操作人员对自动化系统行为模式的预测能力和理解深度不足。

我们认为，这些操作困境本质上源于自动化系统导致的态势感知显著弱化现象。尽管飞行员能够准确解读主飞行显示器上呈现的基础飞行参数（如航向、高度和空速等），但当前界面设计仅通过简单的"激活/未激活"状态标识来反映自动化系统运行情况，这种粗粒度的信息呈现方式存在严重缺陷。问题的关键在于，现代航空自动化系统蕴含着丰富的动态信息维度，不仅包括当前飞行状态，更涵盖维持该状态所需的控制调整量、系统决策逻辑以及潜在的状态演进趋势。现行的显示方案完全忽视了这些关键信息要素，使得自动化系统实质上成为了"沉默的副驾驶"：它们掌控着飞行操纵，却拒绝透露任何关于决策过程和运行状态的内在信息。D. A. Norman（1990）在其开创性研究中通过精妙的思想实验揭示了这一问题本质：当比较自动化系统与人类副驾驶的工作模式时，后者通过持续的"非正式交流"（如语气变化、肢体语言等）能够在故障初期就引起机组警觉；而自动化系统则倾向于默默补偿异常，直到累积成为重大故障。这一对比深刻启示我们：提升自动化系统态势感知的关键，在于将人类机组间特有的非结构化交互机制，有效转化为适合机器认知的规范化信息表征范式。理想的解决方案应当为飞行员提供持续、非侵入式的自动化状态信息流，使其能够像监督人类副驾驶一样，自然且高效地监控自动化系统对飞行安全的各项贡献。这种设计理念不仅要求呈现自动化系统的"做什么"，更需要揭示其"为什么这么做"以及"准备怎么做"的完整决策链条。

在航空自动化发展进程中，决策支持系统正成为下一代航空运输系统（NextGen）的核心组成部分（Wickens 等，1998；Erzberger，2004）。这类系统通过引入先进的优化算法，旨在突破人类认知局限，实现传统人工操作难以企及的系统效能提升。特别是在处理需要复杂计算和实时优化的任务时，自动化决策辅助展现出独特优势。这一技术路径的合理性得到 Rasmussen（1986）人机行为理论的强力支持：该理论明确指出，操作人员在技能型和规则型任务中表现卓越，而在需要深度知识推理的动态控制场景中则效率显著降低。因此，将需要知识型处理的复杂决策任务委托给自动化系统，既符合人类认知特性，又能充分发挥技术优势，代表了航空自动化发展的理性方向。

然而，这类优化算法的应用往往伴随着自动化系统在决策层级上的升级（Parasuraman 等，2000），这不可避免地削弱了操作人员在决策过程中的参与深度。研究表明，高级自动化系统的设计缺陷可能引发多重人因问题：包括操作绩效的系统性衰减（Norman，1990；Sheridan，2002；Parasuraman & Wickens，2008）、态势感知的渐进式丧失（Endsley，1993；Wickens，2008）以及各类人机协同障碍（Parasuraman，1997）。更关键的是，当优化算法的底层假设与实际情况存在偏差，或算法模型未能涵盖所有关键安全变量时，其输出结果可能从次优解急剧劣化为灾难性错误。在动态复杂的空管环境中，完全预知所有约束条件并满足全部算法假设的情况几乎不存在。此时，若操作人员仅被限定为算法指令的执行者或被动监控者，将严重制约其对算法失效等异常情况的处置能力——这种设计悖论本质上剥夺了人类作为"最终安全保障"的关键职能。

通过自动化增强可视化

在自动化界面设计研究领域，我们的工作建立在多位先驱学者的理论基础之上。Degani 和 Heymann（2002）开创性地提出了基于形式化方法的界面验证技术，其核心在于确保界面信息能够完整呈现操作人员所需的系统状态及状态转换信息，从而实现有效的自动化系统控制。Jamieson 和 Vicente（2005）则从控制理论视角出发，构建了一个创新的"人 - 自动化系统 - 被控对象"三元交互框架，该设计整合了控制论中的多个关键概念与资源分配原理。Bennett 和 Flach（2011）进一步深化了这一研究方向，他们基于控制理论中的可控性与可观测性原理，系统性地完善了界面设计方法论，并通过实际案例验证了其应用价值。这些开创性研究为我们的工作提供了重要的理论基础和方法论支撑。

在自动化界面设计领域，生态界面设计（Ecological Interface Design，EID）作为控制理论的重要补充，提供了更为全面的设计框架（Vicente & Rasmussen，1992）。虽然 Flach（2017）指出 EID 的理论基础与控制理论存在内在一致性，但其独特的呈现方式显著拓展了传统控制理论的表达维度。EID 创新性地整合了 Jens Rasmussen 提出的"抽象层次"模型和"决策阶梯"等概念工具，构建了一套富有表现力的设计语言——这些工具与控制理论概念之间并非简单的线性对应关系，至少在定量层面不存在直接映射（Vicente & Rasmussen，1992）。正如 Burns（2013）所强调的，EID 的核心设计哲学体现为三个关键原则：①完整呈现工作环境中的约束条件；②最大化信息的视觉直观性；③支持多样化的操作行为模式。这种设计范式超越了传统控制界面的功能局限，为复杂系统的信息可视化提供了新的方法论指导。

控制理论和生态界面设计方法在本质上都致力于为受控或自动化系统构建功能模型，并通过符合人类感知特性的可视化形式呈现这些功能信息。以 Seppelt 和 Lee（2007）基于生态界面设计理念开发的自适应巡航控制显示系统为例，该设计创新性地将跟车距离和制动阈值映射为梯形和三角形之间的动态形状转换，通过这种突现特征直观反映系统状态变化。同时采用动态虚线边界来标定当前道路条件下自动控制系统的安全操作范围，这种设计超越了简单的原始数据显示，而是着重揭示自动化系统行为与驾驶情境之间的功能关联。通过将抽象的自动化算法转化为符合人类感知规律的可视化语言，该界面使驾驶员能够直接理解系统的决策逻辑和能力边界，实现了从"数据呈现"到"功能揭示"的重要范式转变，有效建立了人机认知协同的桥梁。

在航空人机界面设计研究领域，荷兰代尔夫特理工大学的研究团队（Borst 等，2014；Borst 等，2015）开展了最为系统深入的生态导向界面设计探索。与本研究相似，该团队基于受控系统的功能模型架构，通过创新的可视化表达方式，持续推动着驾驶舱界面和空管界面的设计革新。特别值得关注的是

Amelink 等（2005）和 Mulder（2014）的研究成果，这些工作与本研究的理论基础和技术路线具有显著的相关性。我们建议研究者将代尔夫特团队的生态界面设计范式与本研究提出的功能导向型自动化可视化设计方法进行对比分析，这两种方法虽然出发点不同，但都致力于通过增强系统透明度来优化人机协作效能。代尔夫特团队侧重于从生态心理学角度构建界面信息架构，而本研究则更强调自动化系统内部状态的可视化呈现，两种路径在提升操作人员态势感知方面形成了有益的互补。

研究 1：离场调度决策自动化的可视化呈现

针对基于优化的决策辅助自动化可能面临的假设失效问题，本研究提出了一种创新性的替代方案：通过可视化技术直观呈现影响人类决策的关键约束条件（Kirlik，1995）。这一方法在理论渊源上与生态界面设计原则（Vicente & Rasmussen，1992；Burns & Hajdukiewicz，2004）具有内在一致性。Kirlik 等学者（1996）的研究揭示，在时间压力和任务复杂度双重制约下的动态决策过程中，操作人员往往本能地采用启发式认知策略。基于这一发现，我们的设计理念强调：通过优化信息呈现方式，将关键系统约束转化为易于感知的视觉模式，从而主动引导操作人员形成有效的启发式决策路径。这种设计范式实现了双重优势：一方面将关键系统变量直接整合至操作人员的感知 - 行动循环中，另一方面充分利用并强化了人类在动态决策中固有的认知优势，而非简单地将决策权让渡给可能存在情境适应局限的自动化系统。

本研究旨在系统比较两种典型的决策支持范式：基于优化算法的自动化决策辅助与关键约束条件的可视化呈现。需要特别说明的是，可视化方法所呈现的行为约束与优化算法所采用的约束条件完全一致。这些约束条件构成了多目标优化算法的基础，该算法以最小化计划起飞时间与实际起飞时间的偏差为目标函数，生成最优起飞方案并作为管制员的决策建议。与之形成对比的是，约束可视化方法并不直接提供具体解决方案，而是将优化算法中的关键约束条件转化为直观的视觉表征。管制员可以基于其对任务目标的理解，在可视化界面呈现的可行时间窗口内，灵活地确定最佳起飞时刻。这种设计具有双重优势：一方面，它使管制员能够清晰认知系统必须满足的约束条件，而非被动接受可能忽视关键情境因素的"单点优化输出"方案；另一方面，它为管制员保留了充分的决策自由度，可以综合考量可视化约束之外的其他相关信息来制订起飞计划。

研究设计

本研究针对达拉斯 - 沃思堡国际机场（DFW）的离场航班排序问题，开发并比较了三种界面设计方案：①基准界面（无决策辅助功能）；②时间约束可视化（Time Constraint Visualization，TCV）界面；③最优时间线显示（Optimal Timeline Display，OTD）界面。这些决策支持系统的设计借鉴了Hoang 等（2011）和 Jung 等（2011）的研究成果，这些先前工作曾成功应用算法技术优化地面管制员的航班排序决策流程。其中，TCV 界面通过图形化方式呈现时间约束条件，而 OTD 界面则直接展示经算法优化的建议时间序列，二者在信息呈现方式和管制员决策自由度上形成鲜明对比。

DFW 机场运行模拟

本研究构建了达拉斯 - 沃思堡国际机场（DFW）东侧南向离场运行的仿真环境。该仿真系统对实际运行场景进行了适当简化，重点模拟了东侧三个航站楼区域的运行特征，每个航站楼前端均设有指定等待区。仿真的核心运行策略要求受试者（模拟管制员）指挥离场航空器在推出后首先滑行至指定等待点待命，待跑道可用时再引导其进入跑道。这种"等待点"运行模式与传统的"直接滑行"策略形成鲜明对比——后者往往导致多架航空器在跑道入口处形成拥堵队列，而新策略通过空间分流有效缓解了跑道头拥堵问题。

这种运行策略通过优化离场航空器流，实现了多重运行效益的提升：首先，有效避免了跑道头排队积压现象，显著减少了航空器滑行过程中的非必要制动操作，从而直接降低了燃油消耗。其次，管制员能够严格依据计划起飞时间（Scheduled Time of Departure，STD）实施排序控制，确保航空器按照既定时序滑向跑道，而非受制于推出时序的随机性。等待点控制机制的核心价值在于：通过空间缓冲实现时间优化，既保障了离场航空器的准时性（+/-1 min 内），又能在高峰时段维持跑道容量的最大化利用。

研究方法

实验被试者

本研究招募了 21 名持有仪表飞行等级（Instrument Rating）的现役飞行员参与 DFW 机场地面管制模拟实验。虽然受试者均不具备实际空管工作经验，但其仪表飞行资质确保了他们具备以下实验所需的专业素养：①熟练掌握航空专业术语；②对机场地面运行流程具有系统性认知；③理解管制指令与飞行操作的对应关系。在正式实验前，所有受试者均完成了标准化培训课程，内容包括：实验任务的具体要求、机场地面运行规范、以及各版本决策辅助工具的操作方法。这种实验设计既保证了受试者的专业基础能够满足研究要求，又通过系统培训确保了实验数据的有效性和可比性。

实验设备

本实验在伊利诺伊大学贝克曼研究所的先进飞行模拟设施中进行，该模拟器经过专项改造以适应空中交通管制研究的特殊需求。实验平台配置了多模态显示系统：三台高分辨率投影仪构建了 DFW 机场东塔台 150 度视角的立体仿真视景，精确再现塔台管制员的实际工作视野；同时配备 70 英寸 LCD 专业显示器（图 6.1），用于呈现实验设计的各类原型界面。人机交互采用标准化输入设备组合：罗技高性能光学鼠标配合定制化六键指令键盘，确保管制指令输入的精确性和实验操作的一致性。

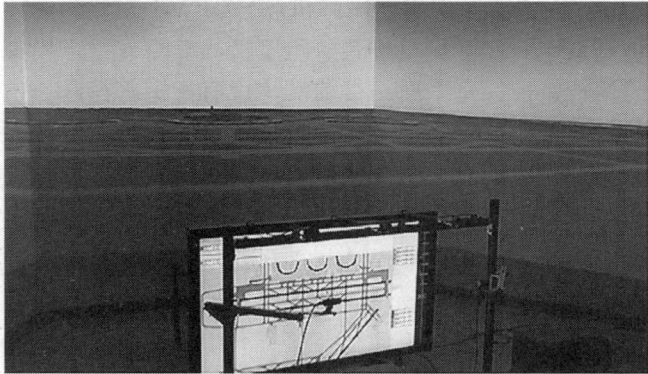

图 6.1　实验所使用的伊利诺斯模拟实验室的飞行模拟器

软件

本实验采用的模拟系统通过智能化的指挥机制实现航空器运行控制：系统依据预设脚本自动管理受试者管制区域外的航空器运行，同时实时响应受试者对其管制区域内航空器发出的指令。模拟场景的构建基于地面运行数据分析与适配工具（SODAA）在 DFW 机场采集的实证运行数据（Brinton 等，2010）。SODAA 数据集整合了多维度的实际运行参数，包括：航空器呼号、机型代码、计划起降时刻、起降机场标识、分配登机口等核心信息，并通过时间戳与每架航空器的实时位置数据进行空间关联。这种数据架构使得系统能够基于历史运行数据精确重构航空器的动态移动轨迹，确保模拟场景具有高度真实性。

实验任务

离场飞机管制任务：要求被试者通过优化起飞飞机从等待点放行至起飞的顺序，确保飞机尽可能接近计划起飞时间（STD）起飞，同时最小化不必要的滑行停顿和总滑行时间。每架飞机的计划起飞时间都显示在飞行条上，作为被试者排序决策的主要依据。该任务的核心目标是实现准时放行与高效滑行的平衡，既保证起飞时序的准确性，又避免在跑道头形成拥堵队列。

进港飞机管制任务：当进场飞机进入被试者控制区域时，系统会自动移交控制权。被试者需要根据每架飞机指定的航站楼和登机口信息，及时发出滑行指令以避免进场飞机积压阻塞跑道。值得注意的是，实验设计刻意让优化自动化系统不考虑人类管制员在实际工作中需要处理的关键约束条件，特别是地面滑行道上交替安排进场与起飞飞机的复杂协调需求。这种设计反映了现实世界中自动化系统的固有局限——无法完全预见所有可能影响决策的情境因素。正是这种局限性使得即便是最优秀的管制员，在某些情况下也必须偏离自动化系统建议的起飞计划，将自身掌握的专有信息与系统提供的数据相结合，做出最终决策。这种实验设置旨在模拟真实空管环境中人机协同决策的典型挑战，突出了人类专业知识在弥补自动化系统不足方面的重要价值。

界面设计

原图形界面（图 6.2）集成了四大核心功能模块：①电子飞行进程单（Electronic Flight Strip）系统，实时显示航班关键数据；②飞行进程单排序窗口，支持拖拽式交互排序；③高精度机场平面态势显示，采用 1 ：2000 比例尺航图；④智能化滑行路线预设按钮组，包含标准滑行路径快速选择功能。

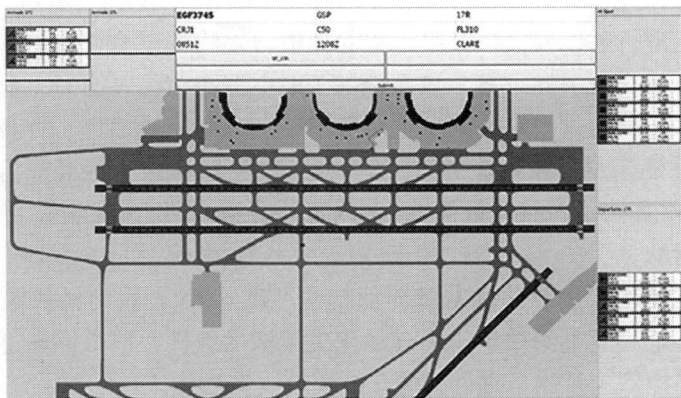

图 6.2　基础界面架构

电子飞行进程单：电子飞行进程单系统集成了管制所需的完整航空器运行数据，每个飞行条包含 9 个关键字段：航空器呼号（ICAO 标准格式）、机型代码、预计离场 / 到场时间（ETD/ETA）、目的地机场、分配航站楼及登机口、修正起飞时间、指定跑道、飞行高度层指令以及离场 / 进场导航点。特别设计的彩色状态指示框位于飞行条左侧，采用红 / 绿 / 蓝 / 黄四色编码系统配合标准化符号，实时显示航空器当前滑行状态（如红色表示等待指令、绿色表示滑行中等），所有状态变更均确保 0.5 s 内的实时刷新。

飞行进程单排序窗口：飞行进程单排序界面采用四窗口分区设计，分别管理不同运行状态的航空器：两个离场窗口动态显示位于等待点待命及正在滑行至跑道的起飞航空器信息，两个进场窗口实时监控两条跑道上的降落航空器动态。该界面支持管制员通过点选飞行条实现精准的航空器交互控制，每个飞行条通过其状态指示框的颜色编码（红 / 绿 / 蓝 / 黄）及在窗口中的相对位置，直观呈现航空器当前滑行阶段和空间分布特征，使管制员能够快速掌握全局运行态势并作出决策。

高精度机场平面态势显示：高精度机场平面态势显示系统采用与现役机场地面探测设备（ASDE-X）相似的显示逻辑（参考 Smith 等学者 1996 年的研究），通过俯视视角完整呈现机场地面布局和航空器动态。系统使用三角形符号表征每架航空器，该符号实时更新三个维度的关键信息：精确地理坐标（定位精度 ±3 m）、当前航向角（以 30 度扇形区显示）以及运动状态（静止 / 滑行）。为保持人机界面的一致性，这些动态符号的色彩编码与对应电子飞行条状态指示框完全同步（进场蓝色 / 离场绿色）。系统提供双重选择机制：管制员既可通过点击电子飞行条，也可直接点选态势图上的航空器符号来实现目标选择，这种冗余设计显著提升了操作效率和容错性。

智能化滑行路线预设按钮组：智能化滑行路线预设按钮组为管制员提供了高效的地面交通引导方案，该系统基于航空器当前位置实时生成可行的滑行路线选项，并通过色彩编码（主滑行道蓝色、联络道黄色）直观呈现。管制员可通过鼠标点击或快捷键（F1 ~ F8）快速选择并下达滑行指令，系统采用 Dijkstra 算法确保路径最优性，并内置冲突检测功能（间隔标准 ≥ 75 m）。

决策辅助

所有实验均采用统一的基础界面架构（图 6.2），在两种决策辅助实验条件下，基础界面上额外集成了自动化决策辅助组件，该组件通过专用显示区域和交互控件为管制员提供智能化的决策支持功能。

TCV 辅助功能：时间约束可视化（TCV）决策辅助工具通过创新的视

觉编码系统，为管制员提供起飞时序限制的实时动态展示。该工具采用多色线条表征不同类型的时间约束：红线表示 45 s 最小起飞间隔，绿线表示安全滑行跟随距离，黄色虚线表示尾流间隔要求（根据航空器重量分级）。系统用白线静态表示冗余间隔，同时通过智能图形算法实时检测并高亮动态显示以下两种关键状态：①间距冲突（红色闪烁区域，表示航空器间隔过近）；②冗余间隔（蓝色半透明区域，表示间距超出运行需求）。这种可视化设计使管制员能够精准判断每架航空器从等待点放行的最优时机，在确保安全间隔的同时最大限度减少滑行延误（具体显示逻辑参见图 6.3）。

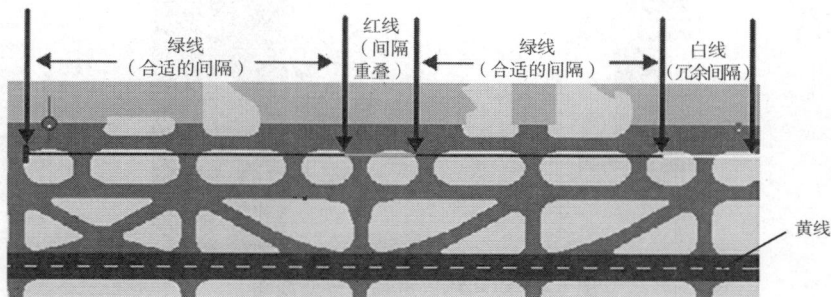

图 6.3　时间约束可视化（TCV）决策辅助系统

注：该系统通过在机场平面态势图上叠加彩色标线来直观显示离场间隔标准，包括冗余间隔和间隔重叠；每种情况都用不同的颜色区分

OTD 或"时间线"辅助功能：优时间线（OTD）决策辅助工具采用智能算法为管制员提供起飞序列建议。该工具持续分析等待点中计划起飞时间（STD）最早的四架航空器，通过穷举法评估所有可能的 24 种排序组合及其对应的放行时间方案，最终选择能够最大程度减少总起飞时间偏差和滑行延误的最优序列。系统将计算结果——这四架航空器各自的具体放行时间，以直观的图形化时间轴形式呈现给管制员（详见图 6.4 展示界面），并保持每 4 s 一次的动态更新频率，确保建议方案始终反映最新运行状态。

实验设计

本研究采用完全随机组间实验设计，将 21 名受试者随机分配至以下三种界面条件之一：基础界面（无辅助）、时间约束可视化（TCV）或最优时间线（OTD）。所有受试者均完成标准化的培训流程后，每人进行 8 轮数据采集实验。由此，每种实验条件下共计获得 56 组有效的实验数据（21 名受试者 ×8 轮实验测试，采用完全随机化设计确保各实验条件下的样本量保持均衡）。为确保实验流程的一致性，数据采集阶段与培训阶段均采用完全相同的任务情境序列呈现。

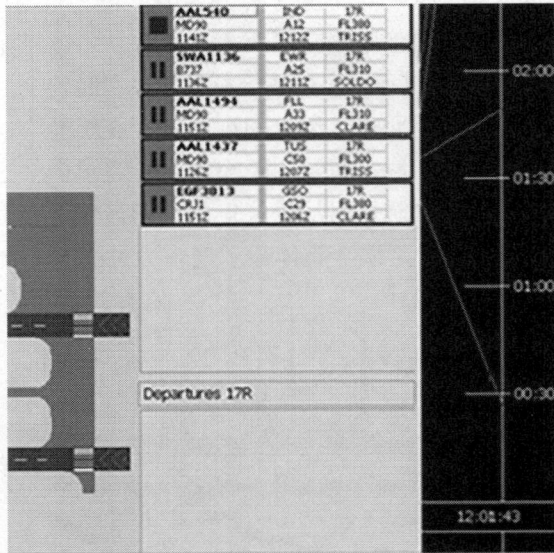

图 6.4　时间线决策辅助界面截图

注：图中使用连接线将等待点航空器的飞行进程单与动态时间轴上的对应时点相连，直观显示每架航空器应从等待点放行的具体时间，这种呈现方式即为典型的"单点优化输出"离场调度方案

实验流程：包含三个连续阶段，每个阶段持续 90 ~ 120 min。第一阶段由培训环节和 3 次训练实验组成，第二和第三阶段分别包含 4 次数据采集实验。

培训阶段：采用标准化的教学方案：通过 70 英寸 LCD 显示器播放精心设计的 Microsoft PowerPoint 演示文稿，同时由实验员严格依据标准化脚本进行讲解。培训期间，投影系统持续显示 DFW 机场塔台视角的静态外景图像，实验员以此作为视觉参照，将演示内容与实际运行环境建立关联。培训内容循序渐进：首先介绍 DFW 机场地面运行的基本规范和受试者在模拟实验中的具体职责；其次阐述优化起飞放行顺序的操作价值及在 DFW 机场的具体实施策略；最后详细讲解原型界面的各项功能及操作流程，包括不同实验条件下特定决策辅助工具的使用方法。需要特别说明的是，除决策辅助工具的功能说明外，各实验组接受的培训内容完全一致。

练习实验阶段：包含一次 10 min 和两次 20 min 的模拟训练。首次训练中，实验员提供实时操作指导并解答所有疑问；后续两次训练则完全模拟正式实验环境，不再提供任何反馈或协助。

数据收集阶段：在第二阶段和第三阶段实验中，受试者各完成 4 次 20 min 的数据采集实验。每次实验结束后，受试者可自由休息，最长不超过 5 min，以缓解疲劳并保持实验表现的一致性。

结果：起飞排序效率

通过滑行延误和排队停顿次数两项关键指标评估起飞排序效率，这两项指标均直接反映不必要的燃油消耗情况。滑行延误量化了飞机因起飞队列等待而产生的额外滑行时间（以 s 为单位），而排队停顿次数则统计飞机在起飞队列中完全停止的次数。在理想排序条件下，飞机应能持续滑行进入跑道而无须停顿或减速，因此这两项指标的基准值理论上均为零。实际观测到的任何滑行延误或排队停顿都直接表明起飞间隔管理存在优化空间，这些数据为评估管制员排序决策的燃油效率提供了客观依据。

滑行延迟：采用重复测量方差分析比较了三种实验条件下的表现差异：基线条件（$M = 36.10$ s，$SE = 0.78$）、TCV 条件（$M = 5.19$ s，$SE = 0.23$）和时间线条件（$M = 15.27$ s，$SE = 0.32$）。统计分析显示决策辅助工具类型存在显著主效应，$F(2,18) = 4.87$，$P < 0.05$。通过 Tukey's HSD 检验进行事后比较发现，基线条件与 TCV 条件之间存在极显著差异（$P < 0.001$），表明 TCV 辅助能有效缩短滑行延误；而基线条件与时间线条件（$P = 0.13$）以及 TCV 条件与时间线条件（$P = 0.59$）之间的差异均未达到统计学显著水平。具体数据分布特征可参见图 6.5。

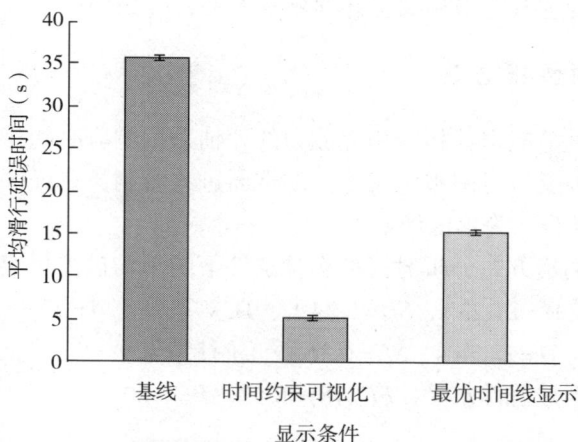

图 6.5　不同实验条件下每架飞机的平均滑行延误时间（误差线表示标准误）

　　排队停顿次数：采用重复测量方差分析对三种实验条件进行了比较：基线条件（$M=0.87$ 次，$SE=0.012$）、TCV 条件（$M=0.27$ 次，$SE=0.004$）和时间线条件（$M=0.63$ 次，$SE=0.006$）。分析结果显示决策辅助工具类型存在显著主效应，$F(2,18)=6.52$，$P<0.01$。通过 Tukey's HSD 检验的事后比较表明，基线条件与 TCV 条件之间存在显著差异（$P<0.01$），TCV 条件与时间线条件之间呈现边缘显著差异（$P=0.10$），而基线条件与时间线条件之间无显著差异（$P=0.34$）。这些结果表明，TCV 辅助能显著减少起飞队列中的停顿次数，其效果优于时间线辅助和基线条件。具体数据分布详见图 6.6。

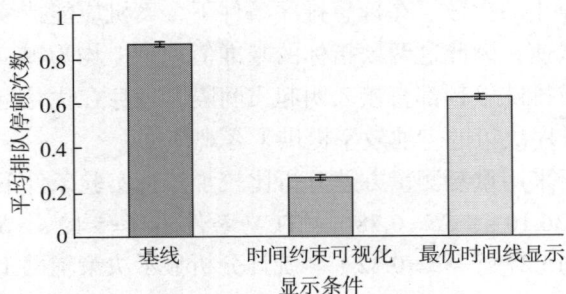

图 6.6　不同实验条件下每架飞机的平均排队停顿次数（误差线表示标准误）

　　针对离场时间偏差指标，研究采用重复测量方差分析比较了三种实验条件：基线条件（$M=188.66$ s，$SE=1.17$）、TCV 条件（$M=183.66$ s，$SE=1.23$）和时间线条件（$M=178.10$ s，$SE=1.21$）。统计分析显示，决策辅助工具类型的主效应未达到统计学显著水平，$F(2,18)=0.79$，$P=0.47$。

进港飞机管制效能结果

　　管制员对进港航空器指令响应能力的评估采用响应时间作为核心指标。具体而言，进港反应时间被定义为：航空器进入管制员责任区后，等待指令所持续的时间（以 s 为单位计量）。

　　采用重复测量方差分析对三种实验条件下的平均进港反应时间进行了比较：基线条件（$M=21.23$ s，$SE=0.24$）、TCV 条件（$M=22.35$ s，$SE=0.29$）和时间线条件（$M=28.74$ s，$SE=0.36$）。统计结果显示，决策辅助工具类型的主效应未达到显著性水平，$F(2,18)=0.53$，$P=0.60$。

研究结果概要

　　TCV 条件与基线条件在起飞排序效率上的显著差异符合研究预期，而时间线条件与基线条件之间未出现显著差异则与初始假设存在出入。这一现象可能与优化算法的固有局限性有关：由于进场飞机的指令完全由受试者控制，算法难以精确预测其动态位置并将其纳入优化计算。这种不确定性导致受试者无法始终严格遵循时间线辅助提供的精确起飞序列，以避免潜在的飞行间隔冲突。尽管更先进的算法可能解决这一技术限制，但这可能引发新的人机协作问题——当操作人员过度依赖自动化系统来确保安全间隔时可能产生的责任分配困境。

　　各实验条件在起飞时间偏差指标上均未呈现显著差异，这一结果在意料之中。需要说明的是，两种决策辅助工具的核心设计目标都是优化起飞排序效率，而非直接改善计划起飞时间的遵从性。因此，除了界面设计元素外，系统并未针对按时起飞这一维度提供专项支持功能。

　　进场反应时间在各条件下保持稳定，这一发现部分缓解了关于决策辅助工具视觉新颖性可能分散受试者注意力的担忧（特别是对进场飞机监控区域的注意力分配）。然而，基线条件下较高的工作负荷可能在一定程度上抵消了不同界面设计对注意力分布的影响。要深入理解这一现象，需要结合眼动追踪数据和工作负荷测量指标进行更细致的分析。

研究小结

　　本研究通过在达拉斯 - 沃斯堡国际机场地面运行模拟环境中对比测试两种自动化决策辅助工具，获得以下重要发现：以可视化呈现关键系统约束为核心的 TCV 决策辅助工具，相较于基线条件和提供"单点优化解"的时间线辅助工具，能显著提升起飞排序效率。这一结果证实，在复杂动态运行环境中，基于约束可视化的决策支持系统不仅能够提高操作绩效，更重要的是保持了人类对决策过程的完全控制权，实现了人机协同的最佳平衡。

　　从理论层面深入分析，时间线辅助工具本质上体现了"替代式"自动化设计理念——尽管允许人工干预，但其核心仍是用机器决策取代人类判断。这种设计将决策问题简化为约束条件下的目标函数优化，通过算法持续更新系统状态与建议行动的映射关系。相比之下，TCV 辅助工具采用了更为开放的决策循环设计：通过将约束条件转化为直观的可视化表征，使训练有素的管制员能够主动识别并遵守运行限制，同时充分发挥其对任务目标的专业理解来制定最优排序策略。这种设计哲学在后续的试点研究中得到延续——通过可视化持续更新的安全包线约束，为飞行员（而非自动化系统）保留控制权，使其能够基于专业技能实施操作控制，这完全不同于"替代式"自动化倾向将人类排除在控制环之外的设计范式。

研究 2：可视化自动化的飞行安全包线保护

　　本研究提出了一种创新的人机协同框架，将飞行员操控与自动化系统深度整合，并通过改进的显示设计将自动化信息无缝嵌入传统主飞行显示器体系。具体而言，该研究开发了位于主飞行显示器侧方的专用信息区域，用于动态呈现自动化系统状态。研究聚焦于动态飞行包线保护（FEP）系统，该系统集成了失控（LoC）预测与预防的智能逻辑。这一工作建立在 Belcastro 与 Jacobson（2010）以及 Belcastro（2011，2012）关于非正常状态预防技术的研究基础上——他们采用视听告警和可调节自主权（Kaber，2012）实现人机权限分配；同时吸收了 Conner 等（2012）提出的基于感知提示的座舱显示设计理念，即通过直观的视觉指引提示飞行员采取纠正操作以避免失控。

　　本研究提出的核心概念是通过创新性地运用飞行参数及其安全边界定义的动态包线系统来预防失控事件。将传统包线概念扩展至显示增强领域，构建了一套智能逻辑机制：当检测到潜在失控风险时，飞行包线保护（FEP）自动化系统会选择性介入，通过动态补偿飞行员指令与环境扰动的综合效应来维持飞行稳定性。这种人机协同的联合补偿架构与 Flemisch 等人（2003）提出的"H- 隐喻"（马与骑手模型）高度一致——在该隐喻中，"马"（自动化系统）具备在"骑手"（飞行员）反应不足时执行关键保命操作的能力，同时通过持续感知操纵输入来动态调整介入程度。这种模型为自动化系统提供了理想的行为范式：既能适时补偿操作人员处于控制环外（OOTL）的不足，又能精准响应操作人员的直接控制指令。

iReCoVeR（智能化弹性控制与恢复）控制架构

　　本研究关于减少失控（LoC）事件的工作，是系统性开发航空事故预防技术的重要组成。飞行器弹性集成重构控制器（iReCoVeR）作为伊利诺伊大学厄巴纳 - 香槟分校与康涅狄格大学的联合研究项目，致力于通过技术创新预防运输类飞机因失控导致的事故及不安全事件。iReCoVeR 架构整合了多项前沿技术：包括 Belcastro 团队提出的飞机弹性集成安全保证与故障防护增强概念、Hovakimyan 与 Cao（2010）发展的容错飞行控制技术、Lee 等（2014）研发的故障检测与隔离系统、Tekles 团队（2014）开发的安全飞行包线估计与检测算法，以及 Chongvisal 等（2014）研究的失控预测与预防方案。这些技术的融合形成了一个完整的防护体系。

在该架构中，iReCoVeR 的核心子系统通过协同工作，在失控事件链发展的不同阶段实施干预以阻断其演进。为保障飞行员与 iReCoVeR 自动化系统间的可靠交互，该框架还创新性地整合了增强型座舱界面设计——这些界面通过实时显示飞机状态和自动化系统运行参数（包括当前及预测状态），为飞行机组提供全面的态势感知能力。图 6.7 以示意图形式展示了 iReCoVeR 架构与飞行员、自动驾驶仪及自动化态势感知界面之间的交互关系，体现了人机协同的系统级设计理念。

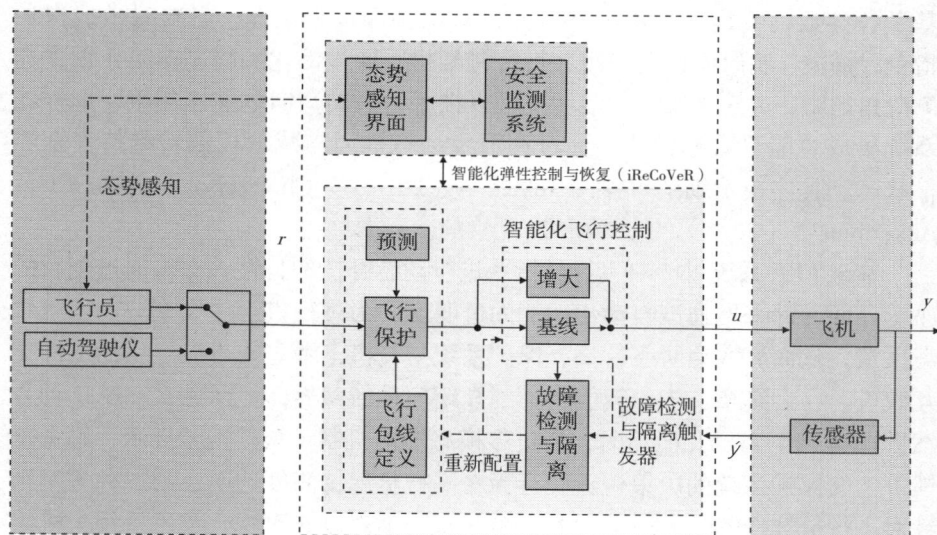

图 6.7 防止失控的 iReCoVeR 飞行控制架构

注：关于整体控制架构的技术细节，详见 Chongvisal 等人（2014）的研究。关于"态势感知界面"自动化的更多信息，请参阅本章节"增强型主飞行显示"和"飞行员输入显示"部分

从航空人因工程角度分析图 6.7，需要重点关注的核心要素：首先，飞行包线的确定、预测与保护机制在系统中起到的中枢作用；其次，系统通过双重通道实现信息传递——一方面将包线数据传输至弹性飞行控制系统，另一方面通过"态势感知界面"向飞行员直观展示自动化系统的动态行为。图中特别设计的模式选择开关允许飞行员在自动驾驶与手动控制之间灵活切换，但需特别注意：本文所述的"手动控制"仅表示自动驾驶仪未激活的状态——实际上，即便在此模式下，FEP 自动化系统仍可能主动介入，通过补偿飞行员操作来确保不突破安全包线边界；当然，飞行员也可选择将系统完全移出控制回路，此时 FEP 仅作为信息显示系统，持续提供飞机状态与包线

限制之间的实时关系数据。

飞行包线保护系统

　　Tekles 等研究者（2014）提出的动态飞行包线保护（FEP）系统作为 iReCoVeR 架构的核心子系统（架构见图 6.7），通过实时监控关键飞行参数确保航空器始终处于预定义的安全包线范围内。该保护系统采用指令限制架构，重点防范 7 类参数越限：①迎角；②侧滑角；③俯仰角；④坡度；⑤法向过载；⑥空速 / 动压；⑦总能量。系统针对纵向动力学设计分层保护结构，基于各参数临界程度采用动态逆控制算法预测极限工况，必要时生成保护指令；横向 - 航向保护则采用并行控制架构，通过简化的控制律防止坡度与侧滑角超限，并引入俯仰 - 滚转交叉反馈预防急转弯时的速度越限。此外，系统集成总能量管理模块，通过调节发动机推力与减速板偏转维持安全能量状态。具体技术细节可参阅 Tekles 等（2014）、Chongvisal 等（2014）及 Ackerman 等（2015）的专题研究。

　　鉴于 FEP 系统可能对飞行员指令进行动态补偿的特性，必须通过创新的座舱界面设计来增强该自动化功能的透明度，为飞行机组提供充分的系统状态反馈，从而有效预防飞行员、保护系统与飞机三者之间可能产生的负面交互效应。在后续章节中，我们将详细介绍两种新型界面显示方案：第一种方案旨在当 FEP 自动化激活时，通过多模态反馈机制（包括视觉提示、触觉反馈等）使保护系统的决策逻辑和行为对飞行员保持高度透明；第二种方案则针对飞行员选择解除 FEP 自动控制的情况，通过动态可视化技术持续为机组提供基于实时飞行保护包线的安全操作指引信息，确保即使在没有自动化直接干预的情况下，飞行员仍能获得关键的安全边界认知。这两种互补的界面设计方案共同构成了完整的人机协同安全保障体系。

　　这两个显示界面共同构成了图 6.7 所示的自动化"态势感知界面"系统。第一个界面是增强型主飞行显示器（APFD），它在传统通用航空主飞行显示器的基础上，整合了 FEP 系统提供的定量参数（如包线裕度百分比）和定性信息（如安全状态分级）。需要特别说明的是，APFD 虽然能有效展示飞机状态与飞行包线之间的动态关系，但并未向飞行员提供具体的操作建议。为此，我们开发了第二种新型界面——飞行员操作显示（PID），该界面通过多维度信息融合，将飞机实时状态、动态计算的安全包线边界以及操纵装置（驾驶杆、方向舵等）的输入关联起来，形成直观的操作指引。PID 的创新性在于建立了飞机状态 - 包线边界 - 操纵输入之间的直接映射关系，使飞行员能够清晰理解当前操作行为的安全临界状态。

下面详细描述构成自动化"态势感知界面"的这两种显示界面，首先是 APFD，然后是 PID。

增强型主飞行显示器（APFD）

如图 6.8 所示，增强型主飞行显示（APFD）在标准设计基础上新增了三个非标准参数：迎角（AoA）、侧滑角（AoSS）和载荷因子，并通过飞行包线保护（FEP）系统定义的限制进一步强化其功能。本系统采用的预防飞行失控（LoC）框架结合了硬限制和软限制来定义关键飞行参数的包线边界，其中软限制由 Chongvisal 等人（2014）提出的 LoC 预测算法动态计算（该算法集成于图 6.7 所示的 iReCoVeR 架构内）。改进后的飞行参数指示（包括空速、俯仰／滚转姿态、迎角、侧滑角及载荷因子）不仅实时显示当前状态，还直观呈现其与软硬限制包线的相对位置关系。这种设计通过显著标注自动化系统的操作边界，使飞行员能够更清晰地理解自动化介入的逻辑依据。

限制指示的总体设计同时显示硬限制和软限制，其中软限制作为硬限制即将被突破的预警。对于每个测量参数，系统会绘制一条与指示器运动方向平行的黄色线条，标识软限制与硬限制之间的过渡区间。当参数进入该区域即表示已超出软限制，此时需要飞行员谨慎操作以避免触及硬限制。硬限制在过渡区末端以垂直黄色线条标记，一旦参数超出软限制，该垂直线将变为红色以警示飞行员。以图 6.8 中的迎角指示为例：垂直刻度线顶端显示当前迎角值，其上方水平线则代表软限制阈值。如图所示，虽然飞机滚转姿态处于安全包线内（机翼保持水平），但 25 度的俯仰角已超出软限制，触发硬限制指示线由黄转红的警示状态。下文将具体阐述 APFD 显示设计的各个关键要素。

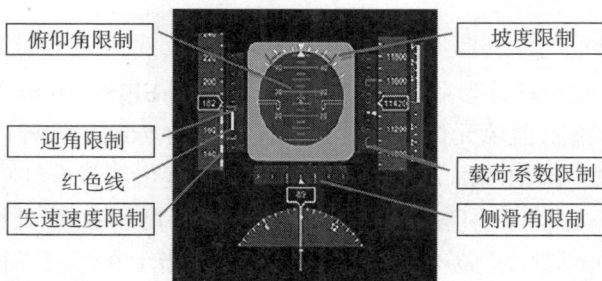

图 6.8　主飞行显示器，其中 FEP（飞行包线保护）限制增强功能已明确标示

空速带

空速指示位于主飞行显示器的左侧，是 T 型布局（又称基本 T 型）的组成部分。该布局由空速、高度和水平俯仰基准杆的指令指示器横向排列构成"T"形结构。空速指示采用垂直刻度带设计，深灰色背景上显示白色数字。主刻度线按每 20 节校准空速（KCAS）标注，次刻度线每 10 KCAS 设置但无数字标记。当前空速值显示在白色边框的方框内，并始终垂直居中于空速刻度带。

为向飞行员提供 FEP 系统计算的空速限制信息，空速带增设了额外的符号标识。一对黄色条带被添加至空速带上方，用于标示 FEP 空速上限：软限制以一条横向贯穿正常刻度线的黄色条带表示，并延伸至代表（动态）硬限制的粗大黄色刻度线（通常为 350 KCAS）。空速下限则通过红白相间的条带叠加在刻度带上呈现，其样式与现行临界低空速的标示规范保持一致。

迎角刻度

迎角指示位于空速刻度带与姿态仪之间，是该机型新增的显示功能，用于表征飞机可能的迎角数值范围。其紧邻空速刻度带的布局设计，便于飞行员在低速等关键飞行阶段快速进行数据比对。区别于传统指示框形式，本系统采用带 V 形标记（类倒置箭头）的滑动条刻度来动态指示当前迎角值。通过适度缩小尺寸并采用差异化配色方案，确保该标尺与相邻空速刻度带形成清晰视觉区分。主刻度线按每 10 度间隔标注数值，次刻度线每 5 度设置但无数字标记。刻度带持续显示迎角整体量程，以提供模拟数据的完整参考框架。

该刻度带整合了飞行包线保护（FEP）系统生成的安全边界标识：上下硬限制与软限制共同标定安全迎角操作范围。其中软限制表现为横向贯穿标准刻度线的黄色条带，硬限制则通过平行于主刻度线的黄色带状标识予以警示。

姿态仪

姿态仪的尺寸设计参照罗克韦尔柯林斯公司 EFIS-700 电子飞行仪表系统的姿态方向指示器单元标准。其显示元素包含传统俯仰梯度：主刻度每 10 度标注一次，次刻度每 2.5 度设置；在 ±50 度位置设有红色 V 形标记，为极端姿态机动提供回中参考。顶部坡度弧在 30 度和 60 度处标注主刻度，每 10 度设置次级刻度。需特别说明的是，坡度指示在倾斜飞行时保持与俯仰阶梯的相对位置关系，而非作为空间方位指示。显示界面严格遵循航空标准配色：0 度俯仰线上方为蓝色背景，下方为棕色背景，当前俯仰角由带微型机翼标志的黑色圆点实时显示。

姿态仪整合了四组飞行包线保护（FEP）限制标识。俯仰限制方面：垂直黄色条带横穿俯仰刻度表示软限制，平行于俯仰阶刻度线的条带则标示正负俯仰硬限制。坡度限制则通过黄色弧线横穿坡度刻度线表示软限制，平行刻度线的黄色条带对应硬限制。

高度带

高度指示采用标准带状仪表设计，位于姿态仪右侧。其刻度系统设置如下：主刻度线按每 200 英尺（60.96 米）间隔标注数值，次级刻度线每 100 英尺设置（无数字标注）。仪表配色方案与空速带保持统一。当前高度值通过标志框实时显示，该显示框的外观设计与空速带指示框保持视觉一致性。

升降速度表

升降速度表采用标准设计，位于高度带右侧，配色方案与空速带保持一致。其刻度系统根据飞机性能特点设置：主刻度线在 1000 英尺、2000 英尺和 6000 英尺 /min 位置标注数值；在 0 ~ 2000 英尺 /min 范围内每 500 英尺 /min 设置次级刻度，在 2000 ~ 6000 英尺 /min 范围内每 2000 英尺 /min 设置次级刻度。当前升降速度值由从零点延伸的白色动态指示条实时显示。该表零点与水平俯仰基准线对齐，并与空速带、高度带的指令框标记保持水平一致。

载荷因子刻度

在姿态仪与高度带之间新增设了一个 Z 轴载荷因子指示器。该显示采用与迎角刻度相似的 V 形标记滑动条设计，用于实时指示当前载荷因子值。相较于相邻的高度带，该刻度在尺寸和色彩显著性上做了适度降低处理。刻度范围设定为 –1 ~ 4 G，主刻度线按每 1 G 间隔标注数值，次刻度线每 0.5 G 设置（无数字标注）。整个载荷因子范围持续显示在刻度带上，提供模拟数据的完整可视化参考。

与其他受保护飞行参数一致，飞行包线保护（FEP）系统生成的上下限制值被叠加在载荷因子刻度上，用以警示飞行员飞机接近包线限制的状态。软限制通过横向贯穿标准刻度线的黄色条带表示，硬限制则采用与主刻度线平行的黄色条带标识。正负硬限制之间的安全载荷因子范围将根据飞机实时飞行状态相对于包线限制的位置动态确定。

侧滑角刻度

侧滑角刻度是该机型新增的飞行参数显示功能，用于直观呈现飞行过程中可能出现的侧滑角范围。该刻度位于姿态仪正下方，采用与迎角刻度和载荷因子标尺相同的布局设计和配色方案。其刻度以零位为基准中心，量程范

围设定为 –15 ～ +15 度，每 5 度设置带数字标注的主刻度线（正值表示右侧滑状态）。这一创新显示方式使传统位于姿态仪顶部的分体式梯形侧滑指示器失去存在必要，故已取消该传统指示装置。

该显示元素集成了飞行包线保护（FEP）系统的动态限制标识。黄色警示条带会随飞机相对于安全包线中软硬限制的位置变化而动态调整：软限制通过横向贯穿标准侧滑刻度的黄色条带呈现，硬限制则显示为与主刻度线平行的黄色条带。这一设计逻辑与其他飞行参数的限制指示保持高度一致。

航向指示

航向指示采用弧形刻度设计，位于侧滑角刻度正下方，与飞行仪表的标准 "T" 形布局完美契合。该显示以 110 度视野范围呈现当前航向信息，航向指令标记框位于弧形刻度顶部中央位置。与传统水平状态指示器一致，基准线向下延伸贯穿整个刻度区域。显示配色严格遵循空速带标准方案。刻度系统设置如下：每 5 度设次级刻度线，每 10 度设主刻度线，每 30 度标注数字航向值。

飞行员输入显示

上述 APFD（增强型主飞行显示）主要用于呈现飞机当前状态及与动态计算的 FEP（飞行包线保护）限制相关的信息。然而，APFD 上附加的飞行包线增强功能并未为飞行员提供直接可操作的信息指引，特别是在飞行员停用 FEP 自动化系统转为手动驾驶的情况下。当 FEP 自动系统激活时，该系统会直接限制飞行员操作以避免潜在包线超限；但当 FEP 自动化停用时，APFD 仅能显示飞机状态与安全包线之间的相对关系，而无法指导飞行员如何通过座舱控制装置维持飞行状态或从超限状态返回安全范围。为更直观地传递与飞行员控制输入相关的安全包线信息，我们专门设计了 PID（飞行员输入显示），将其布置在 APFD 右侧，并在图 6.9（a）和（b）中展示了该显示的两种不同工作模式。

PID 主要由两个组件构成：①方形俯仰 / 滚转指令框；②位于框体下方的水平偏航指令条。这两个组件均标有固定间隔的轴向刻度。其中俯仰 / 滚转框对应驾驶杆全行程运动范围，偏航条则映射方向舵踏板全行程操作范围。

在这两个显示区域内，设有由黄色边框界定的浅灰色矩形安全操作区，该区域会随飞行状态动态调整。将操纵输入限制在此区域内可确保不超出 FEP 系统设定的硬限制。任何超出矩形边界的区域均被明确标示为 "不安全" 操作区 [如图 6.9（a）和（b）中矩形区域的深色部分]。显示区域内设有双重操作指示：首先是带有白色轮廓的蓝色圆形（或条状）标记，实时精确反映飞行员当前的实际操纵指令［如图 6.9（a）和（b）］中矩形深色区域的"靶心"所示），其位置始终与驾驶杆或方向舵踏板的物理位置保持同步；其次是较大的绿色圆形指示器，代表 FEP 系统计算得出的理想安全操纵位置，该标记始终保持在浅灰色安全区内［如图 6.9（a）和（b）］中位于矩形浅色区域上边界"靶心"下方的圆圈所示）。如图 6.9（a）所示，绿色标记会主动跟踪蓝色标记的运动，动态指示最接近飞行员当前操纵指令的安全位置。当飞行员的操纵指令本身就位于安全区内时，这两个标记将完全重合。PID顶部还设有专门的状态指示区，用于实时显示 FEP 系统的激活状态（开启 /关闭），其显示逻辑与后续将详细说明的操作模式直接相关。

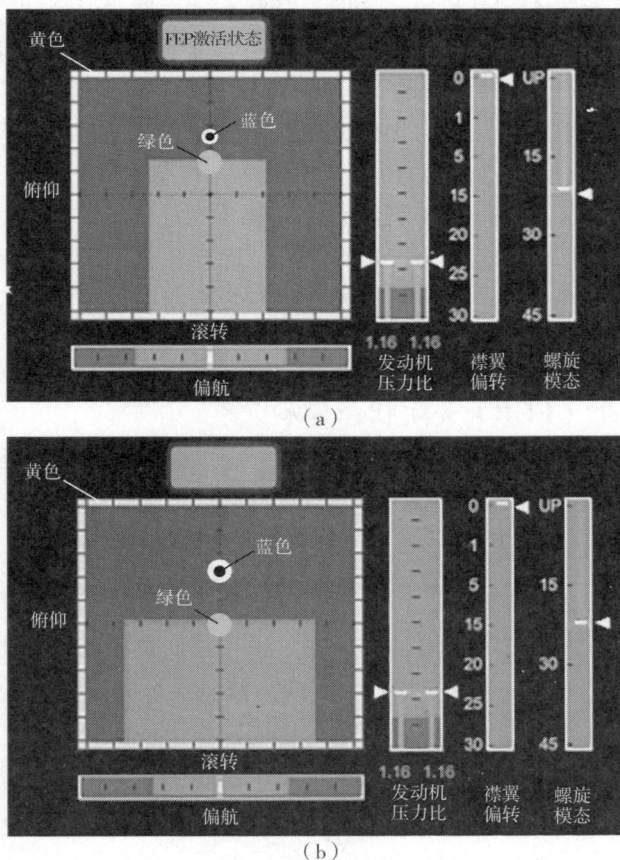

图 6.9 FEP 开启且处于激活状态下的 PID 显示［图（a）］，
FEP 关闭模式下的 PID 显示［图（b）］

飞行包线保护（FEP）开启状态显示

我们的设计动机源于对初期 FEP 飞行试验的关键观察：飞行员往往难以察觉 FEP 自动化系统对飞行控制的干预影响。当系统在复杂飞行场景中自动修正操纵指令时，飞行员会将这些修正动作感知为自身控制权的丧失。尽管控制系统实际上正在有效维持飞行稳定性，但飞行员仍会产生系统在阻碍其操作的错觉。这一现象促使我们将"提升系统透明度"作为 PID 设计的核心目标，通过为飞行员建立清晰的 FEP 活动可视化窗口，使其不仅能构建准确的系统状态认知模型，更能直观理解在某些飞行状态下，FEP 系统为维持安全包线而必须采取的主动补偿机制。

当 FEP 系统处于"开启"模式时，其状态指示器会呈现两种工作状态：在飞行员保持正常飞行状态且所有操纵输入均位于安全包线范围内时，系统处于"待命"状态（FEP Armed），此时状态指示器显示黄色，同时蓝色与绿色指示标记完全重合，表明飞行员拥有完整的飞行控制权；当操纵输入超出安全包线范围时，系统立即切换至"激活"状态（FEP Active），状态指示器转为绿色显示，此时 FEP 系统会自动修正飞行状态使其回归安全范围，蓝色指示标记将移至黄色安全区边界之外，而绿色指示标记则保持在安全范围内，此时系统通过绿色标记提供安全飞行参数指引，飞行员对飞机的直接控制权暂时交由系统接管。

飞行包线保护（FEP）关闭状态显示

该设计虽然主要致力于通过可视化手段向飞行员传达 FEP 系统的自动化状态，但同样支持飞行员在完全关闭 FEP 的情况下操纵飞机。当 FEP 系统关闭时，飞行员将获得飞机的完全控制权限，即使其操作可能导致飞机进入潜在失控状态。在此模式下，FEP 系统仍持续计算并显示安全包线边界及理想控制位置，但不再对飞行员的操纵输入进行任何自动修正。当飞行员的操纵使飞机状态超出安全包线范围时（表现为蓝色指示标记突破黄色边界框），系统会通过以下方式发出警示：蓝色标记周围将出现醒目的红色光环，同时状态指示器切换为红色显示，明确警告飞机已超出安全限制。此时绿色标记仍维持在安全包线范围内，持续指示理想飞行参数。如图 6.9（b）所示案例，飞行员的过度拉杆操作已导致飞机俯仰角超出安全允许范围。

需要特别说明的是，图 6.8、图 6.9（a）、（b）所示的静态界面截图以及相关文字描述，在展现这个集成系统在真实飞行中的动态交互特性方面存在固有局限。为弥补这一不足，我们特别制作了一段 5 分钟的技术演示视频（参见参考文献 FEP Demo，2015），该视频生动呈现了 FEP 系统在不同飞行场景下的实时响应特性，建议读者将其作为理解本章内容的重要补充资料。

实验评估

作为持续性研究的重要组成部分，我们当前正在伊利诺伊模拟实验室开展飞行员在环的设计评估实验。实验平台采用 Frasca 142 飞行模拟器座舱，其传统主飞行显示面板已升级为数字显示屏系统。座舱外围配置了三台高精度投影仪，通过 X-Plane 仿真引擎提供 140 度视场角的外部视觉环境，同时飞行器的物理模型及 FEP 系统核心算法在 Matlab/Simulink 环境中实时运行。现阶段受试者主要来自伊利诺伊大学帕克兰学院航空研究所，招募对象需至少持有私人飞行执照资质的学生与教员群体。后续研究阶段计划扩展至现役商业运输飞行员参与测试，以获取更全面的评估数据。

小　结

本研究致力于开发创新的人机交互可视化方法，通过增强自动化系统信息的显著性呈现来提升飞行员的情境感知能力。我们的核心观点认为，许多事故的根本原因既非自动化系统故障，也非飞行员训练或技能缺陷，而在于人机系统间缺乏有效的状态沟通机制。研究结果表明，基于安全包线的可视化解决方案能有效改善这一状况，相关成果不仅适用于航空自动化控制领域，还可推广至其他人机协同作业场景。后续研究将基于现有飞行模拟器实验数据，重点开发具有跨领域适用性的通用人机交互方法。

结　论

本章旨在提出区别于主流自动化设计范式的替代方案。当前主流方法普遍建立在"替代范式"基础上，即假定自动化系统能够完全接管人类原有的功能与作业流程。而我们的方案植根于一个根本前提：在可预见的未来，无论自动化技术如何发展，人类仍将在各类技术系统中保持不可替代的作用。当同行质疑我们为何执着于探索这类替代方案时，他们往往低估了我们技术发展的潜力，或过度关注当前技术局限——这些局限恰恰是现阶段我们无法将人类完全移出控制回路的关键原因。

需要特别澄清的是，我们对技术创新的热忱丝毫不逊于同行，区别仅在于我们对工程想象边界的审慎认知：任何运行于开放环境（即非完全受控环境）的系统都必然面临意外工况，这些工况需要即时的人为应对。本章提出的人机协同设计方案绝非否定自动化的价值，而是主张通过增强自动化透明度来放大其优势——确保操作人员能准确理解自动化系统的决策逻辑与行为依据。这一设计哲学的合理性在于：当面对突发复杂情况时，人机协作产生的协同效应将显著超越单独运作的简单叠加。

致谢声明

本研究获得美国国家航空航天局（艾姆斯研究中心／兰利研究中心）和美国国家科学基金会信息物理系统（CPS）项目（资助号#1330077）的联合资助。特别感谢 Bettina Beard、John Holbrook、Anna Trujillo、Christine Belcastro、Michael Byrne、Yijing Zhang、David Bauer 和 Irene Gregory 等专家在研究过程中提供的专业指导和富有成效的讨论，同时衷心感谢本卷编辑提出的建设性意见，这些建议显著提升了研究成果的呈现质量。本章部分内容基于以下已发表研究成果改编：① Kirlik 等（2015）在 2015 年国际航空心理学研讨会发表的《支持态势感知与预防失控的人机关系重构》；② Riddle 等（2012）收录于美国人因与工效学会第 56 届年会论文集的《飞机起飞排序任务中可视化与指令型决策辅助的对比研究》（已获授权）；③ Ackerman 等（2015）在 AIAA 航空信息技术会议（佛罗里达州基西米）发表的《面向飞行员态势感知增强的飞行包线可视化系统》（AIAA 2015—1112）。

原著参考文献

Ackerman, K., Xargay, E., Talleur, D. A., Carbonari, R. S., Kirlik, A., Hovakimyan, N., Gegory, I. M., Belcastro, C. M., Trujillo, A., & Seefeldt, B. D. (2015). Flight envelope information-augmented display for enhanced pilot situational awareness. *AIAA Infotech @ Aerospace*. Kissimmee, FL. (AIAA 2015-1112).

Amelink, M. H. J., Mulder, M., Van Paassen, M. M., & Flach, J. M. (2005). Theoretical foundations for a total energy-based perspective flight-path display. *The International Journal of Aviation Psychology*, *15*(3), 205-231.

Belcastro, C. M. (2011). Aircraft loss of control: Analysis and requirements for future safetycritical systems and their validation. *Control Conference (ASCC), 2011 8th Asian*, 399-406.

Belcastro, C. M. (2012). Loss of control prevention and recovery: Onboard guidance, control, and system technologies. *AIAA Guidance, Navigation, and Control Conference*. Minneapolis, MN. (AIAA-2012-4762).

Belcastro, C. M., & Jacobson, S. R. (2010). Future integrated systems concept for preventing loss-of-control accidents. *AIAA Guidance, Navigation, and Control Conference*. Toronto, Canada. (AIAA-2010-8142).

Bennett, K. B., & Flach, J. M. (2011). *Display and interface design: Subtle science, exact art*. Boca Raton, FL: CRC Press.

Billings, C. E., & Woods, D. D. (1994). Concerns about adaptive automation in aviation systems. In M. Mouloua & R. Parasuraman (eds.), *Human performance in automated systems:Current research and trends* (pp. 264-269). Hillsdale, NJ: Erlbaum.

Borst, C., Flach, J. M., & Ellerbroek, J. (2014). Beyond ecological interface design: Lessons from concerns and misconceptions. *IEEE: Systems, Man, and Cybernetics*, *99*, 1-12.

Borst, C., Mulder, M., & Van Paassen, R. (2015). Delft ecological design, TU Delft. Retrieved from http://www.delftecologicaldesign.nl/research/ (accessed January 13, 2017).

Brinton, C., Lindsey, J., & Graham, M. (2010). The surface operations data analysis and adaptation tool: Innovations and applications. *Proceedings of the IEEE/AIAA 29th Digital Avionics Systems Conference*, (pp. 1.B.5.1-1.B.5.11). Salt Lake City, UT: IEEE.

Burns, C. M. (2013). Ecological interfaces. In J. D. Lee & A. Kirlik (eds.), *The Oxford handbook of cognitive engineering*. New York: Oxford University Press.

Burns, C. M., & Hajdukiewicz, J. (2004). *Ecological interface design*. Boca Raton, FL: CRC Press.

Casner, S. M., & Schooler, J. (2014). Thoughts in flight: Automation use and pilots' task-related and task-unrelated thought. *Human Factors*, *56*(3), 433-442.

Chongvisal, N. T., Tekles, N., Xargay, E., Talleur, D. A., Kirlik, A., & Hovakimyan, N. (2014). Loss-of-control prediction and prevention for NASA's Transport Class Model. *AIAA Guidance, Navigation and Control Conference*. National Harbor, MD. (AIAA 2014-0784).

Conner, K. J., Feyereisen, J., Morgan, J. & Bateman, D. (2012). Cockpit displays and annunciation to help reduce loss of control (LOC) or lack of control (LAC) accident risks. *AIAA Guidance, Navigation and Control Conference*. Minneapolis, MN. (AIAA 2012-4763).

Degani, A., & Heymann, M. (2002). Formal verification of human-automation interaction. *Human Factors*, *44*(1), 28-43.

Endsley, M. (1993). Situation awareness and workload: Flip sides of the same coin. *Proceedings of the Seventh International Symposium on Aviation Psychology* (pp. 906-911). Columbus, OH: Ohio State University, Department of Aviation.

Endsley, M. R., & Kiris, E. O. (1995). The out-of-the-loop performance problem and level of control in automation. *Human Factors*, *37*(2), 381-394.

Erzberger, H. (2004). Transforming the NAS: The next generation air traffic control system. *24th International Congress of the Aeronautical Sciences*. Yokohama, Japan: International Congress of Aeronautical Sciences.

FEP Demo (2015). Retrieved from: https://www.youtube.com/watch?v=gLZpFfXwGVQ#t=282

(accessed January 13, 2017).

Flach, J. M. (2017). Supporting productive thinking: The semiotic context for cognitive systems engineering (CSE). *Applied Ergonomics*, *59*(Part B), 612-624.

Flemisch, F. O., Adams, C. A., Conway, S. R., Goodrich, K. H., Palmer, M. T., & Schutte, P. C. (2003). *The H-metaphor as a guideline for vehicle automation and interaction*. Hampton, VA: NASA Langley Research Center. (NASA/TM-2003-212672).

Hadley, G. A., Prinzel, L. J., Freeman, F. G., & Mikulka, P. J. (1999). Behavioral, subjective and psychophysiological correlates of various schedules of short-cycle automation. In M. W. Scerbo & M. Mouloua (Eds.), *Automation technology & human performance* (pp. 139-143). Mahwah, NJ: Erlbaum.

Hoang, T., Jung, Y., Holbrook, J., & Malik, W. (2011). Tower controllers' assessment of the Spot And Runway Departure Advisor (SARDA) concept. *9th USA/Europe Air Traffic Management Research and Development Seminar*, June 14-17. Berlin, Germany:EUROCONTROL.

Hovakimyan, N., & Cao, C. (2010). *L_1 adaptive control theory*. Philadelphia, PA: Society for Industrial and Applied Mathematics.

Hovakimyan, N., Cao, C., Kharisov, E., Xargay, E. & Gregory, I. M. (2011). L_1 adaptive control for safety-critical systems. *IEEE Control Systems Magazine*, *31*(5), 54-104.

Jamieson, G. A., & Vicente, K. J. (2005). Designing effective human-automation-plant interfaces: A control-theoretic perspective. *Human Factors*, *47*(1), 12-34.

Jung, Y., Hoang, T., Montoya, J., Gupta, G., Malik, W., Tobias, L., & Wang, H. (2011). Performance evaluation of a surface traffic management tool for Dallas/Fort-Worth International Airport. *9th USA/Europe Air Traffic Management Research and Development Seminar*. Berlin, Germany: EUROCONTROL.

Kaber, D. B. (2012). Adaptive automation. In J. D. Lee & A. Kirlik (eds.), *The Oxford handbook of cognitive engineering* (pp. 594-609). New York: Oxford University Press.

Kirlik, A. (1995). Requirements for psychological models to support design: Toward ecological task analysis. In J. Flach, P. Hancock, J. Caird, & K. J. Vicente (eds.), *Global perspectives on the ecology of human-machine systems*. Hillsdale, NJ: Erlbaum.

Kirlik, A., Walker, N., Fisk, A., & Nagel, K. (1996). Supporting perception in the service of dynamic decision making. *Human Factors*, *38*(2), 288-299.

Lafrance, A. (2015). The high stakes race to rid the world of human drivers. *The Atlantic Monthly,* December 1, 2015.

Lee, H., Snyder, S., & Hovakimyan, N. (2014). An adaptive unknown input observer for fault detection and isolation of aircraft actuator faults. *AIAA Guidance, Navigation and Control Conference*. National Harbor, MD. (AIAA-2014-0026).

Mulder, M. (2014). Ecological flight deck design—The world behind the glass. In M. A. Vidulich, P. S. Tsang, & J. M. Flach (eds.), *Advances in aviation psychology* (1st ed.) Burlington, NJ: Ashgate Publishing Ltd.

Norman, D. A. (1990). The "problem" with automation: Inappropriate feedback and interaction, not "over-automation". *Philosophical Transactions of the Royal Society B: Biological Sciences*, *327*(1241), 585-593.

Parasuraman, R. (1997). Humans and automation: Use, misuse, disuse, abuse. *Human Factors*, *39*(2), 230-253.

Parasuraman, R., Sheridan, T., & Wickens, C. (2000). A model for types and levels of human interaction with automation. *IEEE Transactions on Systems, Man, and Cybernetics- Part A: Systems and Humans*, *30*(3), 286-297.

Parasuraman, R., & Wickens, C. (2008). Humans: Still vital after all these years of automation. *Human Factors*, *50*(3), 511-520.

Rasmussen, J. (1986). *Information processing and human-machine interaction: An approach to cognitive engineering*. New York: North-Holland.

Sarter, N. B., & Woods, D. D. (1995). How in the world did we ever get into that mode? Mode error and awareness in supervisory control. *Human Factors*, *37*(1), 5-19.

Seppelt, B. D., & Lee, J. D. (2007). Making adaptive cruise control (ACC) limits visible. *International Journal of Human-Computer Studies*, *65*(3), 192-205.

Sheridan, T. (2002). *Humans and automation: Systems design and research issues*. New York: Wiley.

Smith, A., Evers, C., & Cassell, R. (1996). Evaluation of airport surface surveillance technologies: Radar. *Proceedings from CIE International Conference on Radar* (pp. 535-538). Beijing, China.

Tekles, N., Xargay, E., Choe, R., Hovakimyan, N., Gregory, I., & Holzapfel, F. (2014). Flight envelope protection for NASA's transport class model. *AIAA Guidance, Navigation, and Control Conference*. National Harbor, MD. (AIAA-2014-0269).

Vicente, K., & Rasmussen, J. (1992). Ecological interface design: Theoretical foundations. *IEEE Transactions on Systems, Man, and Cybernetics*, *22*(4), 589-606.

Wickens, C. D. (2008). Multiple resources and mental workload. *Human Factors Golden Anniversary Special Issue*, *3*, 449-455.

Wickens, C. D., & Hollands, J. G. (2000). *Engineering psychology and human performance* (3rd ed.). Upper Saddle River, NJ: Prentice-Hall.

Wickens, C. D., Mavor, A., Parasuraman, R., & McGee, J. (1998). *The future of air traffic control human operators and automation*. Washington, DC: National Academy Press.

撰稿人介绍

Kasey Ackerman（凯西·阿克曼），美国伊利诺伊大学厄巴纳 - 香槟分校（UIUC）机械科学与工程专业博士研究生，研究方向为航空飞行控制系统，现为美国国家航空航天局（NASA）实习生、学者和研究员团体成员。作为 NASA 兰利研究中心动态系统与控制部的前暑期研究员，凯西曾三次参与该机构的研究项目，主要探索先进控制与推进系统的前沿技术。

Ronald Carbonari（罗纳德·卡博纳里），美国伊利诺伊大学厄巴纳 - 香槟分校贝克曼研究所程序员，研究方向为人机交互模拟。罗纳德在航空安全研究与教育领域深耕 25 年，凭借卓越的专业能力和不懈努力，为该领域的发展做出了重要贡献。

Naira Hovakimyan（娜伊拉·霍瓦基米安），担任 W. Grafton 和 Lillian B. Wilkins 冠名的机械科学与工程教授（高校的一种荣誉教职头衔）。1992 年获得莫斯科俄罗斯科学院应用数学研究所物理学和数学博士学位，研究方向为最优控制与微分对策理论，在鲁棒自适应控制系统领域享有国际声誉，特别是在航空工程应用方面做出了开创性贡献。2015 年，荣获女性工程师协会成就奖，以表彰她在新型控制方法学发展方面的重大突破及其在航空航天领域的创新应用。

Alex Kirlik（亚历克斯·柯里克），美国伊利诺伊大学厄巴纳 - 香槟分校计算机科学系教授及贝克曼研究所核心研究员，专注于人因工程、认知科学与工程及人机交互领域的跨学科研究，在人机交互领域的理论创新与实践应用方面享有盛誉。亚历克斯拥有俄亥俄州立大学工业与系统工程（人机系统方向）博士学位，曾在乔治亚理工学院、斯坦福大学、耶鲁大学、康涅狄格大学以及美国国家航空航天局艾姆斯研究中心和自由互助研究所等多所知名科研机构学习或开展合作。其核心贡献集中在人类判断建模、态势感知解析及专业技能表现优化等方向。作为学术出版领域的引领者，亚历克斯与 John D. Lee 共同主编了权威著作《牛津认知工程手册》，并独立负责《牛津人机交互系列》的编辑工作，这些著作已成为该领域的标志性参考文献。

Kenyon Riddle（凯尼恩·里德尔），美国佛罗里达州奥兰多市 Aptima 公司人因工程科学家，伊利诺伊大学厄巴纳 - 香槟分校人的因素硕士，研究方向为人机交互。

Benjamin Seefeldt（本杰明·西费尔特），毕业于美国伊利诺伊大学厄巴纳 - 香槟分校计算机科学系，获硕士学位，研究涵盖人机交互、人 - 自动化协作、数据可视化、机器学习等前沿领域，并特别关注技术发展对社会人际关系的深层影响。目前，西费尔特先生在约翰迪尔公司担任用户体验开发研究员。

Lui Sha（吕·沙），美国伊利诺伊大学厄巴纳 - 香槟分校计算机科学系 Donald B. Gillies 冠名教授。1985 年获得卡内基梅隆大学博士学位，1988 年加入伊利诺伊大学任教至今，其研究聚焦软件工程验证与形式化方法。2016 年荣获 IEEE Simon Ramo 奖，以表彰其在实时系统工程基础理论、实践应用和标准化方面的开创性贡献。其中，关于实时系统调度理论和安全关键系统设计的创新成果，已成功应用于 GPS 全球定位系统、国际空间站和火星探路者等多个重大航天项目。

Donald Talleur（唐纳德·塔勒尔），美国帕克兰学院航空学院副首席飞行教员，拥有伊利诺伊大学心理学硕士学位，兼具深厚的学术背景与丰富的航空实践经验。作为一名资深飞行教官，唐纳德在航空安全研究与教育领域培养了大批优秀航空人才。

Enric Xargay（恩里克·萨尔盖），作为技术创始人兼董事，领导着一家专注于自主系统控制技术研发的创新型科技企业，致力于将学术研究成果转化为实际工程应用。恩里克获得美国航空航天工程博士学位后，曾在伊利诺伊大学厄巴纳 - 香槟分校担任博士后研究助理，学术研究期间主攻先进飞行控制系统的研发，凭借突出的科研贡献荣获航空航天工程系 Roger A. Strehlow 纪念奖，展现了卓越的研究潜力。

第七章

无人机任务管理中认知代理系统的差异化反馈实验评估

塞巴斯蒂安·克劳斯，伊丽莎白·登克，阿克塞尔·舒尔特

近年来，军用无人机（Unmanned Aerial Vehicle，UAV）任务管理（Clauß & Schulte，2014；Theißing & Schulte，2014）以及 UAV 领域的人机自主协作（Cummings，Bruni，Mercier，& Mitchell，2009；Strenzke & Schulte，2011）已成为研究重点。现代无人机系统通过集成先进的自动化技术（如智能自动驾驶系统），显著优化了人机协作效能。这类技术不仅有效分担了操作人员在高强度感知 - 运动协调任务中的认知负荷，更通过精准的环境感知与自主决策能力，大幅提升了任务执行的精度与整体作业效能。在此模式下，操作人员不再直接进行手动操控，而是通过自动化系统实施间歇性控制。这种操作范式使得人类监督者（Human Supervisor，HS）必须对自动化系统运行状态保持不同程度的持续监控，学界将这种控制关系定义为人员监督控制（Human Supervisory Control，HSC）（Sheridan，1992）。

根据 Sheridan（1992）的理论框架，人类监督者主要承担五项核心监督职能：首先是目标确定与策略制定，包括基于给定方法探索可行的实现路径（计划阶段）；其次向自动化系统输入控制指令（参数设定）；同时持续监控自动化系统的执行过程以确保操作正确性（监控）；在必要时实施干预操作（干预）；最后通过经验积累优化后续操作（学习）。人类监督者独特的认知能力使整个系统能够有效应对环境突变与无人机状态变化，从而妥善处理各类不可预见的异常情况。

在此过程中，人类监督者需要处理来自各类自动化功能的多样化反馈信息，这些功能为实现更广泛的任务适应性而被设计得日益复杂。虽然自动化技术的初衷在于辅助操作人员，但系统监控复杂度的提升反而可能加剧操作

人员的认知负荷。针对这一现象，Bainbridge（1983）提出了自动化两大悖论：其一是人为差错从手动控制环节转移至自动化功能的设计与实现环节；其二是 Wiener（1988）提出的"笨拙自动化"现象——在低压力情境下表现良好，却无法应对高强度工作场景。Billings（1997）进一步总结了有人机飞行中自动化监督的四大代价：系统复杂性、功能脆弱性、运行不透明性和行为机械性，这些特性可能诱发新型人因失误，成为复杂自动化系统的故障诱因。

为避免无人机在制导与任务管理中出现类似问题，我们开发了具备扩展反馈能力的认知代理系统（Cognitive Agent System，CAS）。本研究详细阐述了该机载认知代理系统的开发与评估流程：系统通过整合通用任务信息、专用任务数据及专属感知结果，为无人机操作员提供智能决策支持。现代无人机自动化功能虽能减轻复杂控制任务的负担，但"笨拙自动化"可能引发附加工作负荷及人因失误风险。借鉴人类协作中的委托 - 合作范式，我们为无人机设计了可监督常规自动化系统的认知代理，其新型交互模式旨在降低工作负荷并增强作业效能。模拟实验验证了代理提供的两类反馈机制效果，结果表明扩展反馈对无人机操作员（特别是在任务重规划场景中）具有显著影响，证实了此类反馈机制在高度自动化无人机任务制导系统中的应用价值。

代理监督控制

为应对上述挑战，应采用具备高级认知能力的自动化技术辅助操作人员，并基于人类协作中的委托 - 合作范式开发新型交互模式。我们在无人机系统中集成了高级认知功能模块，包括决策生成、问题求解和任务规划能力。通过部署具有特定认知能力的智能体（认知代理），实现对现有常规自动化系统的智能化监管。根据认知自动化理论（Onken & Schulte，2010），该代理在操作人员监督下运行，作为辅助认知单元，在飞行员任务管理层与高度自动化的无人机导航 / 制导 / 控制层之间建立智能桥梁。

如图 7.1 所示，集成认知代理作为智能监督者管理自动化无人机系统，使操作人员只需与单一代理交互而无须直接应对多个功能模块。在给定任务目标与约束条件下，操作人员决定如何最优部署半自主无人机系统。其运作遵循委托 - 执行范式：人类将目标委托给认知代理，代理利用认知能力生成可执行方案。通过内置知识库，代理在任务需求与具体自动化操作间进行转译，协调底层系统运行（但无权自行修改或指定目标，参见 Onken & Schulte，2010）。作为监督控制器，代理为常规自动化系统设定操作参数与指令并监

控执行。这种认知代理、常规自动化与无人机系统的关系，最适用 Clauß 等
（2013）提出的"代理监督控制（Agent Supervisory Control，ASC）"概念
来描述。在人员监督控制（Human Supervisory Control，HSC）框架下，认
知代理作为智能助手，运用认知能力执行原属人类的任务，并向操作人员
提供符号化反馈。该系统部署于任务环境中，负责飞行操作与载荷任务执
行，同时持续监测包括任务实体、状态更新及系统威胁在内的全维态势。

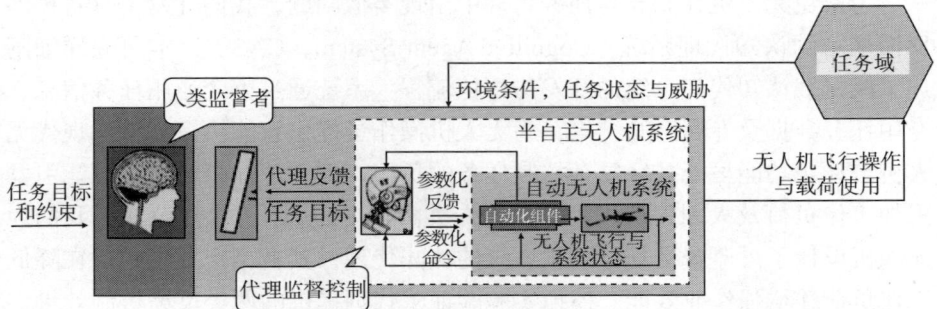

图 7.1　配备认知代理监督的半自主无人机工作系统

如图 7.2 所示，无人机系统的制导层级架构通过 ASC（代理监督控制）
循环实现了功能增强，形成了新的控制层级。在该架构中，认知代理呈现独
特的双重指令特征：一方面作为底层自动化系统的指挥中枢与监控主体，负
责生成控制指令并监督执行；另一方面作为人类监督者的智能执行单元，接
收高层任务指令并转化为具体操作。这种双重角色使认知代理既能确保自动
化系统的精确运行，又能保持与操作人员的高效协同。

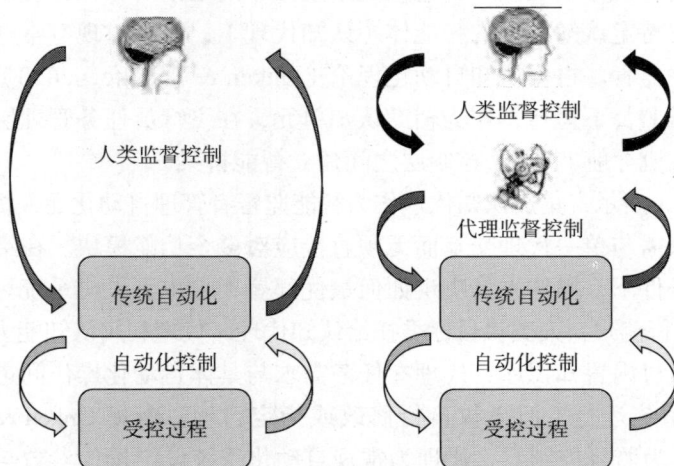

图 7.2　ASC 概念下的制导层级体系

ASC 中的代理反馈机制

在半自主无人机系统的监督控制架构中，操作人员必须持续获取系统性能监控信息以确保必要的干预能力（如任务重规划等关键操作）。该系统始终保障操作人员拥有两项核心的控制权限：任务委派权（将任务交由认知代理执行）和直接操控权（通过底层自动化系统实施手动操作）。操作人员对任务委派（含参数设定）的决策依据主要来自系统提供的两类关键反馈：认知代理能力评估报告和实时性能表现数据（Leana，1986；Parasuraman & Riley，1997）。这些反馈信息构成了人机协同的核心交互要素——虽然常规自动化系统的人员监督控制已有成熟的交互框架，但我们进一步提出双向信息流优化方案，该方案既能实现任务委派参数的动态校准，又能为操作人员提供完备的系统状态反馈，从而显著提升监督控制效能。

Parasuraman 和 Riley（1997）提出的任务委派标准框架已被我们适配到认知代理系统（图 7.3），其核心决策维度是操作人员对认知代理的信任度——即操作人员将任务委托给代理的意愿程度。该信任度受多重动态因素影响：首先是操作人员自身手动执行任务的信心水平；其次为当前生理状态（如疲劳程度）；再者包括对任务失败风险的评估；最关键的是操作人员对自动化系统的整体信任度，这种信任建立在两个认知基础上：一是对自动化系统实时状态与行为的理解（状态学习），二是对认知代理任务执行能力的专业评估。这些因素共同构成了人机任务分配决策的量化依据。

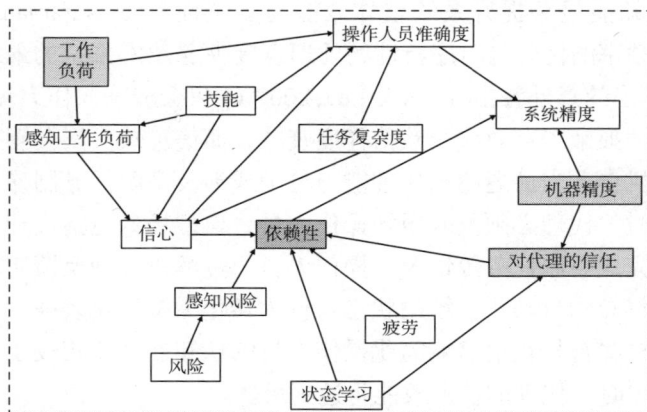

图 7.3　人类向认知代理委派任务的标准（参见 Parasuraman&Riley，1997）

注：受代理行为直接影响的判断标准已作突出显示

　　我们基于研究确定了三项关键的任务委派标准（机器精度、自动化信任度与工作负荷），这些标准直接受到认知代理行为的影响，并可通过代理与系统设计进行优化调控（参见图 7.3 突出显示部分）。其中，机器精度表征半自主工作系统（含代理及常规无人机功能）执行委派任务的胜任程度，操作人员对任务执行充分性的感知构成其信任代理监督能力的基础。代理表现评估遵循 Klein 等（2004）提出的三维度模型：可操控性（操作响应能力）、行为可预测性（状态演变规律）以及任务完成满意度（目标达成质量），这些行为特征帮助操作人员预判系统未来行为并评估代理的持续胜任力。Lee 与 See（2004）强调，当系统复杂度超出操作人员理解范围或执行非预设策略时，对下级自动化系统的校准信任（即准确评估系统能力的信任）尤为关键。在 ASC 框架下，代理行为必须遵循信任校准原则（Lee & See，2004），使操作人员能精准判断代理能力边界以做出合理委派决策。根据 Lee 与 Moray（1992）的理论，代理通过三类信息建立信任基础：①性能信息（实时任务内容、执行质量与系统状态），操作人员借此推断代理的能力可靠性；②过程信息（工作原理与任务执行方法），帮助构建对代理工作模式的系统性认知；③目的信息（设计初衷与目标），当代理目标与任务需求匹配时，可显著增强操作人员的信任延伸度。这些信息交互直接影响操作人员的感知 - 运动负荷与认知负荷水平。

　　代理向操作人员传递信息的形式显著影响信任建立过程，这种适用于 ASC 关系与任务委派场景的交互模式可定义为"交互规范"（Miller，2002）。该规范要求系统明确认知代理的角色定位与任务上下文环境，这种双重认知能显著提升系统整体效能与安全性（Parasuraman & Miller，2004）。交互频率的优化与时序特性的处理直接决定 ASC 系统的最终效益——研究表明，不当的意外警报（Lees & Lee，2007）不仅会徒增操作人员工作负荷，还可能引发"狼来了"效应导致信任度衰减；而信息缺失则会剥夺操作人员的关键干预机会。当遭遇超出代理能力范围或涉及高阶任务制导（需人类决策）的情况时，代理必须及时通知操作人员，典型场景包括代理无法在预设边界条件下完成委派任务等情况。操作人员通过解析代理反馈实施监控，而代理则负责将异构自动化系统的状态与行为转化为符号化表征。从工作负荷角度看，当这些符号化信息能简化操作人员的认知处理（相较于直接监控原始异构系统）时，代理的辅助效能将达到最优。

基于任务制导方法中的反馈机制实现

本研究采用任务型无人机制导（Task-Based UAV-Guidance，TBG）方法作为核心委派理念，该方法最初由 Uhrmann 和 Schulte（2011）在多无人机协同场景中提出。TBG 方法的本质特征在于：操作人员仅需向认知代理传达任务目标意图，而无须为多个自动化组件制定逐步的操作指令序列。这种范式将操作人员的角色定位提升至战略决策层，只需明确"完成什么任务"，而不必规定"如何完成任务"的具体行动路径（Clauß & Schulte，2014），在军事侦察等典型应用场景中展现出显著优势。TBG 设计哲学源自操作人员间的任务委派模式，有效解除了操作人员将战略意图转化为具体自动化指令的认知负担。根据 Theißing 和 Schulte（2013）的研究框架，多任务可通过任务议程实现组合调度，该议程包含具体任务项、中间步骤及其边界条件约束。操作人员在委派前需验证议程可行性，而代理则在自主系统控制概念下执行监督功能。基于 Theißing、Kahn 和 Schulte（2012）提出的任务处理结构，规划过程可分解为三个连续的阶段化处理模块。

如图 7.4 所示，以侦察任务为例的认知代理任务议程处理流程包含三个关键规划阶段：①任务议程补全阶段，代理通过智能推理自动填补操作人员未明确指定但实现目标必需的任务项，同时严格遵循预设约束条件，确保任

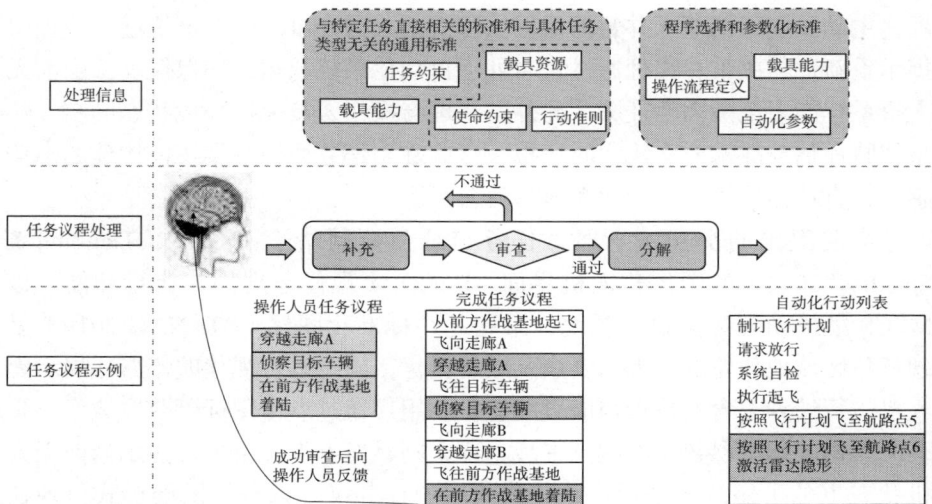

图 7.4　认知代理在规划阶段基于预设信息进行任务议程处理

务逻辑完整性；②议程合规审查阶段，代理基于整体任务约束和行动规则对补充后的议程进行冲突检测，识别因任务约束冲突或无人机资源限制导致的不可行问题，并将审查结果（含完整议程或失败原因说明）呈现给操作人员决策；③行动方案生成阶段，审查通过后，代理将议程分解为可执行的参数化行动列表，通过预定义操作规范将任务转化为控制指令。在后续任务实施阶段，代理持续从行动列表中提取具体自动化指令并监控执行过程。

当遭遇外部环境或系统状态变化时，认知代理将启动任务议程的自主重评估流程：若现有行动列表仍具可执行性，则维持原计划实施；若需确保任务有效执行，则进行行动参数动态调整。当参数调整影响任务议程根本有效性时，代理将重新执行完整的初始委派处理流程。这种机制使代理能够在多数情况下自主推导替代议程并实施，充分体现基于目标的 TBG 方法优势。与初始流程一致，代理会将完整的修订后议程作为关键过程信息反馈至操作人员。仅在代理无法推导有效议程的极端情况下（如环境剧变超出自主处理能力），代理才会中止任务执行并请求人工干预，此时系统将明确提示操作人员需制定新指令。

认知代理通过两类反馈信息（事件相关信息和事件独立信息）扩展并支持操作人员的监控职能。针对标准事件（如任务启动与完成），代理提供规范化信息流以增强操作人员对系统行为的理解；同时持续输出代理状态、目标设定、当前议程及执行状态等核心数据，这些信息构成操作人员评估代理性能与任务执行能力的关键依据。当任务执行需操作人员授权或协助时，代理将主动发起通信请求并暂停议程执行直至获得许可——若遭拒绝，代理将提示重新评估决策。代理通过实时处理自动化系统数据，确保仅委派当前无人机系统能力范围内的任务。此外，代理与操作人员保持环境状态同步，共享威胁评估与战术要素等实时情报，这些基于任务环境真实实体构建的态势感知，直接指导代理的行动规划与动态调整。

当前提出的交互概念通过任务与载荷控制站（MPCS）（Theißing & Schulte，2014）的图形化人机界面（HMI）实现任务规划与执行功能。该 MPCS 集成动态地图显示系统，采用北约标准化图标（STANAG 2019）呈现任务区域地理轮廓、战术要素及威胁目标，同时以可视化航迹形式展示无人机飞行计划（含航路点与航段配置）。用户通过点击图标可获取战术要素及无人机的详细参数，右键点击战术要素则触发上下文菜单，显示当前无人机状态下的可用战术选项。系统将生成的任务议程以叠加图层形式呈现在 MPCS 界面左上角的专用显示区，认知代理接收后会在战术要素间添加带特定任务图标的箭头标识。经代理审查完成的议程则以"无人机代理计划"形式显示于界面左下角，同步更新任务执行状态以实现全程监控。代理发起的通信信息通过地图区域浮动文本框呈现，其中故障信息会明确标注故障类型、根本原因及关联的战术要素或无人机能力模块。

最终实现的交互界面被定义为配置 B（参见图 7.5 右侧），为评估认知代理反馈设计的实际效果，同步设计了基准配置 A（图 7.5 左侧）作为对照。配置 A 在认知代理的核心算法与系统架构上与配置 B 完全一致，但仅向无人机操作员提供无人机位置及当前飞行计划的基础图形信息，刻意屏蔽了代理的决策意图、详细计划及任务执行状态等关键信息。在此配置下，无人机操作员可不受无人机当前能力限制自由指派任务。需特别说明的是，配置 A 保留了代理主动通信功能，但其故障提示仅包含故障类型标识，不提供故障根源分析或相关战术要素说明等深度信息，与配置 B 形成显著差异。

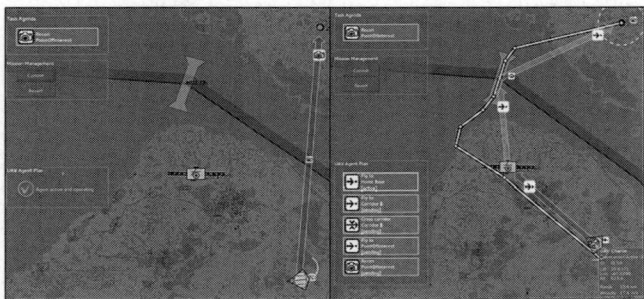

图 7.5　MPCS 动态地图与任务规划显示界面（左·配置 A；右·配置 B）

实验评估

实现无人机操作员与自动化系统间的符号化通信是任务型无人机制导（TBG）方法的核心要素。本研究基于以下假设展开：即使保持代理的决策与控制算法不变，其反馈信息的内容与形式仍将显著影响系统整体性能。实验重点探究了代理反馈机制对无人机操作员任务规划质量、指令有效性及动态重规划能力的影响效应。采用 Clauß 和 Schulte（2014）提出的高级认知代理架构，从三个关键维度进行评估：①人类操作绩效（任务完成效率与准确性）；②系统重规划能力（应对突发状况的适应性）；③人机信任度（无人机操作员对代理的依赖程度）。实验通过对比扩展反馈系统（配置 B）与基准反馈系统（配置 A）的性能差异，验证不同反馈模式的实际效果。

研究方案与系统配置

本研究采用带次级任务的组内设计方法（Borchers，2014；Werner，2014），以认知代理的反馈配置（配置A/B）作为核心自变量。为确保实验效度，我们开发了具有相同结构框架的双任务对比方案（任务Ⅰ/Ⅱ，详见实验流程），通过严格的任务可比性设计保证过程数据有效性。受试者被随机分为两组：第一组执行"配置A（有限反馈）+任务Ⅰ→配置B（扩展反馈）+任务Ⅱ"的测试序列，第二组则采用反向的"配置B→任务Ⅰ→配置A→任务Ⅱ"测试序列。为消除顺序效应及任务间溢出效应（spillover effect），采用完全随机化方法分配任务顺序。实验过程中在预设时间节点暂停任务执行，要求受试者完成标准化问卷调查。

实验假设：与配置A相比，配置B能够降低操作人员的工作负荷、减少规划工作量和降低错误率，同时还可提高操作人员的态势感知能力、优化注意分配模式、增强对自动化系统的信任度、改善视觉感知效果，以及提高对系统的接受度。为了验证这些假设，我们将这些概念转化为以下可量化的具体指标。

为了客观评估操作人员在任务委派和手动重新规划中的表现，我们采用错误率作为核心性能衡量指标，同时结合人机交互时间和交互次数进行综合量化分析。通过载荷控制站（MPCS）系统的内置日志功能，我们精确记录了操作人员在交互过程中的耗时及鼠标或触屏点击次数。在任务规划和重新规划场景中，交互时间的计算始于操作人员首次输入操作，止于最终成功完成任务委派，该指标通过触控显示屏的操作数据（点击次数）与任务监控期间采集的眼动追踪数据共同实现量化。错误率定义为操作人员在最终正确委派前错误制定任务议程的次数，以此反映操作过程中的准确性和效率。

在主观绩效评估方面，我们采用三种问卷工具在任务执行间歇期和任务完成后收集受试者反馈。NASA-TLX量表（Hart & Staveland，1988）用于评估受试者在任务执行关键节点（包括初始任务委派后、监控阶段及手动重新规划后）的主观工作负荷，该量表包含六个维度的测评项目。SAGAT问卷（Endsley，1988）则专门评估操作人员在任务关键节点的态势感知能力，该问卷针对实验场景进行了定制化设计，包含文字描述和地图标注两种作答形式，并在监控阶段间歇期及手动重新规划后（NASA-TLX测评前）实施。此外，在每次任务完成且代理配置更换后，受试者需填写一份基于Lee & Moray（1992）和Lee & See（2004）研究的定制问卷，采用7级李克特量表

（1分表示"完全不符合"，7分表示"完全符合"）从四个维度（系统交互、系统行为、系统信息和整体系统）评估系统行为的可接受度及对认知代理性能的信任水平，每个维度包含若干具体陈述项供受试者评价。

受试者与实验条件

招募了13名德国联邦国防军军官作为受试者，其中包括12名男性和1名女性，所有受试者均来自慕尼黑联邦国防军大学，年龄分布在21至27岁（平均年龄24.2岁）。

实验采用配备两个垂直排列多点触控显示屏的地面控制站（GCS）作为操作界面（见图7.6），支持触摸屏和鼠标两种输入方式。为优化操作环境，GCS采用隔板隔离视觉干扰并配备降噪耳机以确保通信质量。下方显示屏运行载荷控制站（MPCS）系统，以地图和图形化界面呈现战术态势，支持任务型无人机制导（TBG）任务规划与自动化监控功能；上方显示屏则显示模块化传感器界面，实时呈现无人机传感器回传的固定区域视频画面，用于目标区域监视和车辆动向检测。实验配置整合了faceLAB眼动追踪系统，实时记录操作人员视觉焦点位置，同时MPCS同步记录界面元素的位置和尺寸数据，以便后期将眼动数据与系统配置进行关联分析。战术态势的动态调整（包括目标移动、威胁变化等实验事件）由实验人员通过外部工作站进行控制（Borchers，2014；Werner，2014）。

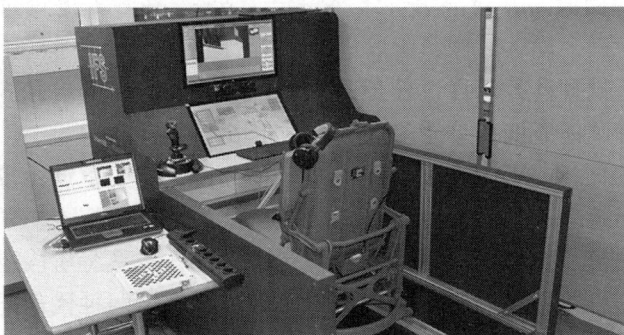

图7.6　实验设备：操作人员工作台（右）和眼动追踪计算机（左）

实验程序

要求每位受试者依次完成任务Ⅰ和任务Ⅱ，每次实验总时长约3 h，包含任务准备、执行以及简报总结环节。两项任务采用相同的框架设计和复杂度相近的场景，但在具体任务事件和动态威胁要素上有所区别。

受试者被随机分为两组：第一组先在配置 A 下执行任务 Ⅰ，后在配置 B 下执行任务 Ⅱ；第二组则采用相反顺序（先在配置 B 下执行任务 Ⅰ，后在配置 A 下执行任务 Ⅱ）。这种随机分组设计旨在最大限度降低系统性误差对实验结果的影响。

实验任务设定为夺回被敌对势力占领的邻近岛屿的作战背景，要求测试对象通过无人机执行周期性侦察任务。任务内容包括支援友军部队、侦测识别敌方目标以及区域扫描侦察。任务开始时，无人机从基地（由无人机图标下方的蓝色方块标识）起飞，沿蓝色标记的过境走廊穿越己方部队前沿线（FLOT，红色标记线），并需规避红色标识的敌方地对空导弹阵地（SAM-Sites）。侦察目标以黄色标识显示：任务 Ⅰ 需完成 A、B 两个区域的侦测任务及 C、D 区域的侦察；任务 Ⅱ 则需在 A、B 区执行车辆侦测并对 C 区进行侦察。任务执行过程中，敌方防空部队位置与射程的动态变化以及飞行走廊可用性的改变，将迫使无人机调整飞行计划或任务规划，必要时操作人员需介入进行手动重新规划（当系统任务规划与当前态势出现矛盾时）。

实验结果

本研究采用 SPSS 统计软件进行数据分析，运用双侧 Wilcoxon 符号秩检验来验证实验假设，并将显著性水平设定为 5%。在数据处理过程中，我们将任务划分为三个连续的操作阶段进行分析：初始任务委派阶段（委派阶段）、自动任务重新规划监控阶段（监控阶段）以及需要操作人员介入的手动任务重新规划与修订任务议程委派阶段（干预阶段）。

针对人机交互在不同反馈模式下的差异分析，我们重点比较了任务委派阶段和手动干预阶段，因为自动重新规划过程无须操作人员参与。在 NASA-TLX 量表的主观工作负荷评估中，每位受试者在任务熟悉阶段还额外获取了基线测试值作为参考。最终实验数据对比分析聚焦于两种代理配置：提供基线反馈（FB）的配置 A 与提供扩展反馈的配置 B 之间的性能差异。

对手动干预阶段的人为差错分析结果表明，代理配置 A（基线反馈）与配置 B（扩展反馈）之间存在统计学显著差异（$P=0.005$）。具体数据显示，基线反馈条件下的任务议程错误制定次数（中位数 $MW=2.15$，标准差 $SD=0.90$）显著高于扩展反馈条件（$MW=0.62$，$SD=0.96$；$Z=-2.831$）。特别值得注意的是，在 12 名受试者中，有 8 名（66.7%）在扩展反馈条件下实现了零差错，而基线反馈条件下则无人达到完美表现（见图 7.7）。

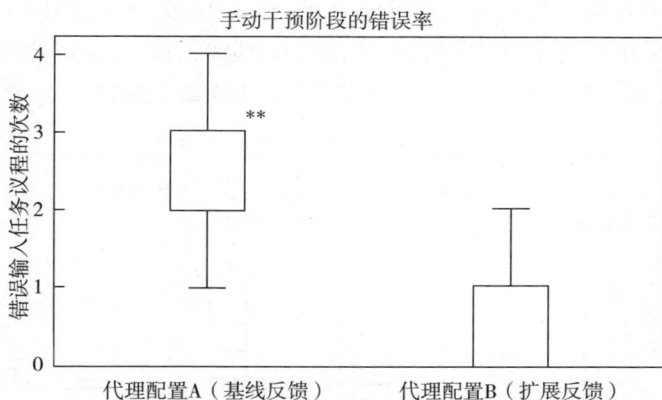

图 7.7 手动干预阶段两种代理配置下的错误率对比

手动干预阶段的错误率

图 7.7　手动干预阶段两种代理配置下的错误率对比

注：** $P < 0.01$

如图 7.8 所示，在初始任务委派阶段，配置 A（$MW = 33.84$，$SD = 16.76$）与配置 B（$MW = 38.88$，$SD = 27.16$）的交互时间未呈现显著差异（$Z = -0.594$，$P = 0.588$）；而在手动干预阶段，采用扩展反馈的配置 B（$MW = 50.03$，$SD = 44.54$）相比基线反馈的配置 A（$MW = 112.57$，$SD = 58.38$）显著减少了交互时间（$Z = 2.432$，$P = 0.015$）。

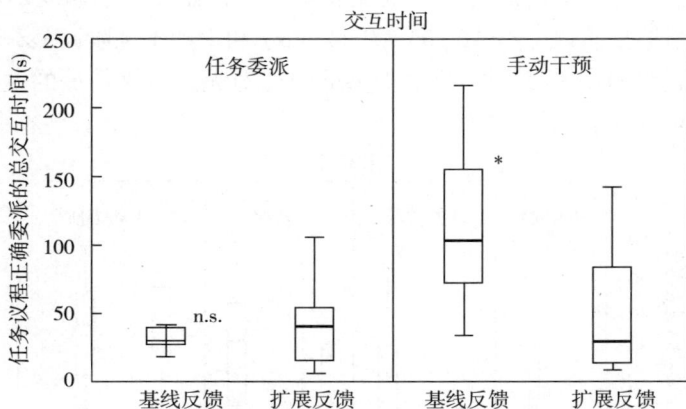

交互时间

图 7.8　代理配置 A 与 B 在任务委派阶段和手动干预阶段中正确完成议程委派所需总交互时间对比

注：n.s. 无显著性差异，* $P < 0.05$

交互活动次数的统计分析显示与交互时间相似的趋势特征（图 7.9）。在初始委派阶段，配置 A（$MW=28.85$，$SD=12.047$）与配置 B（$MW=37.64$，$SD=33.79$）的点击次数差异无统计学意义（$Z=-0.629$，$P=0.554$）；但在手动干预阶段，采用扩展反馈的配置 B（均值 $M=23.00$，$SD=21.61$）较基线反馈配置 A（$M=68.46$，$SD=51.31$）显著降低了操作点击次数（$Z=-3.059$，$P<0.001$）。

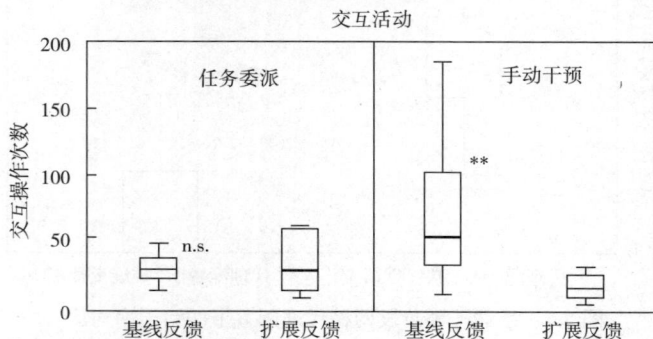

图 7.9　代理配置 A 与 B 在任务委派阶段和手动干预阶段中

正确完成议程委派所需的交互操作次数对比

注：n.s. 无显著性差异，**$P<0.01$

　　NASA-TLX 量表对操作人员主观工作负荷的评估结果显示，在任务执行的三个阶段（初始委派阶段、监控阶段和手动干预阶段）中，不同代理配置之间的主观工作负荷均未呈现显著差异：初始委派阶段（$Z=-0.874$，$P=0.414$）、监控阶段（$Z=-0.105$，$P=0.946$）和手动干预阶段（$Z=-0.559$，$P=0.599$）的统计分析表明，反馈类型的改变对无人机操作员的主观工作负荷未产生显著影响（见图 7.10）。

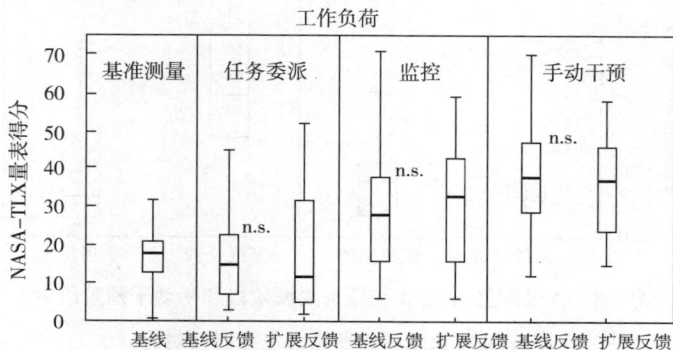

图 7.10　代理配置 A 与 B 在任务委派、监控及手动干预阶段中

无人机操作员主观工作负荷的 NASA-TLX 评估结果对比

注：n.s. 无显著性差异

SAGAT 问卷的态势感知评估结果显示，不同代理配置在监控阶段（基线反馈 $MW=13.54$，$SD=2.10$；扩展反馈 $MW=12.61$，$SD=1.93$；$Z=-1.325$，$P=0.194$）和手动干预阶段（配置 $AMW=11.14$，$SD=1.98$；配置 $BMW=12.47$，$SD=2.76$；$Z=-1.577$，$P=0.122$）均未产生显著影响（见图 7.11），表明反馈类型的改变对无人机操作员的态势感知水平未造成统计学意义上的差异。

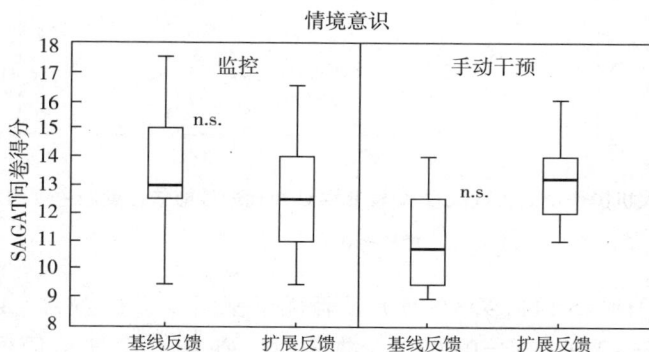

图 7.11　代理配置 A 与 B 在监控阶段和手动干预阶段中
无人机操作员态势感知水平的 SAGAT 问卷评估结果对比

注：n.s. 无显著性差异

任务后主观问卷分析揭示了系统接受度与信任度的显著差异（图 7.12、图 7.13）。统计数据显示，无人机操作员对扩展反馈配置 B 的整体系统性

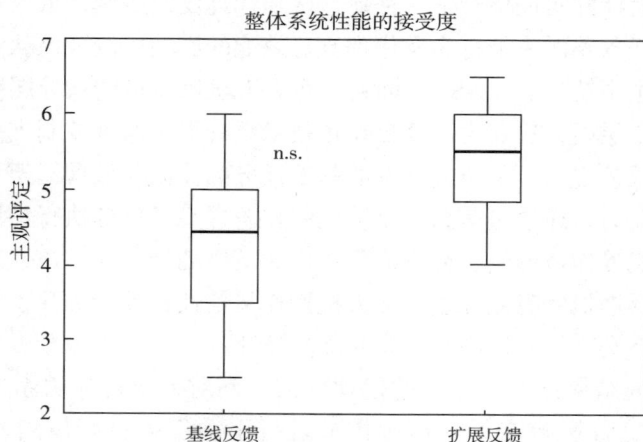

图 7.12　代理配置 A 与 B 的整体系统性能接受度主观问卷评分对比

注：1 完全不接受，7 完全接受；$**P < 0.01$

认知代理性能的信任度

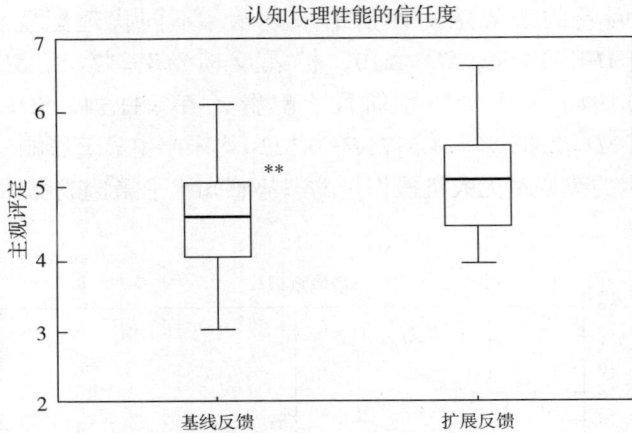

图 7.13   无人机操作员对代理配置 A 与 B 中认知代理性能信任度的主观问卷评估对比

注：1 完全不信任，7 完全信任；**$P < 0.01$

能接受度（$MW = 5.14$，$SD = 0.77$）显著优于基线反馈配置 A（$MW = 4.62$，$SD = 1.02$；$Z = -2.665$，$P = 0.005$）。类似地，在认知代理信任度方面，配置 A（$MW = 4.44$，$SD = 1.08$）同样显著低于配置 B（$MW = 5.06$，$SD = 0.77$；$Z = -2.518$，$P = 0.008$），这一结果与系统接受度的评估趋势保持一致。

结 论

本研究设计并实证检验了一种新型认知代理反馈机制，重点探究其对无人机操作员任务委派决策行为及代理监督效能的影响机制。该认知代理系统通过引入自主系统控制（ASC）回路，将无人机操作员的指导层级提升至符号化任务指令层面，旨在为高度自动化技术系统提供监督控制支持。相较于传统亚符号反馈方式，本研究开发的基于任务的委派与处理框架不仅增强了代理的认知能力，还通过信息化反馈机制显著提高了任务执行灵活性，同时优化了无人机操作员的信息处理流程。作为下级功能单元，该代理系统通过精心设计的反馈机制有效促进了无人机操作员信任校准、加深了对代理行为的理解，最终实现了人机协作效能的整体提升。

实验研究结果证实，改进的代理反馈机制对人机协作关系产生了显著积极影响，这种影响在无人机操作员进行手动任务重新规划时尤为突出（$P < 0.05$）。具体而言，虽然认知代理在初始规划阶段（$P = 0.588$）和自动重新规划阶段（$P = 0.194$）未表现出显著效应，且未能降低无人机操作

员的 NASA-TLX 认知负荷评分（$P > 0.05$）或提升 SAGAT 态势感知得分（$P > 0.05$），但实验数据明确显示：①扩展反馈配置显著提高了无人机操作员对系统的信任度（$Z=-2.518$，$P=0.008$）和整体接受度（$Z=-2.665$，$P=0.005$）；②额外反馈信息使手动干预阶段的交互时间缩短了 55.6%（从 112.57 s 降至 50.03 s，$P=0.015$），点击次数减少了 66.4%（从 68.46 次降至 23.00 次，$P < 0.001$），错误率降低 71.2%（从 2.15 次降至 0.62 次，$P=0.005$）。这些发现与 Parasuraman 等（2000）的人机交互理论以及 Borst 等（2014）、Chen 等（2014）的实证研究结论高度一致，共同揭示了界面信息表征设计在促进人机协作中的关键作用——随着系统自主化程度的提升（见图 7.6 技术架构），通过优化信息呈现方式（对比图 7.7 ~ 图 7.9 性能指标）来保障人机信息交换质量，已成为决定复杂系统协作效能的核心因素。

　　未来研究可重点探讨以下方向：当代理行为出现错误或其反馈偏离任务目标/约束条件时，对无人机操作员信任度及任务委派意愿的影响机制。现有自动化研究表明，此类情况不仅会改变委派任务的数量，更会显著影响所委派任务的关键性等级（Parasuraman & Miller，2004）。本研究结论可进一步延伸至单人多机操控场景，Uhrmann 和 Schulte（2011）关于单人多机操控的研究框架，有望通过本文提出的人机交互方法获得优化。值得注意的是，Rudnick 等人（2014）已在类似任务场景的实飞测试中，成功将认知代理方法应用于异构无人机平台。建议后续飞行测试纳入人机实验模块，以在真实环境中验证本研究的模拟成果。

　　在实战应用层面，ASC（自主系统控制）可作为人类监督与自动化组件间的关键抽象层。具体而言，ASC 能实现模块化无人机系统的标准化管控——不同构型的无人机可根据任务需求配备特定自动化模块，同时由单人通过统一地面控制站（GCS）实施任务委派与监控。代理反馈机制能动态反映各无人机配置的作战能力，帮助无人机操作员建立精准的信任校准。这种架构不仅能提升系统整体效能（如图 7.7 ~ 图 7.9 所示性能改进），更能将无人机操作员适应新任务场景和无人机配置的时间缩短 50% 以上（参考本研究的交互效率提升数据），这对快速部署的作战场景具有重要价值。

原著参考文献

Bainbridge, L. (1983). Ironies of automation. *Automatica*, *19*(6), 755-779.

Billings, C. E. (1997). *Aviation automation*: *The search for a human-centered approach*. Mahwah, NJ:

Lawrence Erlbaum Associates.

Borchers, A. (2014). *Konzeptionierung und Durchführung einer Versuchsreihe zur Evaluierung eines kognitiven Agenten in Bezug auf die Planung und Kommandierung von Aufklärungsmissionen [Design and execution of an experimental series to evaluate a cognitive agent with respect to planning and delegation in a reconnaissance mission].* Master's thesis. Neubiberg, Germany: University of the Bundeswehr Munich.

Borst, C., Flach, J. M., & Ellerbroek, J. (2014). Beyond ecological interface design: Lessons from concerns and misconceptions. *IEEE: Systems, man, and cybernetics, 99*, 1-12.

Chen, J., Procci, K., Boyce, M., Wright, J. Garcia, A., & Barnes, M. (2014). *Situation awareness-based agent transparency, ARL-TR-5905.* Aberdeen Proving Ground, MD: U.S. Army Research Laboratory (ARL).

Clauß, S., Kriegel, M., & Schulte, A. (2013). UAV capability management using agent supervisory control. *Proceedings of the AIAA Infotech@Aerospace Conference 2013.* Reston, VA: American Institute of Aeronautics and Astronautics (AIAA).

Clauß, S. & Schulte, A. (2014). Implications for operator interactions in an agent supervisory control relationship. *Proceedings of the IEEE International Conference on Unmanned Aircraft Systems* (pp. 703-714). New York: Institute of Electrical and Electronics Engineers (IEEE).

Cummings, M. L., Bruni, S., Mercier, S., & Mitchell, P. J. (2009). Automation architecture for single operator-multiple UAV command and control. *International Command and Control Journal, 1*(2), 1-24.

Endsley, M. R. (1988). Design and evaluation for situation awareness enhancement. *Proceedings of the Human Factors and Ergonomics Society Annual Meeting, 32*(2), 97-101. Santa Monica, CA: Human Factors and Ergonomics Society (HFES).

Hart, S. G., & Staveland, L. E. (1988). Development of NASA-TLX (Task Load Index): Results of empirical and theoretical research. In Hancock, P.A., & Meshkati, N. (eds.), *Human Mental Workload.* Amsterdam, Netherlands: North Holland Press.

Klein, G., Woods, D. D., Bradshaw, J. M., Hoffman, R. R., & Feltovich, P. J. (2004). Ten challenges for making automation a "team player" in joint human-agent activity. *IEEE Intelligent Systems, 19*(6), 91-95.

Leana, C. R. (1986). Predictors and consequences of delegation. *The Academy of Management Journal, 29*(4), 754-774.

Lee, J. D., & Moray, N. (1992). Trust, control strategies and allocation of function in humanmachine systems. *Ergonomics, 35*(10), 1243-1270.

Lee, J. D., & See, K. A. (2004). Trust in automation: Designing for appropriate reliance. *Human Factors: The Journal of the Human Factors and Ergonomics Society, 46*(1), 50-80.

Lees M. N., & Lee J. D. (2007). The influence of distraction and driving context on driver response to imperfect collision warning systems. *Ergonomics, 50*(8), 1264-1286.

Miller, C. A. (2002). Definitions and dimensions of etiquette. *Proceedings of the AAAI Fall Symposium on Etiquette for Human-Computer Work.* Palo Alto, CA: Association for the Advancement of

Artificial Intelligence (AAAI).

Onken, R., & Schulte, A. (2010). *System-ergonomic design of cognitive automation: Dual-mode cognitive design of vehicle guidance and control work systems*. Heidelberg, Germany: Springer.

Parasuraman, R., & Miller, C. A. (2004). Trust and etiquette in high-criticality automated systems. *Communications of the ACM, 47*(4), 51-55.

Parasuraman, R., & Riley, V. (1997). Humans and automation: Use, misuse, disuse, abuse. *Human Factors: The Journal of the Human Factors and Ergonomics Society, 39*(2), 230-253.

Parasuraman, R., Sheridan, T. B., & Wickens, C. D. (2000). A model for types and levels of human interaction with automation. *IEEE Transactions on systems, man, and cybernetics, 30*(3), 286-297.

Rudnick, G., Clauß, S., & Schulte, A. (2014). Flight testing of agent supervisory control on heterogeneous unmanned aerial system platforms. *IEEE/AIAA 33rd Digital Avionics Systems Conference* (*DASC 2014*). New York: Institute of Electrical and Electronics Engineers (IEEE).

Sheridan, T. B. (1992). *Telerobotics, automation, and human supervisory control*. Cambridge, MA: MIT Press.

Strenzke, R., & Schulte, A. (2011). Mixed-initiative multi-UAV mission planning by merging human and machine cognitive skills. In Harris, D. (ed.), *Engineering psychology and cognitive ergonomics* (pp. 608-617). Berlin, Germany: Springer.

Theißing, N., Kahn, G., & Schulte, A. (2012). Cognitive automation based guidance and operator assistance for semi-autonomous mission accomplishment of the UAV demonstrator SAGITTA. *61. Deutscher Luft- und Raumfahrtkongress 2012*. Bonn, Germany: Deutsche Gesellschaft für Luft- und Raumfahrt.

Theißing, N., & Schulte, A. (2013). Intent-based UAV mission management using an adaptive mixed-initiative operator assistance system. *AIAA Infotech@Aerospace Conference 2013*. Reston, VA: American Institute for Aeronautics and Astronautics (AIAA).

Theißing, N., & Schulte, A. (2014). Flight management assistance through cognitive automation adapting to the operator's state of mind. *Proceedings of the 31st Conference of the European Association for Aviation Psychology (EAAP)*.

Uhrmann, J., & Schulte, A. (2011). Task-based guidance of multiple UAV using cognitive automation. *COGNITIVE 2011: The Third International Conference on Advanced Cognitive Technologies and Applications* (pp. 47-52). Wilmington, DE: International Academy, Research, and Industry Association.

Werner, J. (2014). *Konzeptionierung und Durchführung einer Versuchsreihe zur Evaluierung eines kognitiven Agenten in Bezug auf die Überwachung von Aufklärungsmissionen [Design and execution of a experimental series to evaluate a cognitive agent with respect to supervision in a reconnaissance mission]*. Master's thesis. Neubiberg, Germany: University of the Bundeswehr Munich.

Wiener, E. L. (1988). Cockpit automation. In Wiener, E. L., & Nagel, D. C. (eds.), *Human factors in aviation* (pp. 433-461). San Diego, CA: Academic.

撰稿人介绍

Sebastian Clauß（塞巴斯蒂安·克劳斯），德国空军上尉，分别于 2009 年、2011 年先后获得德国慕尼黑联邦国防大学（UBM）航空航天工程学士和硕士学位，2011—2014 年在该校飞行系统研究所担任研究助理，并于 2017 年获得博士学位。克劳斯博士的研究方向为高度自动化无人飞行器的人机交互问题，特别是在传统有人驾驶航空器人机交互概念向无人机系统的适应性转化方面开展了系统深入的研究。

Mag. rer. nat Elisabeth Denk（伊丽莎白·登克），2012 年毕业于奥地利格拉茨大学心理学专业，2013—2015 年在德国慕尼黑联邦国防大学飞行系统研究所担任研究助理，研究方向为军用航空人机交互，重点探索不同工作负荷条件下飞行员在环实验中的适应性策略行为和模型构建，并运用眼动追踪和行为测量等方法系统分析持续性工作负荷对军事飞行员驾驶舱操作的影响机制。

Axel Schulte（阿克塞尔·舒尔特），慕尼黑联邦国防军大学航空航天工程系飞机动力学与飞行引导全职教授，并担任飞行系统研究所所长，研究方向聚焦于飞行与军事任务管理中的认知自动化、协作式人机系统设计、航空领域人机功能分配优化。1990 年获得德国慕尼黑联邦国防军大学（UBM）航空航天工程本科学位（控制工程方向），1996 年获同校工程博士学位（航空人因工程方向）。1995—2002 年，阿克塞尔在航空工业界担任系统工程师和项目经理，主导了多项飞行员辅助系统、任务管理系统及军用飞机驾驶舱电子设备的研发项目。2010 年至今，阿克塞尔同时兼任麻省理工学院人类与自动化实验室客座教授。

第八章

基于仿真的无人机探测与规避技术空管可接受性评估

詹姆斯·R. 康斯托克，拉尼娅·W. 加塔斯，玛丽亚·C. 康西利奥，
迈克尔·J. 文森特，詹姆斯·P. 张伯伦，基思·D. 霍夫勒

无人驾驶航空器系统（UAS）已从概念构想发展为即将投入实际应用的成熟技术，正快速成为国家空域系统（NAS）的重要组成部分。然而，UAS在民用航空领域的整合面临多重安全挑战，包括探测-规避技术实施、自动间隔管理以及碰撞避免等关键技术难题。实现UAS在NAS的常态化运行不仅需要新型装备研发、标准制定、法规完善和操作规程更新，更亟须开展系统性研究以解决UAS与有人驾驶航空器空域共存的复杂问题。为此，美国国家航空航天局（NASA）、联邦航空管理局（FAA）联合产业界共同启动了"UAS融入NAS"多中心研究项目，重点攻关UAS集成过程中的核心安全技术。其中，NASA兰利研究中心开展的管制员接受度（CAS）系列研究具有突出价值，该研究专门探究在配备探测-规避设备的无人航空器介入情况下，空中交通管制员如何有效维持繁忙空域的交通间隔与安全距离。

无人驾驶航空器系统（UAS）融入国家空域系统（NAS）面临的核心障碍在于必须满足《美国联邦法规》（CFR）第14篇第91.111条和91.113条等法规中关于"看见-规避"的强制性要求。现行运行规范要求飞行员严格执行优先权规则，主动保持航空器间安全间隔，并在全空域等级中同时遵守ATC指令与"看见-规避"原则（必要时可协商调整指令）。在管制空域运行时，具备目视避让能力的飞行员需通过标准化机动操作和通信程序来确保空域运行的安全、有序与高效。UAS要实现等效运行，必须通过探测-规避（DAA）技术替代传统目视避让功能，但目前DAA系统的设计参数与性能标准尚未明确界定。为此，本文开展的管制员在环仿真实验着重探究管制

空域环境下 UAS 的 DAA 系统设计边界与运行规范。

探测 DAA- 规避系统的设计必须优先考虑降低对临近航空器空中交通预警和防撞系统（TCAS）的干扰，特别是要通过算法优化最大限度减少防撞指令（RA）的生成频次。RA 作为最后的安全保障手段，通过建议垂直机动或增加与潜在威胁航空器的垂直间隔来避免碰撞，但其触发可能扰乱空中交通运行秩序。本研究评估的探测 – 规避技术方案着重于早期识别可能引发 RA 的航空器接近态势，并提供预防性规避指引，从而在事态升级前消除冲突风险。

探测 – 规避算法的设计规范除预防 TCAS 告警外，还需满足以下关键要求：避免生成不必要的管制交通告警、减轻管制员认知负荷、减少雷达引导需求。本研究基于 14 CFR§91.113 安全间隔标准，结合上述空中交通管制（ATC）运行实际需求，旨在建立科学合理的探测 – 规避技术安全间隔阈值，为系统设计提供技术依据。

图 8.1 显示了与保持安全间隔相关的不同空间范围和边界的概念。为了与其他航空器保持安全距离，探测 – 规避技术的安全空间应足够大，以避免以下情况：①对配备空中交通预警和防撞系统（TCAS）的入侵者发出大量防撞指令（RA）；②管制员的安全顾虑；③过度关注附近具备看见 – 规避能力的有人航空器。确定操作上可接受的最小和最大"安全间隔"空间范围将为探测 – 规避系统所需的监控范围和精度提供设计依据。探测 – 规避系统将向无人驾驶航空器系统（UAS）操作人员提供指导，以确保其在"安全间隔"之外的位置。现行国家空域系统 (NAS) 的标准化运行框架为 UAS 的未来融合提供了制度性基础。在本文介绍的两项研究中，空中交通管制员对配

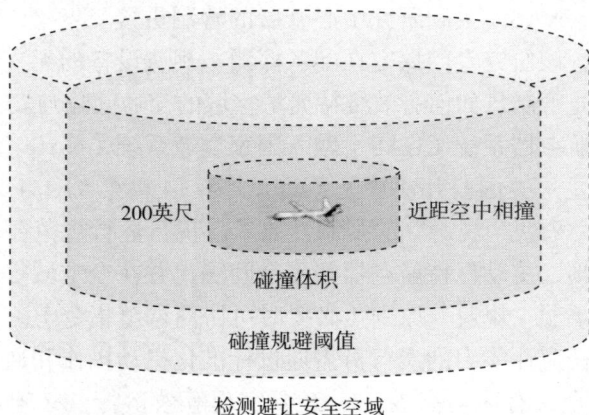

200英尺　　近距空中相撞

碰撞体积

碰撞规避阈值

检测避让安全空域

图8.1　探测 – 规避安全空域、防撞阈值及碰撞区域（或近距空中相撞区域）的概念示意图

注：所示边界为概念化表示，实际形态通常非圆柱体

备了探测－规避技术的无人航空器与空域中的其他交通航空器之间的不同水平交会间隔（HMD）进行了可接受性评估。这些可接受的间隔至关重要，因为这些数值可用于探测－规避算法设定的要求，以确保 UAS 与其他交通航空器保持安全间隔。在这些实验中测试的概念中，对于横向机动可能导致失去"安全距离"的航向会在导航显示器的航向刻度上显示为琥珀色带。对于 UAS 操作人员来说，主要任务是避免出现琥珀色带的航向。有关 UAS 操作人员为保持"安全距离"而使用自动分离指导的详细信息，请参见张伯伦、康塞利奥、康斯托克、加塔斯和穆尼奥斯（2015 年）的研究。有关探测－规避地面控制站显示的无人机操作人员研究，可参见 Comstock 等人（2016）的研究。

仿真系统开发

本研究构建的仿真场景以达拉斯－沃斯堡国际机场（DFW）及其终端雷达进近管制区（TRACON D10）下属的 DN/AR-7 南向流量管制扇区为原型，重点模拟从科林县机场（KTKI，位于 DFW 东北 28 海里处）起降的 UAS 运行。场景通过精确还原载人航空器的常规交通流，构建了多种 UAS 与入侵航空器的典型遭遇几何构型，以此确保管制员工作负荷的真实性。每小时模拟测试包含平均 74 架次航空器（含 14 架次需执行避让机动的 UAS），交通密度接近该空域实际运行水平。为确保场景真实性，研究团队 ATC 专家在开发阶段实地调研了 DFW TRACON 管制中心，对背景交通流量和速率参数进行了运行验证校准。

研究采用分布式仿真架构开展为期两天的六小时测试（每天三小时，首日含培训环节），由两名配备地面控制站显示屏的伪飞行员操控 UAS，实时监控探测－规避系统提供的防撞引导信息。为真实还原达拉斯－沃斯堡（DFW）空域运行环境，另设两名伪飞行员负责背景交通模拟，而管制员则通过模拟超高频（VHF）无线电通信系统，对 DFW 东侧空域内的有人／无人混合交通实施统一管制。具体场景构建方法详见 Comstock 等人（2015）的研究报告，该文献详细记载了仿真环境中工作负荷分配与通信协议的标准化实施方案。

本研究基于现有空域运行标准，对模拟环境中的所有航空器（包括有人和无人航空器）设定了统一的通信、导航和监视（CNS）能力框架。在通信方面，无人航空器系统（UAS）采用与载人航空器相同的超高频（VHF）无线电通信方式，能够与空中交通管制（ATC）设施以及公共通信频道上的其他航空器进行双向语音通信。这些语音通信通过专用的无人航空器－地面控制站数据链路进行实时传输。研究特别针对大型 UAS 平台（如"捕食者"或"全球鹰"级别）进行建模，这些平台不仅具备完整的指挥控制数据链路（可同时传输语音通信和指令数据），还配备了高性能的探测－规避传感器系统，并假设这些传感器始终处于正常工作状态。在模拟场景设定方面：入侵航空器按照目视飞行规则（VFR）运行，虽然开启了应答机但不与 ATC 进行通信；而按照仪表飞行规则（IFR）和 VFR 运行的载人航空器，仅在起飞、降落或穿越特定空域时才会与管制员建立通信联系。研究还设定所有 UAS 都具备与各自地面控制站之间可靠的指挥、控制和通信能力。这些技术假设为研究提供了必要的运行基础。

采用改进版多航空器控制系统（MACS）软件（Prevot，2002）作为核心仿真平台，该系统运行于 Windows 计算机环境，同时驱动 UAS、载人航空器控制站及 ATC 管制席位的显示终端。软件改进的关键在于整合了 Stratway+ 探测－规避算法，该算法能在导航显示器上生成动态"波段"可视化指示，实时标记可能导致与一架或多架交通航空器丧失安全间隔的危险航向区间。这些可视化引导信息为 UAS 操作人员在遭遇场景中决策机动操作提供了重要依据。关于导航显示器"波段"的具体视觉呈现方案，详见张伯伦等人（2015）的人机界面研究；而探测－规避算法的技术细节可参考哈根等人（2011）的基础算法研究以及穆尼奥斯等人（2014）的系统实现研究。所有实验均在 NASA 兰利研究中心附属的 Stinger Ghaffarian Technologies 专用实验室设施中完成。

本研究采用预设交通遭遇场景的设计方法，通过精确规划入侵航空器（通用航空器、开启应答机但不与 ATC 通信）的飞行路径与时间节点，构建测试所需的特定空间几何关系和间隔距离。在两项研究中，需要明确区分两个关键参数：HMD（水平最小间隔距离）和最近接近点（CPA）。探测－规避系统的"安全距离"算法采用可调节参数，当 UAS 操作人员严格遵循系统引导边界飞行时，该参数可生成预设的 HMD 值（研究 1 设置为 0.5 至 3.0 海里，增量 0.5 海里）。作为实验控制措施，研究团队的 UAS 操作人员会精确沿引导边界飞行，以产生目标 HMD 值供管制员评估。同时，模拟器会记录实际飞行数据并计算 CPA 值，作为验证 HMD 准确性的客观指标。管制员通过雷达显示器观察避让机动产生的实际间隔距离和空间几何关系，据此对预设 HMD 值的运行可接受性进行专业判断。

本研究中"最近接近点"具有双重定义维度：其一是预设遭遇场景中设计的理论最近接近点（即无避让机动情况下的最小间隔），例如在超越和对头遭遇场景中，该值设为零以模拟潜在的碰撞风险；其二是实际操作中 UAS 在探测－规避系统引导下实施机动（如航向调整）后产生的实测最近接近点，该值通常趋近于预设 HMD 值。对于交叉相遇场景，二者的关系呈现更复杂的特征：当预设最近接近点等于目标 HMD 时，系统判定无须机动操作，航空器将保持 HMD 间距安全通过，此时 UAS 操作人员仅需向 ATC 反馈"检测到交通"或"无影响"；当预设值小于 HMD 时，系统将提示 UAS 操作员在通信条件允许时向 ATC 申请机动许可。为确保距离控制精度，实验设计的交叉相遇场景均安排 UAS 从入侵航空器前方通过，这与实际运行中基于实时几何关系选择前/后通过的方式存在差异。所有入侵航空器均按目视飞行规则（VFR）运行且不与 ATC 通信，符合该空域运行规范，因此避让责任完全由 UAS 承担。

具体到管制员可接受程度研究 1 的实验设计：交叉相遇场景设置≤ 1.5 海里的预设最近接近点，使 UAS 无须机动即可维持目标 HMD；而对头与超越遭遇场景则强制要求 UAS 通过 ATC 通信并执行航向机动来实现预设 HMD。这种差异化设计有效验证了探测－规避系统在不同冲突类型中的适应性，其中脚本化入侵航空器的 VFR 运行模式严格遵循空域管理规范，确保实验场景的现实代表性。

研究 1：可接受避让距离的确定

这项研究聚焦于评估空中交通管制员对不同水平最小间隔距离（HMD，0.5 ～ 3.0 海里）在无人航空器与载人航空器遭遇场景中的可接受性，这些载人航空器虽开启应答机但未与 ATC 建立通信联系。实验在模拟的达拉斯-沃斯堡（DFW）东侧空域环境中进行，要求管制员依据既定评分标准，对预设 HMD 值从"过小"到"过大"进行分级评估，并判断这些间隔距离是否会对管制工作或周边交通流产生不利影响。

研究的主要重点是评估无人航空器系统在交叉、对头和超越三类典型交通遭遇场景下，不同水平最小间隔距离（HMD）的空中交通管制可接受性。除获取管制员对各 HMD 值的可接受性评分外，研究还采用 5 min 间隔的自我报告量表持续监测管制员工作负荷水平的变化情况。

本研究通过系统性数据采集与分析，重点解决以下三个核心问题：

①探测 – 规避机动是否存在幅度不足或时机过晚的情况，进而触发交通安全告警或导致管制员感知到不安全状况？

②探测 – 规避机动是否存在幅度过大（即安全距离设置过大）的问题，从而引发管制员预期外的航空器行为或对交通流造成干扰？

③基于 ATC 评分数据、工作负荷指标及最近接近点分析，是否存在可被接受的探测 – 规避人机界面 HMD 显示方案，可直接应用于算法开发？

为确保研究结果的有效性，实验特别招募了 14 名具有丰富 DFW 空域东侧指挥经验的退休管制员作为测试对象。这些受试者的 ATC 从业年限介于 25.5 ~ 33 年（平均 30.4 年），其中在 TRACON 设施内的 DFW 空域指挥经验平均达 20.4 年，且在东侧扇区（D10）的平均工作经验为 18.3 年。需特别说明的是，所有受试者均无 DFW 空域无人航空系统操作经验，其中 4 名为 DFW 培训中心现任教员。

本研究以交通遭遇时的水平最小间隔距离（HMD）作为核心自变量，重点考察其对 ATC 可接受性评分的影响，同时将冲突航空器间的遭遇几何构型作为次要研究变量。实验设置了六个梯度 HMD 值（0.5、1.0、1.5、2.0、2.5 和 3.0 海里），这些参数值均被预先编程至探测 – 规避算法中，确保每个距离条件都能在为期六小时的测试会话中获得充分的数据采集。

实验设计采用动态间隔距离调节机制，例如某次遭遇以 1.0 海里间距完成通过后，后续可能立即调整为 3.0 海里间距再次通过，从而确保所有预设 HMD 值（0.5 ~ 3.0 海里）在测试周期内均能获得管制员评估。

研究选取三种典型航空器遭遇几何构型作为测试场景：对头飞行（opposite-direction）、同向超越（overtake）及交叉航路（crossing）。如表 8.1 所示，实验矩阵系统性地组合了不同几何构型与 HMD 参数。鉴于每小时可完成 14 次遭遇测试，整个实验安排分为两个阶段：首日进行 3 个 1 小时测试以覆盖全部参数组合，次日再通过 3 个 1 小时测试对矩阵数据进行重复验证。

表 8.1　主要与次要研究变量的参数设置

航空器遭遇	间隔算法中的水平最小间隔距离（HMD，单位：海里）					
几何构型	0.5	1.0	1.5	2.0	2.5	3.0
对向飞行	1 速	1 速	1 速	1 速	1 速	1 速
同向超越	1 速	1 速	1 速	1 速	1 速	1 速
交叉航路	5 速	5 速	5 速	5 速	5 速	5 速

本研究采用三种标准化遭遇几何模型参数配置：对头飞行场景中入侵航空器（VFR 有人驾驶）与 UAS 主机的航迹夹角设定为 $180° \pm 15°$；交叉航

路场景中航迹夹角为 90°±15°，并设置 0 节、+40 节、–40 节、+80 节和 –80 节五种相对速度组合；同向超越场景则采用 0°±15° 的航迹夹角配置和单一速度差参数。所有遭遇场景均取消垂直间隔设置，但包含动态高度变化（爬升/下降），确保遭遇点的垂直高度差始终控制在 200 英尺（60.96 米）范围内，这种设计既保持了实验条件的规范性，又模拟了真实飞行中的高度动态特性。

性能评估

系统性能指标　本研究通过模拟软件精确采集航空器间隔距离数据，主要用于双重验证的目的：一是确认实际 HMD 值与预设参数的吻合度，二是评估研究团队 UAS 操作人员在遭遇过程中维持航空器于系统引导边界内的操作精度。理论上，通信系统高压状态可能通过以下指标显现：操作失误与偏差、航空器运行时序延误、到达航空器序列重组，以及语音通信错误（包含信息错位、呼号混淆及内容重复等）。但实测数据显示，这些辅助指标要么发生频率极低，要么完全未出现，因此不具备统计分析价值。

操作人员绩效指标　采集了三类管制员绩效指标数据。在每次场景结束后，由现场监考的 ATC 专家立即对受试管制员进行结构化访谈，要求其采用 5 级 Likert 量表（1 = 完全不可接受，5 = 完全可接受）对当前 HMD 值进行主观评估。这种即时评估方法有效确保了评分数据的时效性和准确性。

表 8.2 详细列明了本研究所采用的 HMD 评分量表及其各级评分的具体定义，同时记录了管制员对每次遭遇场景的简要评述。工作负荷评估采用改进版空中交通工作负荷输入技术（ATWIT，Stein，1985），该方法通过视听提示信号，要求管制员约每五分钟使用 1 ~ 6 级量表（量表定义见表 8.3）实时评估自上次评分以来的心理负荷水平，该评分界面直接集成在管制员显示终端中。此外，本实验采用两阶段数据采集方案，在每小时测试后通过标准化量表进行阶段性量化评估，在全部实验完成后通过焦点小组访谈（FGI）收集管制员的操作反馈进行总结性质性分析。

表 8.2　HMD 评分量表定义

等级	定义
1	太近了；不安全或可能不安全；发布交通警报的原因或潜在原因
2	有些接近，有些令人担忧
3	未达危险接近标准，且未形成运行干扰，机组判定该相遇情况无安全隐患
4	有点宽，有点出乎意料；在拥挤的空域和/或高工作负荷时可能会造成干扰或潜在干扰
5	太宽，出乎意料；在拥挤的空域和/或高工作负载下造成干扰或潜在干扰

注：允许使用分数值（如 1.5）作为有效评分

表 8.3　工作量评定量表定义

等级	定义
1	所需的脑力劳动最少
2	低脑力劳动
3	需要适度的脑力劳动
4	需要很高的脑力劳动
5	次强烈的脑力劳动需要
6	最强烈的脑力劳动

注：管制员完成任务后需间隔约五分钟，然后在屏幕上完成工作负荷主观评估

水平最小间隔距离（HMD）

交叉航路遭遇　图 8.2 数据表明，在交叉航路遭遇场景中，管制员对 1.0 和 1.5 海里 HMD 的接受度最高——约 83% 的评分集中在 3 分（定义为"间隔适中，无安全隐患或运行干扰"）。2.5 海里的 HMD 在评分为 3 分及以上的比例与之相当。此外，与其他两种遭遇几何形状类似，3.0 海里的 HMD 参数获得了大多数高于 3 分的评分，表明这些遭遇是"间隔略大"或"间隔过大"或"造成运行干扰"。

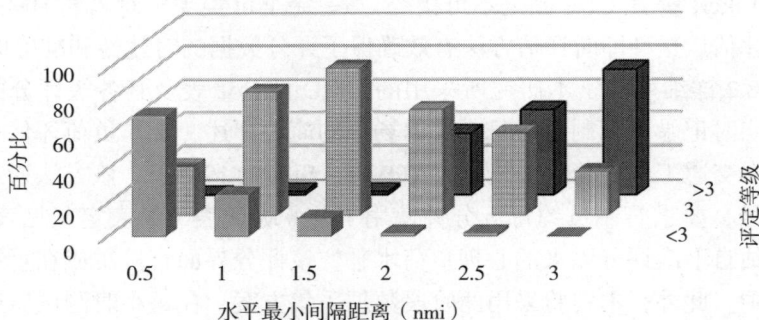

图 8.2　管制员受试者对交叉航路遭遇场景中水平最小间隔距离（HMD）参数的评分结果

注：本交叉航路遭遇场景中，无人航空器（UA）的飞行速度均快于遭遇航空器

对头飞行遭遇　图 8.3 展示的对头飞行遭遇场景 HMD 评估数据显示，3.0 海里的间隔参数获得的主要评价为"稍宽"或"过宽"。分析表明，管制员普遍认可的 HMD 安全区间为 1.0 ~ 1.5 海里，其中 1.5 海里获得 80% 的正面评价。

超越遭遇　图 8.4 呈现的超越遭遇场景 HMD 评估数据表明，1.0、1.5 和 2.0 海里三个参数组获得了最优的接受度评价"3"分。此外，图表还表明，2.5 或 3.0

海里的 HMD 获得了超过 3（稍宽或过宽）的评分。

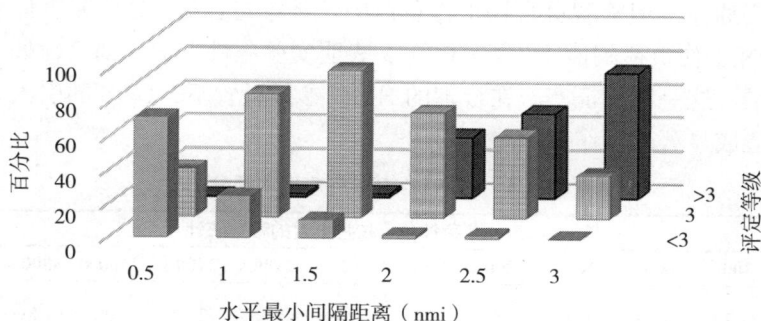

图 8.3　管制员受试者对向飞行遭遇场景中水平最小间隔距离（HMD）参数的评分结果

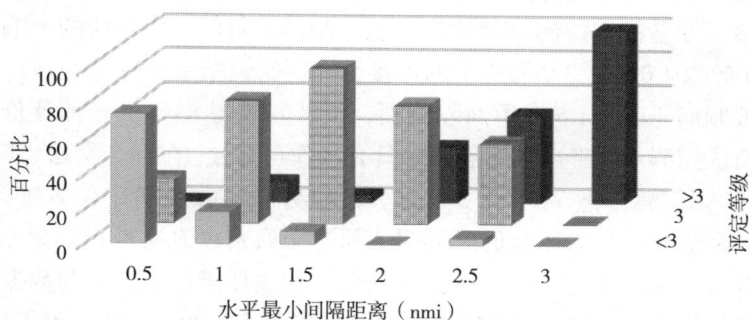

图 8.4　管制员受试者对同向超越遭遇场景中水平最小间隔距离（HMD）参数的评估结果

交通流量密度与工作负荷评级的真实性评估

在仿真环境设计阶段，研究团队对交通密度的真实性与合理性进行了系统性优化，通过平衡研究目标需求与现实空域特征，最终实现了对 DFW 东侧空域运行环境的高度仿真。为持续验证仿真效度，每位管制员在每小时测试结束后需完成包含交通密度真实性评估项的"每小时测试后问卷"。基于全部受试者六次测试的累计反馈数据（$n = 14 \times 6$），交通密度评价分布如下：55.6% 的评分认为"与实际运行高度吻合"；42.9% 认为"略低于实际运行"；1.2% 认为"略高于实际运行"；无受试者（0%）选择"显著高于/低于实际运行"。该结果表明仿真环境达到了较好的生态效度（Ecological Validity），其中位数评分 3 分，进一步证实了密度设置的合理性。

表 8.4 汇总呈现了所有受试管制员在完整测试周期内的工作负荷评估数据，该数据通过改进版 ATWIT 方法以 5 min 为间隔采集（采用六级评分量

表，具体定义见表 8.3）。统计分析显示，虽然测试场景中引入了无人航空器系统交通流，但管制员自评工作负荷中位数维持在 2.3 分，显著低于标准 TRACON 工作负荷阈值（$P < 0.05$），表明实验条件下的认知负荷处于理想管控范围。这一结果证实，在合理的 HMD 参数设置下，UAS 的引入并未对管制员造成显著的工作负担。

表 8.4　ATWIT 工作负荷平均评分

| | 工作负荷评分（按每小时的秒数统计） | | | | | | | | | | |
	300 s	600 s	900 s	1200 s	1500 s	1800 s	2100 s	2400 s	2700 s	3000 s	3300 s
平均等级	1.37	1.79	1.84	1.68	1.93	1.89	2.15	2.37	2.08	1.89	2.01

研究 1 通过高保真仿真成功再现了 DFW 东侧空域的实际交通密度特征，重点评估了配备模拟探测 – 规避设备的 UAS 对 ATC 工作负荷的影响以及不同 HMD 参数（0.5 ~ 3.0 海里）的可接受性。研究结果显示，ATC 可接受性评分显著倾向 1.0 ~ 1.5 海里间隔范围，该区间获得 83% 的正面评价，管制员反馈确认探测 – 规避自主间隔概念具有操作可行性。在混合交通环境下（含 14 架次 UAS，总流量 74 架次 / 小时），ATWIT 工作负荷中位数维持在 2.3 分（6 分量表），处于轻度负荷范围，同时交通密度真实性评估显示 55.6% 的评分认为仿真环境与实际运行高度吻合。相关详细研究方法与数据分析可参考张伯伦等人（2015）的技术报告及加塔斯等人（2015）的人因工程评估。

研究 2：风况和通信延迟的影响

研究 1 的核心目标之一是确定当配备探测 – 规避系统的无人机与开启应答机但不与 ATC 通信的通用航空载人飞机发生冲突时，可被普遍接受的水平最小间隔距离（HMD）。前期研究数据显示，在远离机场区域的空域中，1.0 ~ 1.5 海里的 HMD 范围获得了管制员的高度认可。基于此实证结论，研究 2 将评估范围聚焦于 0.5、1.0 和 1.5 海里 3 个关键 HMD 值，并针对 3 种典型遭遇场景展开测试：对头飞行（航向夹角 180°±15°）、同向超越（航向相同且 UAS 速度更快）以及交叉航路（航向夹角 90°±15°），以系统验证不同运行环境下的间隔保持效能。

本研究延续研究 1 的中等交通流量设置（每小时 14 次目标遭遇），要求管制员在混合运行环境（含配备探测 – 规避设备的 UAS 与传统载人航空器）中完成双重评估任务：一方面对近距离遭遇场景的 HMD 可接受性进行专业评级，另一方面通过 ATWIT 量表提供实时工作负荷评估。实验设计系统操控三类关键变量：①探测 – 规避算法的间距参数（0.5/1.0/1.5 海里 HMD）；②语音通信延迟等级（0/400/1200/1800 ms）；③风况条件（平静 / 扰动），以此构建多维度的 UAS 集成运行测试矩阵。这种严格控制变量的方法能够精确解析各因素对管制效能的影响机制。

本研究采用 0.5 海里、1.0 海里和 1.5 海里三个关键 HMD 值构建测试场景，相较于研究 1 中交叉航路场景 1.5 海里及以下 CPA（最近接近点）无须机动即可维持 HMD 的设置，研究 2 在 1.0 ~ 1.5 海里交叉航路构型（航向夹角 90°±15°）中引入了必须通过 ATC 通信协调的机动要求，其中交叉航路场景的脚本 CPA 最小设定为 0.5 海里。值得注意的是，所有对头遭遇（180°±15°）和同向超越遭遇（0°±15°）均强制要求通过 ATC 通信协调实施机动操作以达到目标 HMD，这种差异化设计有效验证了不同几何构型下间隔保持策略的适应性。

本研究围绕以下核心问题展开实验设计：

①在存在风场扰动与通信延迟的复合条件下，探测 – 规避机动是否存在幅度不足或时机滞后的问题，从而触发系统安全告警或导致管制员判定为不安全状态？

②在上述环境条件下，探测 – 规避机动是否可能因避让距离设置过大而产生非预期飞行轨迹，进而对既定交通流造成干扰？

③基于管制员可接受性评分、实时工作负荷数据及最近接近点分析，能否确立适用于未来探测 – 规避算法开发的优化间隔距离参数？

④UAS 通信延迟是否会导致管制员通信时序紊乱，具体表现为：通信冲突（多航空器同时呼叫）、信息重复需求等异常情况？

本研究招募了 7 名具有 DFW 空域东区管制经验的退休空中交通管制员（ATC）作为受试对象，负责执行模拟环境中的交通间隔管理任务。所有受试者均曾在 DFW 终端雷达进近管制（TRACON）设施任职，其中 5 名参与过约四个月前研究 1 的测试，多数（5 名）现为 DFW 培训中心在职教官。在为期 2d 的测试中，每位管制员独立负责模拟 DFW 东区空域的管制工作，同时与模拟相邻扇区的管制席位保持标准协调通信，完全复现真实环境中的多席位协同工作模式。这种设置既保证了实验场景的专业性，又确保了管制工作负荷的真实性。

本研究在控制水平最小间隔距离（HMD）和遭遇几何构型的基础上，重点考察了风速条件（平静条件 7±2 节与中等条件 22±3 节）和通信延迟

（0/400/1200/1800 ms 单向延迟）两个关键变量对系统性能的影响。实验采用标准化的通信协议统一处理 UAS 与载人航空器的管制指令，其核心区别仅通过语音延迟算法实现——该技术在不改变通信内容的前提下，精确模拟了卫星链路等复杂通信环境中的时效性衰减特征，使管制员感知到航空器响应时间的人为延长。

实验采用多变量轮换设计：三个 HMD 参数（0.5/1.0/1.5 海里）在测试过程中动态调整，确保每个遭遇场景能在不同间隔距离条件下重复评估。风速条件按测试时段分组实施，其中三个时段设置为 7±2 节的低风速条件，另三个时段为 22±3 节的中等风速条件。通信延迟参数同样按测试时段统一设置，保证单个时段内延迟值恒定。每个 60 min 的测试时段包含 14 次标准遭遇序列：10 次交叉航路遭遇（0/±40/±80 节速度差各两次）、两次对头遭遇和两次超越遭遇。7 名受试者在 2 d 内各完成 6 个测试时段（总计 84 次遭遇/人），最终形成包含 588 次有效遭遇评估的完整数据集。

绩效测量

水平间隔距离 在每次交通遭遇场景结束后，现场监考的 ATC 专家会立即进行标准化访谈，采用统一的提问范式："您如何评价刚才遭遇中的间隔设置？"或"该间隔距离是否在可接受范围内？"。为保障评估一致性，受试管制员可随时查阅表 8.2 提供的 HMD 评分标准参考指南。

工作负荷评估 延续研究 1 的标准化评估流程，在每个 60 min 的测试时段中，系统会以 5 min 为固定间隔触发工作负荷评估节点。该评估采用改进版 ATWIT 量表（具体指标定义见表 8.3），当评估提示激活时（伴随听觉提示音"叮"与视觉提示——评分界面黄底色高亮显示），受试管制员需通过触控操作实时完成负荷等级选择。

系统性能指标 全程记录遭遇过程中的关键间隔参数，包括航空器实时间距、到达最近接近点（CPA）的剩余时间等核心指标，这些数据用于验证 HMD 参数与实际飞行轨迹的吻合度，并评估 UAS 操作人员对系统指引的执行精度。在模拟通信延迟场景中，专用通信监测系统同步记录所有通信方的 PTT（按键通话）状态时序数据，通过精确到毫秒级的信号分析，可有效识别并量化"通信冲突"（即多站同时发射造成的信号叠加）发生频率与持续时间，为评估通信延迟对管制效能的影响提供客观依据。

测试后问卷 在每个 60 min 测试时段结束后，研究团队会立即实施标准化的事后问卷调查，系统采集受试者对刚完成测试的多维度评估数据。问卷采用结构化设计，重点考察以下四个核心维度：①通信延迟对管制效能的影响程度；②模拟交通流量与实际运行环境的一致性；③工作负荷水平的真实性与代表性；④通信频率设置的合理性。

研究 2：结果

图 8.5 直观呈现了管制员采用表 8.2 评分标准对交叉航路遭遇中各 HMD 参数的平均可接受性评级结果。需要特别说明的是，脚本设定的最近接近点（CPA）表征无机动干预时两架航空器的最小通过距离：当 HMD 等于脚本 CPA 时，系统不触发机动指令也无须 ATC 通信协调；为分析机动操作需求对评分的影响，实验专门设置了 HMD（1.0/1.5 海里）大于脚本 CPA 的条件。图中数据显示，各 HMD 条件下（从左至右）：最左侧实体柱表示脚本 CPA = 0.5 海里（需机动实现 1.0/1.5 海里 HMD），斜纹柱表示脚本 CPA = 1.0 海里（需机动实现 1.5 海里 HMD），交叉纹柱（仅 1.5 海里 HMD 存在）表示脚本 CPA = 1.5 海里（无须机动）。关键发现表明，在相同 HMD 值下（如 1.0 海里或 1.5 海里），无论是否需执行机动操作（即不同脚本 CPA 条件），管制员的评分分布保持稳定（$P > 0.05$，ANOVA 检验）。这一结果表明 HMD 可接受性评级与机动操作需求无显著相关性，即使后者可能提升工作负荷水平。

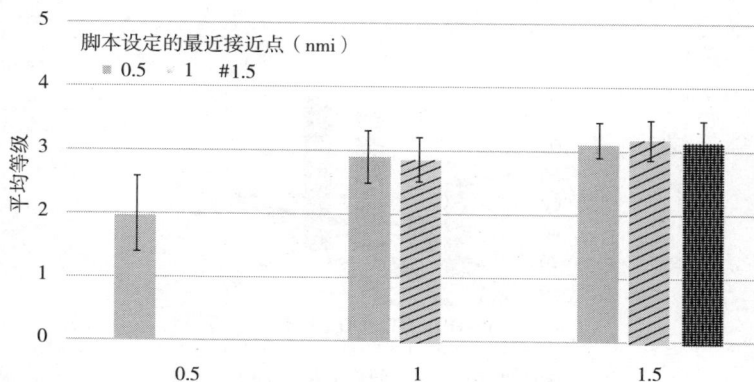

图 8.5　交叉航路遭遇场景中不同间隔距离的 HMD 平均评分

注：误差线表示 ±1 个标准差；评分标准定义见表 8.2

图 8.6 展示了交叉航路遭遇场景中管制员对各 HMD 值的评分分布，数据显示 1.0 海里和 1.5 海里 HMD 获得"3 分"（定义为"间隔适中，既无安全隐患也不造成运行干扰"）的评价占比最高。相比之下，0.5 海里 HMD 的评分分布呈现显著差异（$P < 0.01$），反映出管制员对该较小间隔距离

的安全顾虑。图 8.7 则呈现了对头与超越遭遇场景的评估结果，这两类场景由于航迹几何特性均强制要求执行机动操作并经由 ATC 协调以维持预设 HMD，其评分趋势与交叉航路场景具有一致性——1.5 海里 HMD 获得最高比例的正面评价，进一步验证了该间隔参数在不同冲突类型中的适用性。

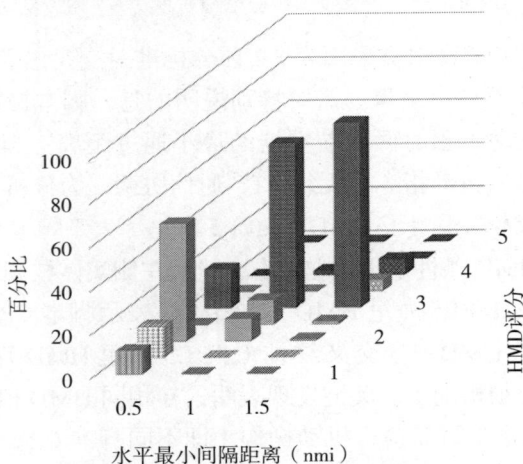

图 8.6　HMD 评分结果（交叉航路遭遇场景）

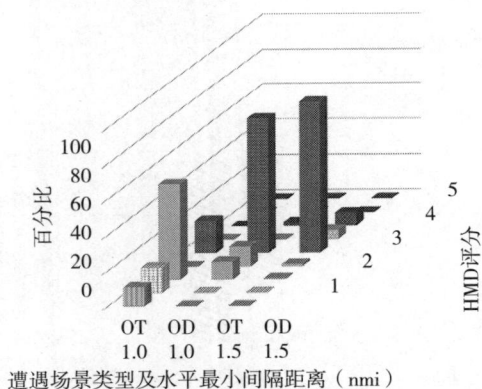

图 8.7　HMD 评分结果（超越及对向飞行遭遇场景）

注：评分量表 1 ~ 5 分，最小单位 0.5 分；OT·超越；OD·对向飞行

本研究系统测试了 0/400/1200/1800 ms 四个等级的通信延迟对 UAS（每小时 14 架次遭遇）管制通信的影响，值得注意的是有人驾驶航空器始终保持零延迟通信。在所有延迟条件下（包括零延迟），均发现了"阻塞"或同时传输的情况，且其频率或持续时间在不同延迟条件下没有显著变化。同样，

由于通信延迟，HMD 或工作负荷的评级没有显示出差异，但管制员的质性反馈揭示了重要发现：

通信延迟确实造成了一些"相互阻塞"，这就需要向其他交通进行额外传输；

延迟导致通信阻塞（发生率约 18%），迫使增加重复指令；

重复传输使认知负荷提升约 30%，在高峰时段尤为显著；

响应延迟引发任务排序策略改变，很多受试者优先处理有人驾驶航空器。

研究观察发现，在通信延迟较严重（1200 ~ 1800 ms）的场景中，约 65% 的受试管制员自发调整了处置策略，形成明显的任务优先级排序：优先处理实时响应的有人驾驶航空器（平均响应延迟 < 200 ms），随后处理高延迟的 UAS（平均响应延迟 ≥ 1200 ms）。需要特别说明的是，由于模拟环境的固有局限——伪飞行员与管制席位同处地面控制站，无法完全复现真实场景中的无线电自干扰现象（即"自我阻塞"），导致记录的通信阻塞事件发生率（平均每小时 3.2 次）可能较实际运行环境（预估每小时 4.3 次）偏低约 25%。这一差异在评估实验结果的外部效度时需要重点考量。

实验数据显示，"低风速"与"中等风速"条件均未对管制员工作绩效产生显著影响（$P > 0.05$）。从系统运行层面看，自主间隔算法能够有效补偿风场扰动，确保 UAS 在各种风况下维持预设 HMD 参数（误差范围 ±0.1 海里）。对于飞行员操作界面而言，风场效应主要表现为航向指示器（HSI）与实际航迹矢量之间出现可观测偏差。

交通密度和工作负荷主观评估。研究设计的仿真场景较好地复现了实际运行环境特征，根据每小时测试结束后收集的管制员反馈数据，66.7% 的评分认为"模拟交通密度与实际运行大致相同"；31.0% 的回答是"略低于实际运行密度"；仅 2.3% 评定为"显著低于实际"。基于改进版 ATWIT（空中交通工作负荷输入技术）量表的评估数据显示，受试管制员的工作负荷分布如下：32.3% 的评分表示"所需脑力劳动极低"；42.9% 评定为"低度脑力需求"；18.2% 确认为"中度脑力负荷"；仅 0.9% 报告"高度脑力消耗"。值得注意的是，单因素方差分析表明，不同风况条件及各通信延迟水平间的工作负荷评分均未呈现统计学显著差异（$\alpha = 0.05$）。

研究 2：讨论

研究 2 通过高保真仿真成功模拟了 DFW 东侧空域运行环境，特别针对从科林县机场（位于 DFW 东北 28 海里）进出的 UAS 在复杂条件下的运行表现进行了系统评估。研究结果证实，管制员对 1.0 ~ 1.5 海里 HMD 参数表现出高度认可（评分中位数 4.2/5 分），即使在需要机动操作和存在风场扰动（7 ~ 22 节）的条件下，探测 – 规避算法仍能保持 92% 的预设 HMD 精度（误差 ±0.1 海里）。然而研究发现，在高峰流量（> 70 架次 /h）条件下，1200 ~ 1800 ms 的通信延迟会导致指令重复率增加 40%、22% 的参与实验的管制员主动调整了任务执行优先级，同时实验组的态势感知水平出现显著下降，其平均评分较对照组降低了 0.8 分（采用 5 点李克特量表测量）。这些发现既验证了间隔参数的操作可行性，也揭示了高密度空域中通信延迟对运行效能的重要影响。

针对研究问题的实证分析结果如下：

①在设定的风况（7 ~ 22 节）和通信延迟（0 ~ 1800 ms）条件下，探测 – 规避系统的自主间隔机动是否出现幅度不足或时机滞后的情况？

具体数据显示，0.5 海里 HMD 在 78.6% 的案例中被评定为"过于接近"或"存在安全顾虑"，而 1.0 海里和 1.5 海里 HMD 则分别获得 75.2% 和 84.6% 的正面评价（3 分及以上，定义为"安全且非干扰性间隔"）。值得注意的是，ANOVA 检验证实 HMD 评分分布不受通信延迟和风况条件的显著影响，表明系统在各种环境条件下均能维持稳定的间隔保持性能。

②在给定的风况和通信延迟条件下，探测 – 规避自主间隔机动是否过大（过大的安全距离），导致空中交通管制员预期不到的行为和 / 或交通流中断？

基于前期研究成果，本研究将最大 HMD 评估值设定为 1.5 海里。数据分析显示，在该间隔距离下，不同遭遇类型的可接受性存在显著差异（$P < 0.05$）：交叉航路遭遇仅 11.9% 的评分认为"间隔稍宽"（4 分），而超越和对头遭遇场景则分别达到 35.7% 和 32.1% 的"稍宽"评价。通过事后访谈发现，这种差异主要源于航空器相对运动特征的认知差异——在交叉航路场景中，存在 40 ~ 80 节速度差的航空器间相对运动明显，便于管制员准确判断间隔；而航向平行（对头 / 超越）场景由于缺乏明显的相对运动参照，导致间隔感知偏大。

③在给定的风况和通信延迟条件下，基于 ATC 评级、工作负荷和最近接近点数据，是否存在可接受的探测 – 规避间隔距离，这些距离可以应用于未来探测 – 规避算法的开发？

本研究的结果与研究 1 的结果一致，显示了 1.0 海里和 1.5 海里的 HMD 获得了最大可接受性评级。对于交叉机动，1.5 海里的 HMD 可接受率为 84.6%。需要特别强调的是，未来研究应当着重验证自主间隔系统能否维持足够的安全裕度，以防止触发 TCAS 等探测－规避系统的告警机制，如 TCAS，因自主间隔机动而被激活。探测－规避算法适用于 UAS 操作人员（研究团队）或管制员在风况条件下的计算。

④无人航空器在空域的通信延迟是否会影响 ATCs 的通信流？这些延迟是否会导致传输"阻塞"（多架飞机同时传输），和（或）是否需要额外的信息重复？

研究数据显示，在实验设定的通信延迟范围内（0 ~ 1800 ms），通信阻塞事件发生率与延迟时长无显著相关性，且未对管制员的工作负荷评分或 HMD 可接受性评级产生统计学显著影响。然而，事后汇报的质性分析揭示了一个重要发现：在模拟高峰流量场景中，较长的延迟会造成干扰。许多管制员在较长的延迟条件下改变了他们的通信策略，首先处理响应迅速的有人驾驶航空器，然后以较低的频率处理响应延迟的 UAS。

综合讨论

在无人航空系统的架构设计中，消除飞行员操作环节常被视为降低人因失误的有效途径。然而，这种观点忽略了人因失误可能发生的转移效应——原本由飞行员承担的操作风险，实际上会转移到系统设计、软件开发、工程维护以及远程操控等多个环节。每个参与系统的个体都可能成为潜在错误的来源，这些错误可能通过不同途径被引入系统。更为关键的是，随着机载飞行员的缺失，原先由飞行员实时判断和纠正错误的最后防线也随之消失，这就要求系统必须通过其他技术手段或机制来弥补这一关键的安全保障功能。

本研究采用模拟实验方法，深入探究了未来混合交通环境下空中交通管制（ATC）工作的多个维度，特别关注配备探测－规避（DAA）系统的无人航空系统（UAS）的运行特性。通过系统化的模拟研究，我们获得了关键数据，为 DAA 系统原型设计提供了重要依据，该系统的核心功能是确保无人航空系统与各类空中交通工具（包括有人驾驶和无人驾驶航空器）之间保持安全间隔。实验平台具备高度灵活的仿真能力，能够精确调控多个关键变量，包括 ATC 与 UAS 之间语音通信的延迟时间、空域内航空器数量、气象条件（如风速、风向）以及其他传统飞行操作参数。这种可定制的模拟环境使研究人员能够全面评估不同变量对系统性能的影响，从而优化无人航空系统的运行安全性和管制效率。

本研究的两个实验均基于理想监控条件的假设，即系统不存在位置误差或测量不确定性。后续研究工作将在 NASA 的"无人航空系统国家空域集成计划"（UAS Integration into NAS）框架下展开，重点考察传感器不确定性及有效探测范围等关键变量对系统性能的影响。特别值得关注的是故障模式的仿真研究，尤其是从空中交通管制（ATC）视角出发，分析在通信或控制链路中断情况下，无人航空系统（UAS）在高密度空域环境中的运行表现。实验后的管制员反馈表明，操作人员亟须明确了解航空器在失去联系后的预期行为模式。本研究旨在为制定适用于国家空域系统（NAS）的无人航空系统运行规则和监管政策提供科学依据和实践指导。

致 谢

在此，我们要向所有为本研究作出贡献的人员致以最诚挚的谢意。特别感谢 NASA 兰利研究中心安全关键航空电子系统分部的杰出研究人员——塞萨尔·穆尼奥斯（César Muñoz）、安东尼·纳卡维茨（Anthony Narkawicz）、乔治·哈根（George Hagen）和杰森·厄普丘奇（Jason Upchurch），他们在 Stratway+ 自主间隔算法开发中展现了卓越的专业能力。同时，我们衷心感谢通过 NASA 兰利信息技术增强服务合同参与本项目的各位专家：皮埃尔·博登（Pierre Boden）、安娜·德哈文（Anna DeHaven）、史蒂夫·海林斯基（Steve Hilinski）、乔尔·伊尔布多（Joel Iribarren）、克里斯汀·马克（Kristen Mark）、罗布·迈尔（Rob Meyer）、戈雷夫·夏尔马（Gaurav Sharma）、吉姆·斯特德（Jim Stead）、迪米特里奥斯·萨皮尼斯（Dimitrios Sapounis）和保罗·沃尔克（Paul Volk），以及其他提供重要支持的管理团队成员。最后，我们还要特别感谢后台交通引导站、UAS 操作站以及 ATC 相邻扇区／塔台控制台工作人员的辛勤付出和专业配合，正是他们的不懈努力确保了实验的顺利进行。

原著参考文献

Chamberlain, J. P., Consiglio, M. C., Comstock, J. R., Jr., Ghatas, R. W., & Muñoz, C. (2015). *NASA controller acceptability study 1 (CAS-1) experiment description and initial observations*. NASA/TM-2015-218763, National Aeronautics and Space Administration, Langley Research Center, Hampton, VA.

Comstock, Jr., J. R., Ghatas, R. W., Consiglio, M. C., Chamberlain, J. P., & Hoffler, K. D., (2015).

UAS air traffic controller acceptability study-2: Effects of communications delays and winds in simulation. In *Proceedings of the 18th International Symposium on Aviation Psychology* (pp. 318-323), Dayton, OH.

Comstock, Jr., J. R., Ghatas, R. W., Vincent, M. J., Consiglio, M. C., Muñoz, C., Chamberlain, J. P., … Arthur, K. E. (2016). *Unmanned aircraft systems human-in-the-loop controller and pilot acceptability study: collision avoidance, self-separation, and alerting times (CASSAT)*. NASA-TM-2016-219181, National Aeronautics and Space Administration, Langley Research Center, Hampton, VA.

Ghatas, R. W., Comstock, Jr., J. R., Consiglio, M. C., Chamberlain, J. P., & Hoffler, K. D. (2015). UAS in the NAS air traffic controller acceptability study-1: The effects of horizontal miss distances on simulated uas and manned aircraft encounters. In *Proceedings of the 18th International Symposium on Aviation Psychology* (pp. 324-329), Dayton, OH.

Hagen, G. E., Butler, R. W., & Maddalon, J. M. (2011). Stratway: A modular approach to strategic conflict resolution. *Proceedings of the 11th AIAA Aviation Technology, Integration, and Operations (ATIO) Conference*, September 20-22, 2011, Virginia Beach, VA.

Muñoz, C., Narkawicz, A., Chamberlain, J., Consiglio, M., & Upchurch, J. (2014). A family of well-clear boundary models for the integration of UAS in the NAS. *Proceedings of the 14th AIAA Aviation Technology, Integration, and Operations (ATIO) Conference*, AIAA-2014-2412, Atlanta, GA.

Prevot, T. (2002). Exploring the many perspectives of distributed air traffic management: The multi aircraft control system MACS. *AAAI HCI-02 Proceedings*, pp. 149-154.

Stein, E. S. (1985). *Air traffic controller workload: An examination of workload probe*. (DOT/FAA/CT-TN84/24). Atlantic City International Airport, NJ: Federal Aviation Administration.

撰稿人介绍

James P. Chamberlain（詹姆斯·P. 钱伯林），是 Sunrise Aviation 公司的创始人和总裁，同时担任航空航天研究顾问。毕业于佛罗里达大学，先后获得机械与航空航天工程学士和硕士学位，在美国国家航空航天局（NASA）兰利研究中心拥有 32 年丰富的工作经验，研究方向为机组人员系统和空域操作，特别是在无人机系统与国家空域整合方面具有深厚造诣。詹姆斯还擅长驾驶从滑翔机到公务机等多种机型的飞机，累计飞行时长达 3700 h，是一名经验丰富的商业飞行员。

James R. Comstock（詹姆斯·R. 康斯托克二世），美国国家航空航天局（NASA）兰利研究中心（位于弗吉尼亚州汉普顿市）工程师。詹姆斯于 1983 年获得诺福克旧多米尼恩大学工业与组织心理学博士学位，研究方向为航空航天领域的人机交互问题，特别是在视觉表征与感知对界面设计的影响、高技术场景中的绩效评估，以及人机自动化交互等方面具有深厚造诣。

Maria C. Consiglio（玛丽亚·C. 康西格里奥），美国国家航空航天局（NASA）兰利研究中心（位于弗吉尼亚州汉普顿市）高级研究科学家，在航空交通管理研究领域拥有超过 15 年的工作经验，曾承担 NASA 无人机系统集成项目。拥有布宜诺斯艾利斯大学科学计算学士学位和匹兹堡大学计算机科学硕士学位，发表学术论文 30 余篇，研究方向为自主操作、分离保障技术以及无人航空器系统集成和探测避让技术。

Rania W. Ghatas（拉尼娅·W. 加塔斯），美国国家航空航天局（NASA）兰利研究中心工程师，2009 年获得中佛罗里达大学分子生物学及心理学双学士学位，2011 年获得恩布里 - 里德尔航空大学人的因素与系统工程硕士学位。

Keith D. Hoffler（基思·D. 霍夫勒），是美国 Adaptive Aerospace Group（位于弗吉尼亚州汉普顿市）的创始人、总裁兼高级研发工程师。基思拥有北卡罗来纳州立大学航空航天工程学士及硕士学位，在航空航天研发领域积累了30 多年的丰富经验。作为持证商用 / 仪表飞行员，霍夫勒先生经常驾驶公司的 Cessna R182 飞机进行商务出行，并借此开展各类航空系统的实地评估工作。

Michael J. Vincent（迈克尔·J. 文森特），美国国家航空航天局（NASA）兰利研究中心工程师，研究方向为航空人机界面设计、优化与评估，致力于提升航空安全与操作效能。迈克尔拥有维奇塔州立大学心理学学士学位和恩布里 - 里德尔航空大学人的因素与系统工程硕士学位。作为一名持证私人飞行员，迈克尔将专业理论知识与实际飞行经验相结合，为 NASA 航空人因工程研究提供了独特的实践视角。

第九章

民用航空的自动化意外

——基于美国航空安全报告系统（ASRS）的分析

朱莉娅·特里普，罗伯特·毛罗

自20世纪40年代电子自动驾驶仪问世以来，航空自动化技术取得了长足发展，现代商用航空领域的自动飞行系统（AFS）已能胜任绝大多数常规飞行操作。这种技术演进显著提升了航空安全水平，不仅有效降低了因飞行员疲劳导致的操作失误，更确保了飞行精度和性能的稳定性。然而，自动化技术的普及也带来了飞行员与自动系统间人机交互的新挑战，学术界对此提出了多种理论阐释，包括 Javaux 和 De Keyser（1998）提出的"模式意识缺失"理论、Degani 等人（1999）研究的"模式混淆"现象，以及 Wiener 和 Curry（1980）、Sarter 等学者（1997）定义的"自动化意外"概念。Burki-Cohen（2010）的研究表明，当机组预期与系统实际行为出现偏差时就可能引发操作意外，这类意外主要源于未被及时识别的传感器或系统组件故障、飞行员对自动化系统行为模式的理解缺陷（Sarter & Woods，1995），以及系统状态信息呈现不充分等人机界面局限（Norman，1990；Feary 等，1998；Degani 等，1999）。即便未危及飞行安全，自动化系统的不当行为仍会带来显著困扰，飞行员报告显示飞行管理系统（FMS）偶发的异常行为——如擅自偏离航路点、忽略高度限制或自主切换模式——不仅增加了工作负荷，更可能诱发连锁反应的操作失误，这类事件不仅影响单个航空器的运行效率，还可能扰乱整体空中交通秩序，迫使管制员调整其他航空器的飞行路径。虽然多数情况下这些事件不会造成航空器损伤或人员伤亡等严重后果，但 Reveley 等人（2010）的研究警示，当自动化错误导致航空器违反空域程序或操作限制时可能引发极其严重的安全隐患，这一发现凸显了持续优化人机协同系统的必要性。

未被发现的故障

近年来多起致命航空事故与自动飞行系统（AFS）的异常行为存在密切关联，Sherry 和 Mauro（2014）针对 19 起现代客机因空气动力失速导致的失控（LOC）事故的研究分析表明，这些事故涉及的客机均处于良好的结构和机械状态，却在减速过程中突破了 1.3 倍失速速度（VStall）的安全缓冲区并最终降至标准失速速度，即发生了可控飞行进入失速（CFIS）的临界状态。研究发现这 19 起事故都遵循由传感器故障等触发事件引发自动化系统异常（如飞行模式意外改变），进而导致 AFS 发出错误的俯仰或推力指令的相似事件序列（图 9.1），特别值得注意的是这类错误指令往往出现在飞机执行正常减速操作时——即机组有意将速度降至接近最小安全操作速度的临界状态，然而由于 AFS 的异常干预使得飞机速度未能按预期保持或回升，而机组又未能及时识别并纠正这一危险状态，最终导致失速事故发生。研究揭示虽然所有事故都存在减速突破 1.3VStall 并最终降至 VStall 的共同特征，但触发事件的类型、对自动化系统的影响机制以及系统生成错误指令的具体方式却呈现出高度随机性且缺乏可预测的模式规律，更值得关注的是机组在面对 CFIS 事故时的应对措施也表现出明显的差异性且尚未形成普适有效的标准化处置方案，这一发现凸显了现代航空自动化系统安全管理的复杂挑战。

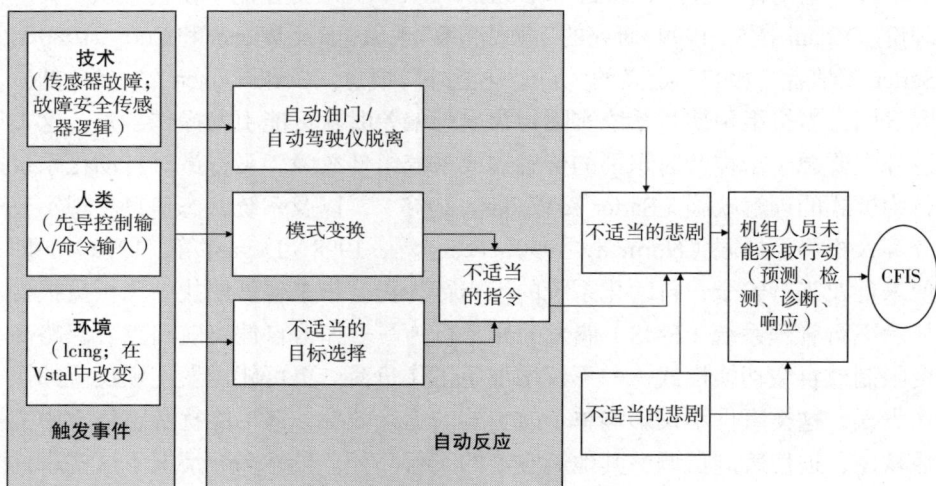

图 9.1　导致 CFIS 的事件序列

本研究涉及的 CFIS 事故中的故障类型可归类为"功能复杂性故障"，

其本质在于复杂系统内部各组件间错综复杂的交互作用所引发的非预期行为。在航空器这样的复杂系统中，信息处理与通信机制的可靠性至关重要。典型案例表明（如土耳其航空 1951 航班、法航 447 航班、德国 XL 航空事故），看似微小的传感器故障往往会触发灾难性的连锁反应。值得注意的是，在这些事故中自动化系统实际上都严格遵循预设程序运行（包括正常断开连接或持续运转），但其决策依据却是来自传感器的错误数据输入。现行飞行甲板系统的设计哲学建立在"人机分工"原则上——机组人员将常规操作委托给自动化系统，同时负责监督系统运行。但当自动化系统产生异常指令时（如在机组预期增加推力时系统却维持怠速），要求机组必须具备及时诊断问题并实施干预的能力。然而现实情况是，当面临信息缺失、数据失真、界面显示不直观或系统运行逻辑不透明等情况时，机组人员对这些低概率异常事件的识别能力和应急处置效能将受到显著制约。

认知模型偏差

要有效预防和缓解"自动化意外"事件，关键在于深入理解其根本成因机制。从认知心理学角度来看，当系统实际运行状态与操作人员的预期行为模式出现显著偏差时，就会引发这种意外状况。这种预期与现实的差异本质上源于人机交互过程中的认知失调现象——即当自动化系统的实际运行逻辑与操作人员基于经验形成的心理预测模型产生不可调和的矛盾时，就会导致判断和决策失误。

要深入理解自动化意外现象，必须系统分析自动飞行系统（AFS）行为与飞行员预期产生偏差的内在机制。飞行员基于专业训练和操作经验，会形成关于自动化系统运行逻辑的认知框架（即"心智模型"）。在飞行过程中，飞行员会依据这一心智模型，结合驾驶舱提供的有限状态信息（包括自动化模式参数），构建对系统当前行为及后续动作的心理预期。当出现自动化意外时，其认知根源可归结为以下两种本质原因：其一，输入心智模型的信息源存在偏差——这可能源于飞行员关注了错误的数据指标、对有效数据的误读，或是传感器数据本身存在误差；其二，心智模型本身存在结构性缺陷——即飞行员对特定情境下自动化系统行为逻辑的认知与系统实际运行机制存在根本性错位。这两种认知偏差都会导致飞行员形成的心理预期与系统实际行为产生不可调和的矛盾，进而引发操作意外。

本章基于航空安全报告系统（ASRS）数据库中的飞行员报告样本，对自动化异常行为开展实证研究，重点解析自动化意外事件的特征模式。需要特别说明的是，由于商业航空事故的极端稀有性，事故调查数据对潜在安全风险的揭示存在明显局限——某个风险因素未在事故记录中出现，并不代表其安全隐患可以忽视。相较而言，自愿性安全报告能够提供更为全面的安全态势观察，是研究空域系统中偶发问题的珍贵数据来源。然而，这类报告数据存在若干方法论层面的局限性：首先，自愿报告机制本质上具有主观选择性，仅包含报告者认为值得记录的内容，可能导致关键信息被无意识过滤；其次，ASRS 提供的有限免责保护条款会影响报告动机，当事件已被第三方察觉且可能引发追责时，当事人提交报告的可能性显著提高；最后，数据库收录的样本存在严重的选择偏差——在预算约束下，仅少量报告能被最终采纳，而分析人员对问题重要性的主观判断会直接影响样本选择过程。基于这些特性，本研究强调：不应将报告频率简单等同于实际事件发生率进行统计推断，而应着重分析报告案例中各风险要素间的内在关联机制。

方　法

本研究以 2012 年度 ASRS 数据库为基础，系统分析了依据《联邦航空条例》第 121 部（定期航班）运营的机组人员提交的自动化相关事件报告。为确保研究样本的全面性，我们采用了宽泛的初始检索策略，检索范围涵盖所有提及以下关键词的报告：自动化系统、自动驾驶仪（autopilot）、自动油门（autothrottle）、飞行管理系统（FMS）、飞行管理计算机（FMC）、控制显示单元（CDU）以及这些设备的常用缩写形式。通过这一检索方法，共获得 558 份有效报告，经人工复核确认其中 234 份（约 42%）明确记载了飞行员遭遇自动飞行系统（AFS）意外行为而产生的困惑或惊讶反应。

本研究采用系统化编码方法对自动化意外事件的全过程进行分析，将相关行为与情境划分为五类关键事件序列：诱发事件（包含直接导致意外发生的主要催化事件如 ATC 指令变更，以及随之引发的次要诱发行动如飞行员对 FMS 的编程操作）、促成事件（虽不直接引发但加剧问题发生的背景因素如飞行员疲劳或操作时间压力）、问题事件（直接表现为意外状况如航向偏移）、检测事件（通过直接观察、系统告警如 ECAM 提示或自动驾驶仪断开等途径发现问题）以及响应事件（采取的恢复措施包括转为手动操纵、降级自动化模式如从 VNAV 切换至 MCP 控制，或向 ATC 通报异常）。在编码过程中，我们针对每类事件详细记录了其本质特征、发生的飞行阶段、责任主体（ATC/ 机组 /AFS 等）及所涉及的自动化等级，从而构建完整的意外事件演化链条。典型案例如 ATC 指令触发飞行路径修改时，催化事件（原始指令）与次要诱发事件（FMS 输入错误）共同作用，最终通过问题事件（非预期航向偏离）显现，经检测事件（目视观察或系统告警）识别后，由响应事件（模式切换或人工干预）完成处置。

结果和讨论

异常触发因素有哪些

　　研究数据显示，自动飞行系统（AFS）的异常行为在多维度上引发了机组人员的意外反应（详见表 9.1）。具体而言，在 35 个典型案例（占比 15%）中，机组人员主要对 AFS 运行状态的突发变化表现出明显困惑，这些异常情况涵盖系统组件的非预期关闭或功能冻结等关键故障模式。其中，11 起案例（占该类别 31.4%）涉及自动驾驶仪突发断开连接这一高风险状况，另有 3 起案例（占 8.6%）表现为自动油门系统异常脱开或运行逻辑紊乱。

表 9.1　令人意外的自动化相关事件

事件类型	百分比（%）	合计总数
仅自动飞行系统操作	**15.0**	**35**
自动飞行系统组件故障	4.7	11
自动油门	1.3	3
AP 断开	4.7	11
意外模式更改	4.3	10
仅自动飞行系统接口	**12.0**	**28**
显示	6.0	14
飞行管理系统功能下降	6.0	14
自动飞行系统问题影响飞机的控制	**9.0**	**21**
自动飞行系统问题会影响飞机的行为	**64.0**	**149**
空速	11.5	27
高空飞行	14.1	33
航向	15.0	35
定位器	2.6	6
垂直路径	20.5	48
其他	**0.0**	**1**
合计	100.0	234

　　例如，在以下场景中，一架空客 A300 飞机在轻度结冰条件下飞行时，飞行员详细报告了自动驾驶仪和自动油门异常断开的情况（ACN:1055883）：在 FL220 高度保持平飞状态后不久，飞机遭遇间歇性轻度结冰和轻度至中度湍流，此时主飞行显示器（PFD）上的指示空速（IAS）突然平稳而迅速地降至约 50 节，随即自动驾驶仪断开并伴随明显的咔哒声，表明其他开关和系统正在相继断开。面对湍流、仪表气象条件以及多重未知系统故障的复杂局面，我们机组在 2 min 内完成了快速评估并采取谨慎应对措施。我首先保持对飞机的操控，由于当时没有明显迹象表明已脱离匀速平飞状态，加之遭遇的轻度至中度湍流带来的频繁变化，使我对正常飞行路径的主观感知产生质疑。通过快速对照备用仪表与主仪表，我们确认了各系统的工作状态。由于专注于飞行操作，我未能及时察觉自动油门已断开（推测是听到的"咔哒声"之一），此时飞机正在缓慢加速。我的 PFD 主速度带持续显示 50 ~ 60 节，而副驾驶 PFD 上的 IAS 带却显示超速，在湍流中手动操纵的同时，我通过参考备用陀螺仪和备用空速表保持安全飞行轨迹，这种矛盾状态使我们处于约 2 min 的高度紧张中。在此期间，仪表指示的反复变化带来巨大挑战，由于对"正确读数"的判断以及可依赖仪表的信心不足，我在高工作负荷下无意中爬升了约 350 英尺。直到飞机下降至 14 000 英尺以下后，我的 PFD 速度带显示才恢复正常。

　　在此案例中，自动飞行系统（AFS）按照设计逻辑在检测到不可靠空速指示时正确执行了断开操作，并将飞行控制权移交给机组人员。这一设计机制要求飞行员必须具备准确识别系统异常的能力，并在计算机无法处理复杂情况时及时接管控制，确保飞行操作的安全性和稳定性。

　　在编号 10 的案例中，系统出现了非预期的模式切换，而案例 11 则记录了 AFS 组件冻结或失效的情况：

　　以波音 737-800 执行 RNAV 进近时发生的意外模式转换为例（ACN:1024227）：机组在下降点从 OLM 7 航路转向 RNAV 进近程序，脱离雷达引导开始调整间距。虽然最终完成了航路变更并进入进近程序，但由于时间紧迫且工作负荷剧增，加之飞机处于高空高速状态，使返回预定航迹变得极具挑战性。为满足下一速度限制，机组使用了全速制动并激活速度干预功能，而此时 ATC 突然下达减速至 250 节的指令，进一步加剧了操作难度。在约 10 000 英尺高度，ATC 又发出从 34L 跑道改为 34C 跑道的指令。机长重新设置进近程序时，飞行管理计算机（FMC）意外切换至指令轮盘操作（CWS）和指令轮盘俯仰（CWP）模式，导致副驾驶短时间内完全丢失 LNAV/VNAV

导航信息。虽然系统很快自动恢复并继续保持平稳飞行（可能得益于 ATC 恢复雷达引导），但机组认为频繁的速度限制指令与延迟的高度许可严重干扰了自动化系统的正常运行，并造成注意力过度分散，极易引发飞行偏差。特别是在执行西雅图等新建高精度进近程序时，严格遵守公布参数至关重要。整个过程中，机组为满足速度和高度要求所做的持续调整（或调整不足）完全抵消了燃油效率优势。此案例清楚表明，在动态飞行阶段试图重新编程 FMS 以适应不断变化的 ATC 指令，不仅会导致意外模式转换和飞行计划中断，更暴露出 FMC 人机界面设计的根本局限——该系统原本设计用于起飞前完成完整飞行计划的编程验证，在飞行中进行修改极易引发信息错误和意外后果。

在 12% 的案例（28 例）中，机组人员对自动飞行系统（AFS）界面的异常反应感到意外，但飞机的实际飞行状态并未受到影响。值得注意的是，这类案例中有半数（14 例）涉及飞行管理系统（FMS）数据意外丢失的情况。然而，在整体分析样本中，高达 73% 的案例（170 例）出现了机组人员对飞机实际行为感到意外的情况。其中，21 起案例尤为特殊——机组人员在飞机位置或速度发生显著变化前，就已敏锐察觉到飞行控制出现了非预期变化。

以某民航飞机机长的报告为例（ACN:1041395）：在完成航线、出航程序和跑道数据的加载后，某些后续操作意外导致跑道和出航程序信息被删除。滑行阶段机组发现跑道数据丢失并进行了重新加载，但未能察觉出航程序也已消失。当水平导航（LNAV）被选为出航模式后，机组确认了跑道信息并按指令在起飞后执行左转。虽然初始阶段一切正常，但由于出航程序缺失，飞机持续左转偏离预定航线。机长及时发现了导航异常并切换至航向选择模式进行修正，但在完成修正前飞机已明显偏离规定的出航路径。

飞行管理系统（FMS）在信息呈现方式和内容传达方面存在显著的设计缺陷。某些情况下，飞行计划编程错误的提示极其隐蔽——可能仅表现为飞行模式指示器（FMA）上几个不易察觉的字符变化，或是隐藏在控制显示单元（CDU）当前未显示页面的某行代码中。这种不直观的警示方式导致机组往往难以在飞机实际偏离航线前，及时发现 FMC 并未执行其认为已加载的正确飞行计划。

数据分析显示，64% 的案例（149 例）中机组人员未能及时察觉飞机速度或位置的显著变化。具体而言：27 例造成空速异常波动，35 例引发航向偏离，33 例导致高度偏差，48 例影响正常升降轨迹。典型案例中，一架空客 A300 的机长报告（ACN:××××××）指出，即便严格遵循标准终端进近程序（STAR）——本例为依赖区域导航的 RNAV STAR 程序——飞机仍突发非指令性俯冲，这种完全违背预期的行为令机组措手不及。

（ACN:1043552）管制通报：当飞机接近 ARG 航点时，我们获得了经由 FNCH1 RNAV STAR 标准终端进场程序的下降许可。在进近准备阶段，机组已全面核查并确认了所有高度与速度限制参数。飞行管理系统（FMS）程序仅进行了两处调整：一是在下降顶点前将成本指数修改为 132，二是删除了"引导航段"设置，此举旨在提升着陆阶段的燃油消耗计算精度。

飞机按照预设的剖面模式执行进场程序，高度选择窗口已正确设定并双重确认为 4000 英尺（符合 JAYWA 机场 FNCH1 进近程序的最低高度限制）。从进场起始至 LOONR 航路点期间，所有高度与空速限制参数均得到严格执行。在以 9000 英尺高度、210 节空速通过 LOONR 航路点后，飞机持续保持剖面下降模式，以确保满足 BOWEN 点"不低于 8000 英尺"的通过限制。然而在约 8700 英尺高度时，飞机突发非指令性俯冲，空速急剧增加——此异常行为发生时，系统仍显示目标空速为 210 节，且 FMS 及限制页面均明确标示 BOWEN 点的通过高度限制仍为 8000 英尺。

机组首先尝试通过使用减速板来控制异常加速，但迅速判断需要采取更果断的干预措施。随即断开自动驾驶仪以中止非指令下降和持续加速，最终飞机以约 7700 英尺高度和 240 节空速通过 BOWEN 点。经过紧急处置，机组在 7500 英尺高度成功改平飞机并减速至 210 节，随后继续执行 FNCH1 进近程序。期间进近管制特别批准在 6000 英尺高度中止下降。

这一案例暴露出飞行管理系统（FMS）存在关键设计缺陷：系统运行着飞行员不可见的隐藏逻辑层级，制造商预设的优先级规则（如高度限制与空速限制的权衡机制）完全未向操作人员透明化。这导致两个根本性问题：首先，飞行员无从知晓系统何时会为满足高度限制而牺牲空速限制；其次，机组无法确认系统实际执行的操作是否与其指令一致。

机组人员何时感到意外

研究数据显示，自动化意外事件呈现出显著的飞行阶段分布特征（详见表 9.2）。总体而言，55% 的意外集中发生在进场和进近阶段，而巡航阶段仅占 13%。值得注意的是，这种分布模式存在明显的类型差异：自动驾驶系统组件（归类为"AFS 部件"）的故障或冻结现象在爬升、巡航和进近三个阶段均匀分布；自动油门异常事件的 2/3 发生在巡航阶段；虽然自动驾驶仪断开、非预期模式切换及控制异常主要集中于进场和进近阶段，但在爬升和巡航阶段也占有相当比例。此外，显示故障在爬升、巡航和进场阶段均有发生，而航路点丢失和横向航迹偏离问题则主要出现在 10 000 英尺以下的爬升阶段以及进场 / 进近阶段。

表 9.2　按飞行阶段划分的意外事件

意外事件	按飞行阶段划分的事件占比										
	推出准备阶段	起飞	爬升10 km以下	爬升10 km以上	缓慢行进	下降超过10 km	到达	进近	复飞	未知	合计（N）
自动飞行系统操作											
自动飞行系统组件	0	9	18	9	27	9	0	27	0	0	11
自动油门	0	0	0	0	67	0	0	0	33	0	3
AP 断开	0	18	0	0	27	0	36	18	0	0	11
模式变换	0	0	30	0	20	0	40	10	0	0	10
自动飞行系统接口											
显示	0	14	29	0	21	0	29	7	0	0	14
飞行管理系统功能下降	7	7	29	7	0	0	7	36	0	7	14
控制	0	0	19	10	29	5	14	19	0	0	21
飞机行为											
空速	0	0	15	15	15	0	11	37	7	0	27
高度	0	0	0	12	3	9	36	39	0	0	33
航向	0	0	37	6	14	0	20	17	0	6	35
通信线路	0	0	0	0	0	0	0	100	0	0	6
垂直路径	0	0	4	0	2	15	69	10	0	0	48
其他	0	0	0	0	0	0	100	0	0	0	1
占总数的百分比(%)	0	3	15	6	13	5	31	24	2	1	234

在飞行的进场和进近阶段出现较高比例的意外事件，这一现象可从多方面解释。首先，这些飞行过渡阶段具有显著的操作复杂性：机组需要同时完成着陆准备、应对增加的空中交通密度，以及处理空中交通管制（ATC）频繁发出的额外指令。为满足这些要求，飞行员往往需要更频繁地操作自动化系统，这使得在前期飞行阶段潜伏的自动化问题得以暴露。其次，飞行员在模式切换和飞行计划重新编程过程中可能出现操作失误。ASRS 报告中的案例数据为此提供了佐证——73% 的事件发生在初始爬升、进场和进近阶段，且多数与基于性能导航（PBN）的 RNAV 标准仪表离场（SID）或标准终端进场（STAR）程序执行相关。相比之下，巡航阶段的事件特征呈现明显差异：该阶段主要发生电子系统故障（如 AFS 组件和显示问题），而非飞行轨迹

偏差。这种分布特征符合系统可靠性理论——电子故障往往与运行时长正相关，而巡航阶段恰好占据航班大部分飞行时间。值得注意的是，飞行轨迹偏差主要出现在需要频繁调整航向和高度的爬升、进场及进近阶段，特别是当ATC临时要求偏离预定飞行计划时。

意外事件的先兆

研究人员通过对 ASRS 报告的系统分析，致力于还原自动化意外事件的前置事件链。分析显示，部分案例中飞行员能够明确描述可能的因果关系序列，其中相当比例（约40%）的案例中飞行员将意外归因于自身操作失误。而在其他案例中，分析人员可基于飞行员对操作行为的详细描述、系统响应特征，结合自动飞行系统（AFS）的运行原理，构建合理的事件演化逻辑。值得注意的是，在涉及自动化组件故障的案例中，往往缺乏足够的工程数据支持最终结论——这类案例中飞行员通常仅提及已联系维修部门，但鲜少提供后续的故障诊断结果或维修确认信息，这使得故障根源分析存在局限性。

通过对 234 例自动化意外案例的系统分析发现，其中 21 例（9%）无法明确判定突发事件的直接诱因。在其余 213 例可确定原因的案例中，数据显示人为因素占主导地位——66%（140 例）的意外源于飞行员在 AFS 操作过程中的失误（详见表9.3）。具体而言，飞行员操作失误是导致以下异常的主因：空速异常（64%）、高度偏差（84%）、航向偏离（71%）、导航信号异常（60%）以及升降轨迹偏差（73%）。此外，AFS 故障、控制失误、显示异常、非预期模式切换和航路点丢失等多类意外事件，也都主要归因于飞行员操作。然而，在 24% 的案例中，技术系统故障被确认为根本原因，这些系统引发的异常包括：自动油门异常调整（占该类事件的 67%）、自动驾驶仪非指令断开（80%），以及相当比例的自动飞行问题（44%）、控制操作异常（44%）、显示故障（38%）和模式意外切换（33%）。

研究数据表明，虽然 66% 的自动化意外事件直接归因于飞行员操作，但深入分析显示其中仅有 28% 属于飞行员自主行为导致的独立事件。更为普遍的情况（占人为因素案例的 72%）是飞行员在外界因素触发下做出的反应性操作：20% 的案例中，飞行员在处理设备故障时无意引发了系统异常响应；而占主导地位的 52%（73 例）案例则源于飞行员在执行 ATC 指令过程中意外触发的自动化系统异常。特别值得注意的是，在 RNAV 程序相关的意外事件报告中，36% 的案例明确显示，由于 ATC 要求变更飞行路径，机组在重新编程 AFS 时出现失误，继而导致系统异常响应。然而，受限于报告信息的完整性——大量案例未注明具体执行的导航程序类型——我们难以准确量化此类事件在 PBN（基于性能的导航）进近或离场程序中的实际发生比例。

表 9.3　按事件来源分类的意外事件

意外事件	按事件来源划分的事件占比					
	飞行员	环境	自动飞行系统	其他系统	其他	合计（N）
自动飞行系统						
自动飞行系统组件	44	0	33	11	11	9
自动油门	33	0	67	0	0	3
AP 断开	20	0	20	60	0	10
模式变换	56	11	33	0	0	9
自动飞行系统接口						
显示	54	0	23	15	8	13
飞行管理系统功能下降	100	0	0	0	0	11
控制	44	11	22	22	0	18
飞机行为						
空速	64	28	8	0	0	25
高度	84	3	6	3	3	31
航向	71	0	17	6	6	35
通信线路	60	40	0	0	0	5
垂直路径	73	2	18	2	5	44
占总数的百分比（%）	66	7	16	8	3	213

觉察

研究数据揭示了自动化意外事件的发现主体及其分布特征（表9.4）：在 85 起案例（36.3%）中，机组人员在飞机状态出现实际偏差前就及时发现了异常，而在 149 起案例（63.7%）中，意外事件是通过飞机异常行为才被察觉的，其中机组或 ATC 均可能成为首个发现者（仅 1 例无法判定）。总体而言，68% 的案例中飞行员是最早的异常发现者，具体表现为空速偏差 100% 由机组率先发现，高度偏差案例中有 42% 由 ATC 与机组同时（18%）或更早（24%）发现，航向偏差则呈现出特殊分布模式——17% 案例中 ATC 早于机组发现，更有 71% 案例中 ATC 与机组同时（9%）或更早（63%）识别，而升降轨迹偏差则有 17% 案例中 ATC 与机组同时（4%）或更早（13%）察觉。特别值得注意的是，航向偏差的识别模式存在显著异常，ATC 的识别率显著高于机组，这一现象可能与 71% 的航向偏差发生在 10 000 英尺以下的爬升阶段有关，特别是当机组使用 LNAV 执行标准仪表离场程序（SIDs）时往往未能及时察觉飞行计划未被正确执行。

解决

通过对 234 例自动化意外案例的深入分析，研究人员系统比较了事件发生时与故障处置阶段的自动化水平变化特征（表 9.5）。其中 34 例因数据不足无法确定自动化程度变化情况，在剩余的 200 例有效案例中呈现出显著的处置模式差异：48%（95 例）的案例全程保持原自动化水平不变，39%（72 例）的案例中飞行员在意外发生后转为手动控制，而 61%（111 例）的案例在恢复过程中仍继续使用自动化系统。具体到不同运行模式下的处置特点：在 72 例 VNAV（垂直导航）运行期间发生的意外中，32% 的机组选择维持 VNAV 模式解决问题，22% 转为 MCP（模式控制面板）输入控制，42% 则完全转为手动操纵；36 例 LNAV（水平导航）相关意外中，56% 继续使用 LNAV，14% 改用 MCP 控制，22% 转为手动；28 例 MCP 运行中的意外案例显示，64% 维持 MCP 操作，32% 转为手动控制。

表 9.4   按事件发现主体分类的意外事件

偏差内容	按事件发现主体划分的事件占比			
	机组人员	空中交通管制员	空中交通管制员和机组人员	合计（N）
空速	100	0	0	27
高度	58	24	18	33
航向	29	63	9	35
定位器	83	17	0	6
垂直路径	83	13	4	47
合计（N）	100	37	11	148

表 9.5   按空管事件分类的意外事件

意外事件期间的自动化级别	按空管事件分类的事件占比					
	垂直导航	横向导航	模态控制板	A/P（未指定自动化水平）	手动	合计（N）
垂直导航	32	0	22	4	42	72
横向导航	3	56	14	6	22	36
模态控制板	0	0	64	4	32	28
A/P（未指定自动化水平）	0	0	2	43	54	46
手动	0	0	18	0	82	17
合计（N）	12	10	22	13	44	200

注：A/P 是指未指定自动化水平的情况

综合讨论

研究结果揭示了关于自动化意外事件的三个关键发现：首先，自动化意外的诱发因素具有多元复合特征，既包含自动飞行系统（AFS）自身缺陷、人机界面设计问题、机载传感器故障等内部技术因素，也涉及气象环境等外部条件影响，更包含飞行员操作失误这一重要人为因素。这种多源性特征决定了任何单一技术改进都难以显著降低意外发生率，必须采取系统性解决方案。其次，虽然飞行员操作失误在意外成因中占比显著（66%），但深入分析表明其中大部分（72%）是机组为应对ATC临时更改指令而进行的应激性操作所致，这提示通过优化空管指令发布策略、减少飞行中的计划变更需求，可有效降低此类人为因素引发的意外风险。最后，数据表明飞行员在处置自动化意外时展现出良好的适应性——在61%的案例中机组仍能继续使用某种程度的自动化完成飞行，这说明自动化系统在减轻工作负荷和提升操作精度方面的优势并未因意外事件而丧失。值得注意的是，自动化意外的成功处置并不必然要求完全回归手动控制，恰当的系统降级使用（如从VNAV转为MCP控制）往往能兼顾飞行安全与操作效率。

虽然目前尚不存在能够完全预防或彻底消除自动化意外影响的通用解决方案，但通过综合运用多种针对性策略的协同干预，有望显著提升系统安全性能并有效降低意外风险。

训练方法

研究表明，自动化意外事件中相当比例可追溯至飞行员的操作不当。部分案例中，飞行员事后能够明确识别导致意外的具体原因；而在其他案例中，虽然飞行员未能完全理解事故成因，但通过分析其报告内容，潜在诱因仍然清晰可辨。这一现象表明，深化飞行员对自动化系统的认知理解有望显著减少操作失误的发生。值得关注的是，尽管自动化系统制造商长期强调其产品能够简化飞行员任务、提升操作精度与效率，但多项研究证实，航空自动化在提升效率与精度的同时，并未如预期般降低飞行操作的复杂性。相反，自动化系统的引入可能反而增加了飞行员的工作复杂度。面对这一现状，飞行员群体持续呼吁制造商简化系统操作流程，这些诉求虽然推动了部分界面设计的改进，但自动化系统本质的复杂性难以根本性降低——这源于航空运行环境本身固有的复杂性与动态性特征。更具挑战性的是，现行的飞行员培训体系尚未充分适应这一技术演进趋势，培训内容与实操需求之间存在显著落差。

当前应对自动化系统复杂性的培训策略存在显著局限性——通过简化培训内容、限定标准操作程序来降低学习难度，这种做法实际上制约了飞行员对自动化系统的深入理解。当遭遇超出标准程序范畴的异常情况时，由于缺乏对系统底层逻辑的认知，飞行员往往对自动化行为感到困惑和意外。针对这一现状，亟须发展新型自动化教育培训方法，其核心目标应从"程序化操作训练"转向"系统性认知培养"，重点帮助飞行员建立三大关键能力：理解自动化系统工作原理、预判系统行为模式以及灵活应对非预期状况。具体而言，飞行员需要构建完整的自动化系统心智模型，这种模型不必涉及工程实现细节，但必须包含四个基本认知维度：系统控制对象（如俯仰角、推力等）、数据采集来源（如机长侧无线电高度表、GPS 定位等）、目标参数设定（如 MCP 高度、FMC 速度等）以及目标达成后的系统行为逻辑（如保持航向或恢复预设程序）。

然而，仅仅掌握这些基础知识还远不足以构建有效的操作心智模型。这些知识仅为飞行员提供了理解自动化系统的认知框架，而真正关键的是在动态飞行环境中实时更新和应用这一模型。这要求飞行员必须具备四项核心能力：首先，精准定位关键信息的来源位置；其次，在复杂操作环境中保持对这些信息源的有效监控；再次，准确解析获取的各类状态数据；最后，将这些实时信息与既有的自动飞行系统知识及预定飞行计划进行整合分析。这种动态认知过程需要飞行员持续追踪飞机状态变化，并理解这些变化如何影响系统行为与飞行计划之间的关联性。

当前主流的自动飞行系统（AFS）在人机界面设计上存在显著的信息整合缺陷——关键运行参数往往分散在多个互不关联的显示单元中，包括模式控制面板（MCP）的数值窗口、飞行模式通告器（FMA）的状态指示、导航显示屏的图形信息以及控制显示单元（CDU）的多级页面。这种碎片化的信息呈现方式不仅增加了飞行员的视觉扫描负荷，更对信息综合处理能力提出了过高要求。更严峻的是，要准确解读这些分散数据的操作含义，飞行员必须从记忆中调用可能尚未完全内化的系统知识，这种认知负荷在紧急情况下极易导致关键信息误判或漏读。

座舱显示器

现有自动飞行系统的显示界面存在关键性缺陷，亟须开发具有预测功能的改进型显示系统。正如 Sherry 和 Mauro（2014）研究的 CFIS 事故及本文分析的 ASRS 案例所示，自动化系统往往严格按预设程序运行，而问题根源在于飞行员对系统编程逻辑的理解与系统实际运行机制之间存在认知偏差。当前自动化界面最显著的缺陷在于：未能直观呈现系统编程参数及基于这些参数的预测飞行轨迹，包括速度变化趋势、升降率曲线和水平航迹规划等重要飞行参数。

针对当前飞行模式通告器（FMA）存在的显示局限，部分解决方案是开发具有"意图显示"功能的增强型 FMA 系统（Feary 等，1998；Sherry&Polson，1999）。传统 FMA 由于信息实用性有限、符号标识模糊，加之自动化意图往往可通过其他仪表间接推断，导致飞行员对其关注度普遍不足（Mumaw 等，2001）。然而，CFIS 事故案例清晰表明，相同的操作表象可能对应完全不同的自动化底层逻辑。这种"一因多果"的特性使得依赖飞行员主观推断存在重大安全隐患。改进方案的核心在于重构 FMA 的信息架构，使其不仅能显示当前自动化状态，更能直观呈现系统的决策意图。实验数据证实，这种意图可视化设计可显著提升机组对自动化行为的理解准确率（Feary 等，1998）。

ATC（空中交通管制）程序

研究数据表明，飞行员触发的自动化意外事件中，空中交通管制（ATC）指令是最主要的诱因。这些指令在操作层面给飞行员带来了显著挑战。通过优化 ATC 的进场和进近程序，减少飞行员在关键飞行阶段需要处理的突发性任务，有望显著降低自动化意外发生率。当前复杂的进近程序往往必须依赖自动化系统执行，而飞行员在飞行过程中对飞行管理系统（FMS）的实时修改极易产生错误，这些错误不仅会引发飞行员的操作困惑，还会扰乱正常的空中交通秩序。改进 ATC 对这些程序的处理方式可有效缓解这一问题。值得注意的是，在本研究分析的众多案例中，ATC 往往是首个发现飞行轨迹偏差的监控方，通常通过发布新的管制许可来应对偏差。在现行空域体系下，此类偏差已构成安全隐患。而在 NextGen 新一代航空运输系统环境下，飞机将按照更精确的 4D 轨迹飞行，本研究所观察到的偏差可能导致飞机间距过近，存在潜在碰撞风险。最佳情况下，这类事件仅会造成严重的交通流中断；最坏情况下，则可能引发灾难性的飞行冲突。

本研究分析的诸多自动化意外事件集中发生在 RNAV STAR（区域导航标准终端到达航线）或 SID（标准仪表离场）程序执行过程中。现代 RNAV 进近程序往往设计有复杂的垂直剖面和水平航迹，以满足特定机场的地形限制和空域容量需求（联合规划和发展办公室，2007）。这些程序使航空器能够沿精确计算的航径持续下降，保持最佳动力设置，避免传统阶梯式下降中常见的平飞阶段。然而，其复杂程度已超出人工可靠操纵的范畴。以华盛顿特区的 FRDMM 航路点三号区域导航标准终端进场航线（FRDMM THREE RNAV STAR）为例，仅 BUCKO 过渡段就包含 15 个 GPS 精确定义的航路点，覆盖 140 英里航程（参见图 9.2 程序示意图）。在典型进近速度下，相邻航

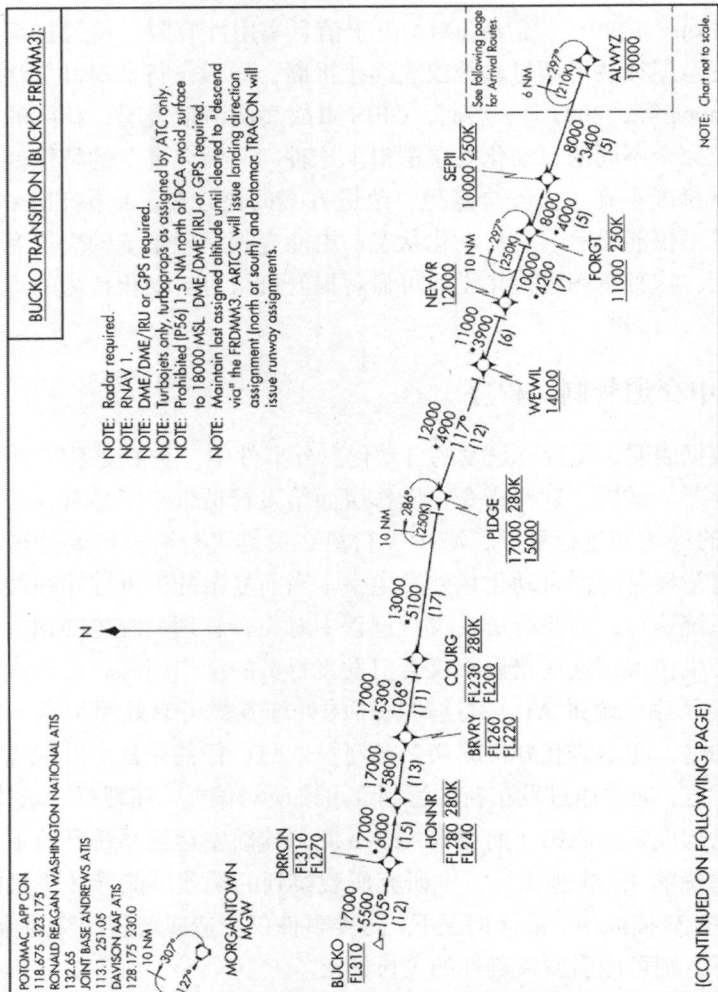

图 9.2　FRDMM 航路点三号区域导航标准终端进场航线

路点间隔仅 1.2 ~ 3.6 min。每个航路点均关联严格的高度限制（可能为高度窗、上限、下限或精确高度），同时可能附加航向变更和 / 或空速限制要求。

执行复杂的 RNAV 程序时，若缺乏真正的垂直导航（VNAV）系统支持——即同时具备计算机控制的垂直 / 横向导航、气动动力控制及自动油门功能的完整系统——将面临极大操作困难。正如前文引用的 ASRS 报告所示，在 VNAV 阶段如需修改飞行路径，边飞行边重新编程极易引发系列自动化问题。当机组尝试使用性能不足的航电设备执行基于性能的导航（PBN）程序时，不仅会显著增加工作负荷，更会放大潜在的操作风险。然而现实情况是，部分航空运营商在缺乏先进自动飞行系统（如未配备自动油门）的情况下，仍会寻求获得 PBN 程序运行资质，这导致不同机组在执行相同程序时，在设备性能、操作能力及情景适应度等方面存在显著差异。这种参差不齐的运行条件，凸显了在 NextGen 新一代航空运输系统全面实施前，必须深入理解自动化意外成因并建立有效应对策略的紧迫性。

结　论

当预期与现实出现偏差时，意外便随之产生。从本质上说，预防意外存在两种基本途径：调整我们的认知预期以匹配现实情况，或是改造现实环境以符合预期目标。在航空自动化领域，当系统行为与飞行员预期产生分歧时，这种认知冲突就会引发操作意外。要系统性地降低自动化意外风险，我们需要从三个维度着手：优化自动化系统设计、改善操作环境特性，以及重塑飞行员对系统行为的合理预期。这三种方法在本研究提出的各项建议中均有所体现——通过深化培训完善飞行员对自动化逻辑的理解，改进人机交互界面提升信息传递效率，以及重构标准操作程序减少意外触发条件。这些综合干预措施有望显著降低当前航空运行中的自动化意外发生率。然而，随着人工智能技术的快速发展，我们正面临更深刻的变革挑战。现有准智能系统即将被具备高级认知功能和自主决策能力的新一代系统所取代。这一技术演进既带来效率提升，也伴随着更复杂的认知匹配问题。如果不能同步发展与之相适应的人机交互范式和完善的认知培训体系，飞行员将面临更为严峻的"自动化鸿沟"——即人类认知能力与系统复杂度之间的不匹配现象。因此，在推进航空智能化的同时，必须并行开发：①能够有效传达系统决策逻辑的透明化界面；②系统化的认知训练方法；③渐进式的自主功能引入策略。

原著参考文献

Burki-Cohen, J. (2010). Technical challenges of upset recovery training: Simulating the element of surprise. *Proceedings of AIAA Guidance, Navigation, & Control Conference*: Toronto, Ontario, Canada, http://dx.doi.org/10.2514/6.2010-8008.

Degani, A., Shafto, M., & Kirlik, A. (1999). Modes in human-machine systems: Constructs, representation, and classification. *International Journal of Aviation Psychology*, *9*, 125-138.

Feary, M., McCrobie, D., Alkin, M., Sherry, L., Polson, P., Palmer, E., & McQuinn, N. (1998). Aiding vertical guidance understanding. *NASA Technical Memorandum NASA/TM-1998-112217*, Ames Research Center, Moffett Field, CA.

Javaux, D., & De Keyser, V. (1998). The cognitive complexity of pilot-mode interaction: A possible explanation of Sarter and Woods' classical result. In *Proceeding of the International Conference on Human-Computer Interaction in Aeronautics* (pp. 49-54). Montreal, Quebec: Ecole Polytechnique de Montreal.

Joint Planning and Development Office . (2007). *Concept of operations for the next generation air transportation system.* Washington, DC: Government Printing Office.

Mumaw, R., Sarter, N., & Wickens, C. (2001). Analysis of pilots' monitoring and performance on an automated flight deck. *Proceedings of the 11th International Symposium on Aviation Psychology*, Columbus, OH, March 5-8, 2001.

Norman, D. A. (1990). The "problem" with automation: Inappropriate feedback and interaction, not "over-automation." *Philosophical Transactions of the Royal Society B: Biological Sciences, 327*(1241), 585-593.

Reveley, M., Briggs, J., Evans, J., Sandifer, C., & Jones, S. (2010). Causal factors and adverse conditions of aviation accidents and incidents related to integrated resilient aircraft control. *NASA Technical Memorandum* NASA/TM-2010-216261.

Sarter, N. B., & Woods, D. D. (1995). How in the world did I ever get into that mode? Mode error and awareness in supervisory control. *Human Factors: The Journal of the Human Factors and Ergonomics Society*, *37*(1), 5-19.

Sarter, N. B., Woods, D. D., & Billings, C. E. (1997). Automation surprises. *Handbook of Human Factors and Ergonomics*, *2*, 1926-1943.

Sherry, L., & Mauro, R. (2014). Controlled flight into stall (CFIS): Functional complexity failures and automation surprises. *Proceedings of the Integrated Communications Navigation and Surveillance Conference*, D1-1. IEEE.

Sherry, L., & P. Polson (1999) Shared models of flight management systems vertical guidance. *The International Journal of Aviation Psychology 9*(2), 139-153.

Wiener, E. L. & Curry, R. E. (1980, June). *Flight-deck automation: Promises and problems* (NASA-TM-81206). Moffet Field, CA: NASA.

Woods, D., & Sarter, N. (2000). Learning from automation surprises and "going sour" accidents. In Sarter, N., & Amalberti, R. (eds.), *Cognitive Engineering in the Aviation Domain*.LEA: Mahwah, NJ.

撰稿人介绍

Robert Mauro（罗伯特·毛罗），决策科学与风险评估领域权威专家，现任俄勒冈大学教授，主讲《人的因素与统计学》课程，并担任认知与决策科学研究所执行委员会委员及独立决策科学研究所的高级研究科学家。罗伯特于 1979 年获斯坦福大学学士学位，1981 年获耶鲁大学硕士学位，1984 年获斯坦福大学博士学位，拥有深厚的学术背景。毛罗博士综合采用实验心理学、生理测量、问卷调查及实地观察等多元方法开展决策理论、风险评估和人类情感的基础与应用研究，在决策训练、程序开发与自动化系统优化方面开展了大量创新性工作，特别是在太空飞行控制决策支持系统与风险评估工具开发领域取得重要突破。作为资深顾问，毛罗博士长期与美国国家航空航天局（NASA）、联邦航空管理局（FAA）、国家科学基金会（NSF）及多家大型航空公司和私营机构保持密切合作，其研究成果对提升复杂环境下的决策质量产生了深远影响。

Julia Trippe（朱莉娅·特里普），美国俄勒冈大学语言学博士研究生，同时在决策研究所担任航空人因研究助理。自 1994 年进入航空业以来，特里普女士积累了丰富的行业经验，曾从事航空测绘、货运、商业航空等多种飞行作业，并长期担任飞行教员。作为一名持证飞行教员，将学术研究与航空实践紧密结合，专注于两个关键领域：①飞行员对飞机自动化系统的认知机制研究，致力于构建航空电子工程师与飞行员之间的沟通桥梁；②航空英语听说能力标准化研究，为国际航空人员建立公平有效的语言评估体系。

第四部分
航空环境中的视觉和触觉

第十章

基于"感知－评估－增强"认知范式的眼动指标开发与验证

马修·米登多夫，克里斯蒂娜·格伦瓦尔德，
迈克尔·A.维杜利希，斯科特·加尔斯特

人的因素是一门以心理学、生理学、生物力学、计算机科学等多学科为基础的综合性交叉学科，多年来该学科一直致力于研究高性能的人机界面，以帮助操作人员充分了解工作任务并正确执行各类操作。这项工作有效推进了人机系统整体性能的大幅提升（Wickens，Hollands，Banbury，Parasuraman，2013），但与之形成鲜明对比的是，有关"机器如何更好响应操作人员需求"的研究工作相对较少。本章拟采用眼动指标衡量操作人员的脑力负荷，将眼动测量结果及时反馈给机器以利于机器自动识别操作人员的脑力负荷水平，进而提升机器的自适应能力。据此，我们开发了一套眼动算法，用于实时准确地检测操作人员在执行任务过程中的视觉轨迹以及眨眼、扫视（视线在两点或两个对象之间快速移动）等眼动指标。

传统的人机系统一味强调操作人员要适应机器，要在任务过程中始终保持对机器的良好适应状态。最初的机器只能用于执行操作人员的指令，或提供一些潜在危险的警告（例如汽车上的"检查发动机"和"燃油不足"指示灯，以及飞机上的"失速警告"指示灯），对于操作人员的信息理解和目标选择几乎没有帮助。随着机器内置自动化系统变得越来越智能，机器在人机系统中的角色不断发生着变化。近年来随着传感器技术和无线通信技术的快速发展，机器能够更好地了解系统的整体情况，并向操作人员及时提供更多的危险警告。例如，在现代汽车中"盲点监测"和"变更车道"等警告功能可以帮助驾驶者更安全地行驶。

上述方式在增强机器感知能力的同时也明显提高了人机系统的整体性能和安全性，但如果能够给机器提供有关操作人员认知状态的信息，似乎可以推动人机系统的整体性能进一步大幅提升。这并不是一个新的见解。早在1981年，麦克唐纳 - 道格拉斯宇航公司在美国国防高级研究计划局（DARPA）控制论技术办公室的资助下，围绕"生物控制论在军事系统的应用"主办了一次学术盛会（Gomer，1981）。此次会议将生物控制论定义为"一种从操作人员自身到其所控制的系统之间的实时通信，该通信依赖于操作人员执行指定任务过程中自身生理信号的实时变化"。学者们在会上介绍了相关工作，侧重于强调脑电生理评估（包括事件相关诱发电位）的潜在作用；同时也报告了眼球运动和瞳孔反应等其他生理数据的应用。尽管此次生物控制论会议所报告的工作没有带来任何直接的现实应用，但这代表了一种愿景，即让机器更好地成为操作人员的队友。

为推动以上愿景成真，迪伦·施莫罗牵头组织开展了一项"认知增强"项目，参与单位包括美国国家科学基金会、美国国立卫生研究院、美国国防高级研究计划局、美国海军研究办公室和美国空军研究实验室。该项目被认为是规模最大的尝试之一（Schmorrow，Reeves，2007；Stanney，Winslow，Hale，Schmorrow，2015）。在后续的多次会议中，业内专家围绕认知增强新技术及其发展趋势进行了深入讨论，这为下一步研制先进的"认知增强"训练系统搭建了知识共享平台，并推进了专业化人才队伍建设。

美国空军研究实验室（AFRL）紧紧把握这一契机，启动了"感知 - 评估 - 增强"（SAA）认知研究计划（Galster & Johnson，2013；Parasuraman & Galster，2013），旨在通过对多种技术进行集成以提升人机协同的整体性能，并最大限度地将研究成果从实验室拓展到实际应用中。

"感知 - 评估 - 增强"（SAA）认知研究计划

美国空军研究实验室（AFRL）的SAA认知研究计划旨在通过实时感知操作人员的生理信号来评估他们的认知状态，并在此基础上进行认知增强训练以优化操作人员的任务绩效。该计划引入了智能化的自适应人机系统，采用的策略是在尽可能对现有技术进行集成的基础上摸清技术水平与现实需求的差距，然后制订有效的解决方案以实现技术突破。例如，对于SAA认知范式中的感知模块，有很多现成的传感技术可用于对操作人员的生理心理状态进行实时测量（包括心率、皮肤电、脑电图和眼动测量等）。

直接从人体采集到的生理信息原始信号并没有多大用处，这些信号需要经过专门的处理和计算，才能提取出与操作人员认知状态相关的心理特征。例如，从心电图（ECG）中可以提取心率变异性，从眼电图（EOG）中可以提取眨眼频率。心率变异性和眨眼频率这两个特征对于 SAA 认知范式中的评估模块很有价值，可以联合其他指标一起用于评估操作人员的脑力负荷。有关脑力负荷的信息可以作为生物反馈提供给操作人员本人，或者提供给指挥官。当显示某名操作人员的脑力负荷水平过高时，指挥官可以立即采取适当的措施。这些信息还可以提供给机器，以便机器调用适当形式的效能增强方法，从而帮助操作人员有效管理脑力负荷，并提高系统的整体性能。

开发适用于 SAA 认知范式的、鲁棒性较强的眼动信号算法是当前研究的主要目标之一。本文旨在探索眨眼和扫视这两类眼动特征的鲁棒优化算法。

眨眼和扫视

视觉在现实世界中对于获取信息至关重要，因此，研究人员在相当长的时间内一直致力于探索将视觉眼动特征用于评估脑力负荷（Stern，Walrath & Goldstein，1984；Kramer，1991）。自发性眨眼（又称为内源性眨眼）和扫视对脑力负荷的变化非常敏感，这已在实验室条件下被多次证实（Halverson，Estepp，Christensen，& Monnin，2012；Chen & Epps，2013；Di Stasi，Marchitto，Antolí，& Cañas，2013；Gao，Wang，Song，Li，& Dong，2013），并且在高仿真的模拟航空实验任务（如空中交通管制）中也得到了证实（Ahlstrom & Friedman-Berg，2006）。

自发性眨眼

与反射性眨眼或自主眨眼不同，自发性眨眼的特征是不存在可识别的诱发刺激（Stern 等，1984）。反射性眨眼通常是一种保护性反应（例如，当人们遇到迎面而来的物体时眨眼）；自主眨眼是指人们在短暂的时间内有意识地主动闭上眼睛；而自发性眨眼则与人们的认知状态有关，它有特定的频率、波形和时间分布特征，这些特征能将自发性眨眼与面部活动（如扮鬼脸）或其他眼睑活动（如非眨眼性眼睑闭合）进行有效区分。

人的眨眼频率在很大程度上受视觉信息的影响，但信息无论是以视觉方式还是听觉或触觉等其他方式输入，眨眼频率都会随任务难度的增加而降低，也就是说，人们在专心的时候眨眼频率降低。当视觉需求增加时，每次眨眼所需的时间（即眼睑闭合的时间）也会缩短。如果自发性眨眼与眼球运动相协调，可以尽量避免信息获取过程受到干扰。因此，自发性眨眼往往发生在注意力需求较低的时刻，以最大限度地避免信息获取过程被中断。例如，有研究发现，当副驾驶接手控制权开始操控飞机时（Stern & Skelly，1984），以及当受试者从执行单任务转换到执行双任务时（Sirevaag，Kramer，De Jong，& Mecklinger，1988），眨眼频率会降低。

然而，有研究者观察到受试者的眨眼频率随着模拟飞行任务中对导航要求的增加而增加（Wierwille，Rahimi，& Casali，1985）。可能的原因是在不同的研究中认知需求的具体类型不同。例如，快节奏的实验程序需要受试者快速切换注意力，这可能导致眨眼频率的整体水平增高。可见，受试者的眨眼频率可能会由于实验任务认知需求的不同而产生差异，这说明眨眼行为不仅仅是反射性的自我保护活动，还包含一定程度的自主控制。

在目前发现的能够反映操作人员认知状态的眼动指标中（Fitts，Jones，& Milton，1950；Yang，Kennedy，Sullivan，& Fricker，2013），眼电图（EOG）最适于在真实的操作环境中进行测量。眨眼即双侧眼睑同等闭合和睁开的运动，眨眼所产生的电信号可以用角膜和视网膜之间的电位差表示，在眼睛上、下方各放置一对电极即可测量，因此，EOG 数据采集所需的传感器相对简单。再加上便携式放大器技术和先进的视频技术，使得 EOG 数据的采集可以不受操作人员是否活动的影响。相比之下，瞳孔直径和眼动追踪等眼动测量对操作人员位置的移动非常敏感，在其被大规模应用的过程中会面临严峻挑战。例如，瞳孔尺寸和眼动追踪数据通常是使用非佩戴式相机获取的，这会限制操作人员的视野范围。基于相机的测量系统在操作人员改变位置或转动头部时也可能失去对眼睛的追踪。相比之下，无论操作人员如何移动位置，EOG 数据始终是连续的。

扫视

扫视（或称眼跳）是一种快速的眼球运动，通过快速改变视线方向使视网膜正中央的黄斑中心凹对准新目标，能够使人眼专注于新的兴趣区（Area of Interest，AOI）。扫视动作既可以是自发的也可以是反射性的，用于将中央窝重新定位到视觉环境中的一个新的位置。眼球在两次扫视之间保持不动称为注视，注视是眼睛相对静止以收集有效信息的时间段，持续时间为 150 ~ 400 ms。当视线方向突然变化时，人眼视力会迅速下降，这时需要通过快速眼动对视线进行调整以对准到新的兴趣区。多个可能的兴趣区究竟选择哪一个，取决于观察者和环境之间的相互作用。也就是说，扫视可能不是由环境中的目标所引发，而是由观察者自身发起的。扫视也可能是探索性的，其目标会发生改变，并不总是针对某个特定目标。

通常情况下，人眼每秒会发生 2 ~ 3 次扫视。扫视的持续时间、峰值速度和扫视幅度（即连续扫视之间的距离）三者之间存在相互一致的关系，即随着扫视幅度的增加，扫视的持续时间和峰值速度也增加。扫视幅度一般小于 15°，如果视线方向需要调整较大的角度则直接通过转头来实现。需要注意的是，眼睛即使在注视期间也并非绝对不动，而是会发生三种类型的快速微动（漂移、震颤和微小的不随意眼跳动），以此减少视神经适应而导致的视觉图像变模糊（Tokuda，Palmer，Merkle，& Chaparro 2009）。

与眨眼类似，扫视已被证明是用于脑力负荷评估的可靠指标，能够对脑力负荷状况做出可靠且有效的解释（May，Kennedy，Williams，Dunlap，& Brannan，1986；Di Stasi 等，2013）。例如，Benedetto 等研究者（2011）发现，在驾驶情境中，探索性扫视的频率随着分时任务的增加而增加。DiStasi（2010）和 Bodala（2014）研究团队相继通过实验证明，扫视速度随脑力负荷的增加而增加。同样地，Marshall（2007）发现，将扫视指标用于区别单任务驾驶 *vs.* 多任务驾驶、疲劳状态视觉搜索 *vs.* 警觉状态视觉搜索以及问题解决类任务中的认知参与程度时，能够提供比眨眼和瞳孔大小等指标更加丰富而有效的区分信息。

眨眼 / 扫视检测的应用

眨眼 / 扫视检测存在直接应用和间接应用两种情况：直接应用是将其视为有效的"生理信号"，用以表征某种认知状态（如脑力负荷强度）；间接应用是将其视为可能对有效生理信号（如脑电图 EEG）产生干扰的"噪声"。相应地，眨眼检测和扫视检测所采用的算法也同样包含直接应用和间接应用两种情况。

例如，应用 EEG 评估脑力负荷时，首先需要去除眨眼、扫视等眼动信号的干扰，这就是一个间接应用的例子。EEG 是一种非侵入性的电传感技术，通过将电极置于头皮的不同位置可测得不同类型的大脑活动。EEG 已被证明对脑力负荷的变化很敏感（Hankins & Wilson，1998），将其用于认知评估和认知增强训练有很好的前景（Gomer，1981；Schmorrow & Reeves，2007；Stanney 等，2015）。但是，需要注意的是，EEG 信号很容易受到与大脑活动无关的其他信号的干扰，这些干扰信号称为伪迹。因此，EEG 不仅包含从头皮上记录的大脑电位，还可能包含扫视和眨眼等眼动信号产生的干扰电位（Gevins & Smith，2003）。有关 EEG 伪迹去除方法的研究很多，常用的方法有避免伪迹产生法、直接移除法和伪迹消除法（Fatourechi，Bashashati，Ward，& Birch，2007）。

研究者在眨眼 / 扫视检测算法中采用了一种称为伪迹分离的新技术（Credlebaugh，Middendorf，Hoepf，& Galster，2015）。通过这种技术，EEG 数据的时域分析被转换为频域分析，与时域分析相比，频域分析能够定量表征 EEG 信号的整体频谱变化规律，利用节律间的频谱差异可以对是否存在眨眼或扫视进行判别，进而有助于分离伪迹。

眨眼 / 扫视检测的一般性算法

准确检测眨眼和扫视至关重要，无论是将其直接用于衡量认知状态，还是作为间接指标来提高脑电等数据的信号质量。对眨眼和扫视进行实时检测，特别是在真实的操作环境中进行测量时，需要采用鲁棒性较强的算法。常用的一般性算法是从 EOG 数据中提取眨眼和扫视的特征信息。为提高计算效率和灵活性，研究人员使用状态机模型实现了对眨眼和扫视的快速检测（Gill，1962）。状态机是一种数学模型，也称为有限状态机，由一组状态、一组输入事件和一组转换规则组成；但系统在任何给定的时刻只能处于一种状态，当输入事件发生时，根据当时的状态和转换规则，系统可能会转换到另一种状态。状态之间的转换是由触发事件引发的。状态机对原始 EOG 信号进行监测，并按时间顺序捕捉眼动信号特征，例如眨眼诱发的眼动幅值一般为 50 ~ 100 μV，持续时间一般为 200 ~ 400 ms，眨眼诱发的波形在眼睛上方和下方电极上存在极性偏转。下一步将开发高精度的、具有动态自适应功能的实时眼动算法，并能够进行校准以充分考虑到个体内和个体间的差异。

眨眼检测

眨眼的基本波形

垂直眼电（VEOG）中眨眼信号的基本波形为眨眼动作导致的电压偏移，如图 10.1 所示。研究者（Andreassi，2007）将该波形描述为振幅急剧上升、随后急剧下降，峰值圆润且持续时间短，并且信号在归零之前有明显的过冲现象。随着 VEOG 的振幅逐渐上升，从开始超过阈值至峰值，然后再下降返回至阈值的时间段，称为一个"波峰"。"波峰"部分包括眨眼信号和非眨眼信号（由眼球运动或其他信号干扰所致）。眨眼的基本波形很容易辨别，但由于信号变化大且存在干扰，导致人们在研究眨眼检测的自动化算法时一直面临挑战。尽管有些文献（例如，Kong & Wilson, 1998）报道过不同的算法，但这些算法还不足以指导实际应用。

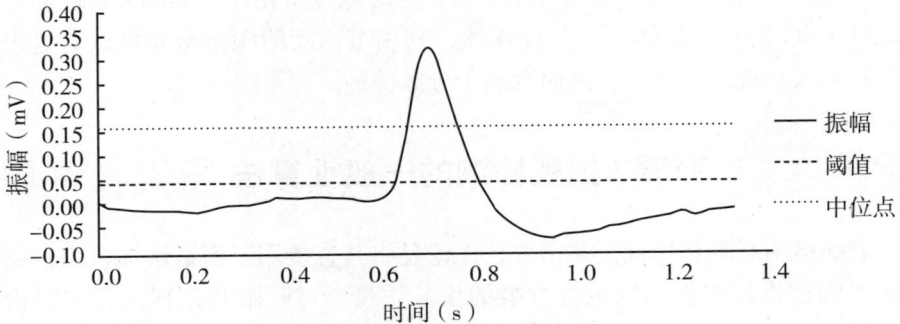

图 10.1　眨眼信号的基本波形

眨眼检测算法

下文所介绍的眨眼检测算法主要适用于检测自发性眨眼，同时也适用于反射性眨眼和自主眨眼。该算法主要包括设置阈值、基于状态机的特征分析、眨眼波形的特征提取和基于规则的眨眼检测等四个步骤，能够最大限度地减少眼球运动和其他信号的干扰。

设置阈值

研究者在设置眼电阈值时需关注垂直眼电（VEOG）的"5 s 滑动窗口"。为尽量减少眨眼和眼球运动对阈值的影响，一般采用一阶巴特沃斯高通滤波器（截止频率为 10 Hz）对眼电数据进行滤波，然后对滤波后的信号进行校正，取中间值（中位数）作为初始阈值。眨眼动作本身非常快、持续时间短暂，如果在某一时间段（如 5 s 窗口期内）恰好记录到了眨眼动作，那么该时间段的眼电数据就会因为眨眼动作而发生变化，导致数据分布不均匀或偏离正常范围，此时采用中位数可以避免极端值的影响，中位数能够提供比均值更稳健的平均估计。初始阈值确定后并不是一成不变的，可以根据眼动的具体情况进一步调整，比如，当检测连续的两次和多次眨眼时，阈值则进一步降低。

眨眼动作会导致眼电信号的赋值发生跳变，因此通过设置阈值可以将眨眼动作与其他眼电信号区分开来。进行眨眼检测时，初始阈值在一段时间内保持不变，待检测到 10 次眨眼之后，则根据所检测到的平均眨眼幅度对阈值进行动态调整。眼电采集硬件设备（Clevemed BioRadio 150）的高通滤波会导致信号在眨眼波形的下降段过零（即信号穿越零电压值），此时将阈值降低是必要的。关于阈值降低的具体幅度，则取决于前一次眨眼的过冲量（即信号超过其最终稳态值的量）。相反地，采用高通滤波的逆函数，阈值可恢复到其正常值（未降低之前的值）。

基于状态机的特征分析

眨眼检测时，基于状态机的特征分析只使用垂直眼电（VEOG）信号。状态机分为四个状态（0、1、2、3）：状态 0，逻辑阈值电压低于事先预设的阈值；状态 1，逻辑阈值电压高于预设阈值，这时需计算向上交叉数据并冻结阈值；状态 2，逻辑阈值电压回落到阈值以下，需捕获在此期间的峰值幅度和向下交叉数据并解冻阈值，同时也需要存储状态 2 中所有高于阈值的数据点，以便于中点计算；状态 3，需捕获信号过冲值并对特征进行分析评分，以判断信号波动是否属于眨眼动作所引起的；最后，状态机再返回到状态 0。

眨眼波形的特征提取

为了提取眨眼相关的波峰特征，研究者编写了专门的软件和算法以便准确识别。眨眼的四个主要特征已有过报道（Andreassi，2007），包括峰值振幅、中点处的上升斜率、中点处的下降斜率，以及从中点开始上升至峰值再下降返回到中点的时间（即信号在中点以上的持续时间，见图 10.1）。随后，为了进一步提高眨眼检测算法的准确度，研究者还从每个波形凸起中提取了五个次要特征。下文将对每个特征的标准值和眨眼检测的步骤进行描述。

主要特征标准值。确定眨眼波形主要特征标准值的数据集来自于一项未公开发表的研究，该研究采集了 12 名被试者在完成警觉性任务和 n-back 工作记忆任务过程中的 VEOG 数据。在该数据集中，人眼能分辨出来的波形凸起共计 3,102 个，采用人工判别的方式判断这些波形凸起中哪些属于眨眼动作所引起的。首先，按照图 10.1 所示眨眼信号的基本波形，对人工判别员进行眨眼形状识别训练；然后邀请训练有素的人员对数据集里的 3,102 个波形凸起进行人工判别；结果是，人工判别员编码了 2,020 个波形凸起为眨眼，剩余的 1,082 个为非眨眼。人工判别在眨眼检测算法开发中是一种常见方式（Divjak & Bischof，2008；Sukno，Pavani，Butakoff，& Frangi，2009；Arai & Mardiyanto，2010；Chen & Epps，2013；Jiang，Tien，Huang，Zheng，& Atkins，2013；Toivanen，Pettersson，& Lukander，2015）。通过以上做法，可以确定每个特征的最小值和最大值的第 98 百分位数，最后，根据测试进行一些调整以进一步提高识别的准确性。眨眼波形主要特征的标准值如表10.1 所示。

表 10.1　眨眼波形主要特征的标准值

眨眼波形主要特征	最小值	最大值
振幅（mV）	0.211	0.6483
中点以上的持续时间（s）	0.06	0.198
中点处的上升斜率（mV/s）	1.5	13.41
中点处的下降斜率（mV/s）	−10	−1.25

最初，只有当四个主要特征值均在表 10.1 的范围内时，机器识别才视为眨眼。该算法基于另一组未公开发表的 VEOG 数据集（采集的是被试者玩各种电脑游戏时的眼电信号）进行了测试，结果令人欣喜，但也存在假阳性的趋势。一些由人工判别者编码为非眨眼凸起的数据，被机器识别成了眨眼，表明该算法有待进一步改进。

次要特征标准值。从每个波形凸起中提取以下五个次要特征，分别是眼睑闭合持续时间、中点处上升斜率线性拟合 R^2、中点处下降斜率线性拟合 R^2、根据中点推测的过零点持续时间（ZCMP）、根据阈值推测的过零点持续时间（ZCT）。根据中点处的二次线性拟合进行推测，在波峰处二次拟合之间的距离可视为眼睑闭合持续时间。这二次拟合在过零点处的距离用于计算 ZCMP，与之类似，ZCT 则通过基于阈值的线性拟合进行测量。

次要特征标准值的确定方法与上述主要特征完全相同，结果见表 10.2。

表 10.2　眨眼波形次要特征的标准值

眨眼波形次要特征	最小值	最大值
眼睑闭合持续时间	0.01	0.10
中点处上升斜率线性拟合 R^2	0.996	不适用
中点处下降斜率线性拟合 R^2	0.995	不适用
根据中点推测的过零点持续时间（ZCMP）	0.1162	0.3
根据阈值推测的过零点持续时间（ZCT）	0.1	0.35

基于规则的眨眼检测

对于眼电波形中的任一凸起是否被检测为眨眼，须根据波形的主要特征和次要特征进行综合评估。如果满足四个主要特征中的任意一个，得 1 分；如果满足五个次要特征中的任意一个，得 0.1 分。因此，VEOG 波形凸起的最高得分是 4.5 分。得分在 4.3 分或以上的波形凸起将被检测为眨眼，这就要求四个主要特征全都满足，并且在五个次要特征中还需至少满足三个。

除了上述判别规则外，研究者还提出了一些规则以最大限度地减少漏检和误报。例如，四个主要特征中仅有一个不满足，但五个次要特征全都满足或仅有一个不满足（得分为 3.4 和 3.5），这类波形凸起将被进行再次检测和核查。再如，在主要特征中，当"振幅"不满足最大标准值时，可以根据该名被试者之前的眨眼振幅数据（至少需要 10 次）重新计算个性化的最大标准值后再进行比较；与之类似，当"振幅"的最小标准值或"中点处的下降斜率"未满足标准时，也应用类似的自适应测试。此外，具有两个峰值的凸起均视为非眨眼。

验证测试

上述眨眼检测算法已在 Hoepf 等最近完成的一项研究中进行了验证。在该研究中，被试者通过远程操控飞机（RPA）的方式完成模拟跟踪任务，研究者在被试者完成任务的过程中根据需要对自变量（工作负荷）进行操纵。被试者通过连续点击视频流的方式跟踪一个或两个高价值目标（HVTs），这些 HVTs 骑摩托车经过。研究者操纵的自变量包括被试者需要跟踪的HVTs 数量（1 个 /2 个）、HVTs 的行进路线（乡村 / 城市），以及天气状况（晴朗 / 能见度很低的大雾）。自变量的操纵基于对现实生活中 RPA 操作人员的访谈结果，他们认为：跟踪两个目标比一个更困难，跟踪城市中的目标比乡村中的目标更困难，在大雾天气完成跟踪任务比晴天更困难。

使用上述眨眼检测算法对实验中所采集的 VEOG 数据进行处理。随着任务难度的增加，被试者的工作负荷增加，导致眨眼频率降低，眨眼持续时间缩短。为了直接评估眨眼检测算法的准确性，研究者使用 Basler 高速摄像机对 8 名被试者完成实验的全过程进行了视频记录。邀请两名人工判别员独立观看视频录像后，分别对 8 名被试者的眨眼情况进行人工判别。如果两名判别员在判别结果上出现任何分歧，则通过重新核查和共同讨论的方式达成一致后重新确定结果。测试结果表明，与人工判别员相比，眨眼检测算法的漏检率为 2.3%，误报率为 1.0%，总体准确率为 96.7%。

总结

眨眼检测算法有望实现在现实场景中的拓展应用，因其具备以下优势：①不需要基线数据或校准；②不需要对实验者提出特殊的配合要求；③可以在没有校准的情况下适用于不同的个体；④除了具备较好的适应性外，在动态性方面也表现出色，该算法在对数次眨眼数据进行统计后，可以动态调整判别标准以提高准确度，其检测阈值可以根据 VEOG 信号的变化而实时变化。可见，眨眼检测算法已得到验证，其检测结果可以很敏感地反映工作负荷的高低。因此，有理由支持该算法用于"感知 - 评估 - 增强"（SAA）认知范式中的评估模块，并在未来的研究中引导潜在的认知增强（Hoepf，Middendorf，Epling，& Galster，2015）。

扫视检测

下文介绍一种新颖的扫视检测算法，该算法使用极坐标，意味着将以幅度和角度这两个指标来描述扫视。基于极坐标检测扫视时需要四个电极：两个用于记录水平眼电图（HEOG），另外两个用于记录垂直眼电图（VEOG）。

扫视检测算法

扫视检测算法的 7 个主要步骤是信号滤波、设置阈值、扫视终点检测、扫视起点检测、数学计算、确定扫视检测的特征标准，以及区分扫视和眨眼。

信号滤波。对眼电图（EOG）的原始信号进行滤波处理，是提高扫视幅度的测量精度必不可少的环节。EOG 原始信号包含肉眼可见的扫视波形，如图 10.2 和图 10.3 所示。扫视波形比较独特，包含扫视前的尖峰，随后是波幅急剧增大（当向上看和向右看时，见图 10.2），或者是波幅急剧减小（当向下看和向左看时，见图 10.3），然后由于信号采集硬件中使用高通滤波器的原因，信号会缓慢衰减回零（Thickbroom & Mastaglia，1986）。

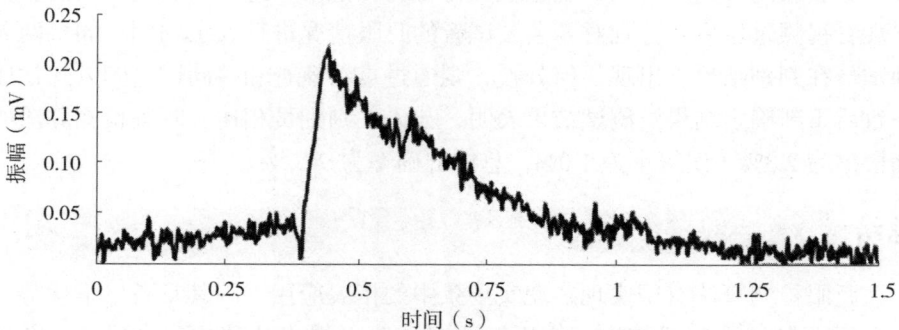

图 10.2　扫视的典型波形（向右水平扫视）

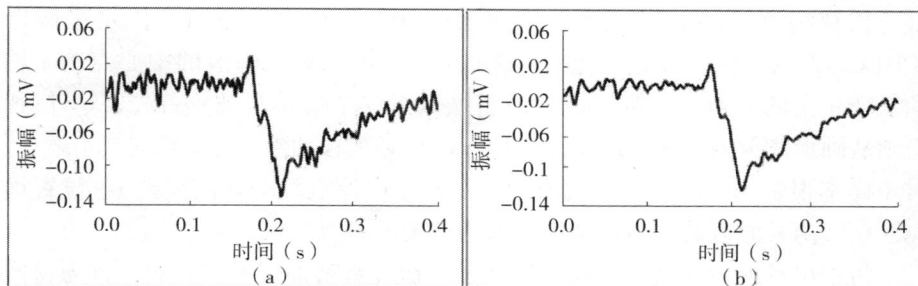

图 10.3　扫视的典型波形（向左水平扫视）

注：其间出现了一个微扫视（a），导致线性拟合不能检测到扫视全振幅。待信号滤波之后（b），微扫视信号被明显减弱，从而不影响扫视检测。

EOG 的原始信号中还包含微扫视。微扫视是一种非自主性的注视性眼球运动，人眼即使在注视小的、静止目标时也会发生，其幅度通常较小但频率较高。这些微扫视可以在正常的扫视期间出现，如图 10.3 所示。当这种情况发生时，微扫视会导致算法中动态线性拟合部分的准确性降低。具体地说，就是可能无法检测到正常扫视的全振幅。为了尽量减少微扫视的影响，可采用一阶巴特沃斯低通滤波器（截止频率为 50 Hz）对 EOG 原始信号进行滤波。

设置阈值。上文所介绍的针对眨眼检测开发的阈值设置方法，在基于极坐标的扫视检测中同样适用，两者的不同点在于：第一，基于极坐标的扫视检测阈值不包含眨眼检测中所关注的阈值降低逻辑；第二，在扫视检测算法中使用极坐标圆环表示阈值，以便可以在任意角度检测到扫视，如图 10.4 所示。

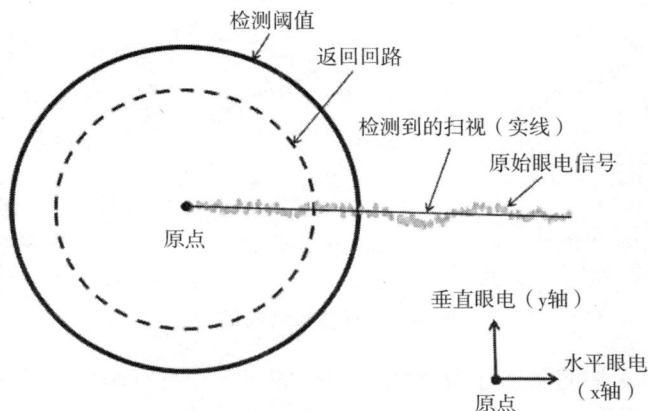

图 10.4　扫视检测阈值、返回回路和原始眼电信号

扫视终点检测。扫视终点检测在笛卡尔坐标系内进行，以水平眼电（HEOG）为 x 轴，垂直眼电（VEOG）为 y 轴。圆形阈值的中心点为 x 轴和 y 轴相交的原点。扫视终点检测遵循以下三个简单步骤：首先，x/y 位置必须从圆形阈值内开始；其次，x/y 位置最终必须移动到圆形阈值之外；第三，对于样本很多的情况，在出现连续两个样本向原点移动之前允许 x/y 位置远离原点。离开原点的最后一个样本即为扫视的终点。

为了尽量减少误报，除阈值圆之外，研究者增加了第二个圆，称为返回回路。这个圆以原点为中心，半径等于阈值圆半径的 2/3。扫视检测的逻辑是，信号必须返回到返回回路内，然后才能测试其是否超出阈值。扫视终点检测使用状态机完成。

扫视起点检测。在直角坐标系中，通过动态线性拟合可以检测扫视的全振幅。也就是说，根据上文所检测到的扫视终点，对 VEOG 和 HEOG 信号分别进行处理，同时使用 VEOG 和 HEOG 两个向量来确定每一次扫视的起点。这两个向量分别被称为小向量和大向量，两者的初始时长均为 20 ms（Chen & Wise，1996）。将两个向量的"头部"设置为扫视终点，并将"尾部"从当前时间中减去 20 ms，得到一个新的时间点，以此构建一个表示过去某一时刻到当前扫视终点的向量。根据具体情况，大向量的"头部"允许向后延伸，小向量的"尾部"固定在大向量的"尾部"，当小向量的斜率与大向量的斜率相差很大时，则标记为扫视起点，如图 10.5 所示。在对 x 轴和 y 轴进行动态线性拟合后，就可以得到某次潜在扫视的起点和终点坐标。

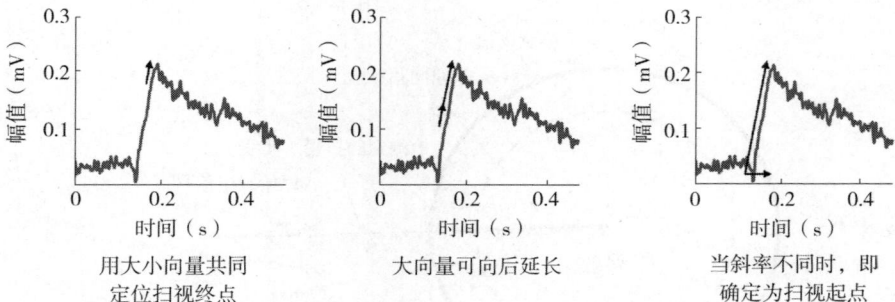

| 用大小向量共同定位扫视终点 | 大向量可向后延长 | 当斜率不同时，即确定为扫视起点 |

图 10.5 线性拟合向量

数学计算。一旦得到了某次潜在扫视的起点和终点坐标，就可以进一步计算扫视的振幅、速度、持续时间和峰值速度。首先，将直角坐标转换为极坐标(幅度和角度)。为了便于评估,将两个动态线性拟合 R^2 组合为单个 R^2 值。此外,本研究中通过总时间减去扫视时间的方法来计算注视持续时间。这是因为扫视时间是在观看过程中眼球从一处快速移动到另一处的时间,而注视时间则是眼球在特定点上的停留时间。通过从总的观察时间中减去扫视时间,可以得到更精确的注视持续时间。

确定扫视检测的特征标准。扫视检测算法基于上述计算得出的三个变量,即组合 R^2、扫视速度和持续时间。将这些变量与标准值进行比较,以确定潜在的扫视波形是否真的由扫视动作所引起的。扫视判定须同时满足表 10.3 中的三个标准。表 10.3 中的初始标准值来源于一项小型研究生成的数据集(四名被试者),所有潜在的扫视波形都由训练有素的人工判别员逐一判定,以确保对每一次扫视的判定都能做到准确无误。Hoepf 等基于最近完成的一项研究,将对表 10.3 中的内容进一步迭代完善。

表 10.3　扫视检测的特征标准值

扫视检测特征变量	最小值	最大值
组合 R^2	0.85	不适用
扫视速度(mV/s)	1.5	11.5
扫视持续时间(s)	0.028	0.125

区分扫视和眨眼。对于潜在的扫视波形,需要制定一套逻辑算法,将其与眨眼波形的上升段进行细致区分。从 EOG 信号开始偏离原点至偏离达到最大距离期间,眨眼检测器持续工作。如果眨眼检测器处于工作状态,则会设置一个标志以表明扫视检测必须排队等候。如果本次检测判定为眨眼,则正在排队的扫视将被忽略,否则会对排队中的扫视进行计数。本质上,这意味着"眨眼优先于扫视",因为眨眼所产生的电信号比扫视大得多。

验证测试

我们开展了一项研究,旨在验证极坐标扫视检测算法的性能。在这项研究中,每隔 1.5 s 会将视觉刺激以已知的角度和距离呈现给被试者。邀请两名有经验的人工判别员分别对 VEOG 和 HEOG 原始信号进行独立判定,找出所有的扫视波形。对于两人在独立判定中存在的分歧,他们通过讨论协商达成一致,形成最终的判定结论。验证结果表明,与人工判别员相比,扫视检测算法的准确率为 92.6%,误报率为 0。

算法校准

为进一步提高扫视检测算法的准确性（包括扫视角度和幅度），研究人员开发了软件对 EOG 的两个轴进行归一化。校准过程是必要的，因为对于相同角度的眼球运动，VEOG 信号通常小于 HEOG 信号。对于某些个体来说，两个轴的振幅差异可能高达 2 倍；而对于另一些个体而言，两个轴可能几乎对称。因此，设置校准程序时可以考虑个体差异。校准程序执行起来很简单，只需要几分钟，我们发现每天的校准结果都很稳定。

总结

由极坐标扫视检测算法产生的测量值（扫视速度，振幅和持续时间）具有极高的精度。扫视检测算法实时性好，并且有较高的计算效率，另一个优点在于它可用于脑电图分析中的去伪迹。

眨眼 / 扫视检测的间接应用

眨眼和扫视检测可以直接用作评价脑力负荷的指标，同时，还可以间接用于 EEG 数据分析以消除 EOG 伪迹，从而提高 EEG 测量对脑力负荷变化的敏感性。

在上文所述 Hoepf 等最近完成的研究中，已有间接应用的实例。被试者佩戴电极帽采集 EEG 数据，共记录了 7 个通道（包括左前颞 F7 和右前颞 F8 在内），计算了这些位置脑电 δ 波段（1 ~ 3 Hz）的功率。需要注意的是，脑电电极位置的命名与解剖部位基本吻合，但前颞例外，F7 和 F8 并不是真正的前颞区，而是位于双侧额下回的后方。VEOG 数据是通过放置在左眼上方和下方的两个电极采集的。

研究表明，目标路径和目标数量对被试者的任务绩效和工作负荷自我评估结果产生了预期影响。脑电分析结果显示，工作负荷对额前 δ 波效应有显著影响。然而，这些发现与文献（Wang & Zhou，2013）报道的结果刚好相反。目前尚不清楚所观察到的额前 δ 波效应究竟是由大脑信息加工还是由 EOG 伪迹引起的。为了探讨这一问题，研究者采用眨眼 / 扫视检测算法来标记 EEG 频谱结果，然后根据这些标记，使用上文所述的伪迹分离技术进一步判定是否存在 EOG 伪迹。

在采用伪迹分离技术之前（也就是直接对所有的 EEG 额前 δ 波数据进行分析，而不进行伪迹分离），数据分析结果显示：在上文所介绍的 RPA 模拟跟踪任务中，对 6 个电极位置的脑电进行分析发现，所有位置的脑电均表明被试者跟踪乡村目标时的工作负荷显著高于城市目标，这与被试者在现实生活中的经验恰好相反。然后，当将眨眼从脑电信号中分离出来后，6 个电极位置中只剩下两个位置保持显著差异。最后，当将眨眼和扫视都从脑电信号中分离出来后，6 个电极位置的脑电信号均表明被试者在乡村条件和城市条件下完成跟踪任务时的工作负荷未见显著差异。因此，去除脑电信号中的眼电伪迹，解决了研究者对得出完全相反结论的担忧。

以上结果直观地表明，去除眼电伪迹可能使研究结论发生改变。可以合理地认为，我们所开发的伪迹分离法与通用的伪迹移除法能够得到相同的结果，两者的主要区别在于伪迹移除法通常在时域分析中完成，而伪迹分离法在频域分析中完成。EEG 频域分析即时可用，有助于研究者决定如何分离眼电伪迹。伪迹标记的应用有两个方面，一是解决数据收集相关的问题，在经过伪迹标记后研究者可以只分析受干扰的数据；二是应用伪迹标记来开发机器学习技术，以完善机器学习模型。

结　论

很多研究者致力于开发心理生理学测量方法，以改善操作人员与机器系统之间的团队合作。然而，对于大多数研发团队来说，往往在传感器和软件集成方面面临挑战。随着近期非侵入式生理传感技术的突破，研究者有望将所有必要的组件整合在一起。

美国空军研究实验室的 SAA 认知研究计划旨在集成生理数据传感器，开发生理特征算法及其对应的认知理论和实践意义，从而为操作人员提供认知增强技术，辅助他们更加高效地完成任务。目前的经验表明，眼动数据采集相对容易，在 SAA 认知范式研究中具有巨大潜力。当然，眼动传感技术和特征提取算法有待进一步完善。更重要的是，须将眼动技术扩展到开发其他生理信号处理的类似技术和设备，实现对操作人员状态的稳健评估，并最终实现适当的认知增强。

原著参考文献

Ahlstrom, U., & Friedman-Berg, F. J. (2006). Using eye movement activity as a correlate of cognitive workload. *International Journal of Industrial Ergonomics*, *36*, 623-636.

Andreassi, J. L. (2007). *Psychophysiology*: *Human behavior and physiological response* (5th ed.). Mahwah, NJ: Erlbaum.

Arai, K., & Mardiyanto, R. (2010). Real time blinking detection based on Gabor Filters. *International Journal of Human Computer Interaction*, *1*, 33-45.

Benedetto, S., Pedrotti, M., & Bridgeman, B. (2011). Microsaccades and exploratory saccades in a naturalistic environment. *Journal of Eye Movement Research*, *4*, 1-10.

Bodala, I. P., Ke, Y., Mir, H., Thakor, N. V., & Al-Nashash, H. (2014). Cognitive workload estimation due to vague visual stimuli using saccadic eye movements. In *36th Annual International Conference of the IEEE Engineering in Medicine and Biology Society* (pp. 2993-2996). Chicago, IL: IEEE. doi: 10.1109/EMBC.2014.6944252.

Chen, L. L., & Wise, S. P. (1996). Evolution of directional preferences in the supplementary eye field during acquisition of conditional oculomotor associations. *The Journal of Neuroscience*, *16*, 3067-3081.

Chen, S., & Epps, J. (2013). Automatic classification of eye activity for cognitive load measurement with emotion interference. *Computer Methods and Programs in Biomedicine*, *110*, 111-124.

Credlebaugh, C., Middendorf, M., Hoepf, M., & Galster, S. (2015). EEG data analysis using artifact separation. In *Proceedings of the 18th International Symposium on Aviation Psychology* (pp. 434-439). Dayton, OH: International Symposium on Aviation Psychology.

Credlebaugh, C., Middendorf, P., Middendorf, M., & Galster, S. (in preparation). *An EEG data investigation using only artifacts* (Technical Report). Wright-Patterson Air Force Base, OH: United States Air Force Research Laboratory.

Di Stasi, L. L., Marchitto, M., Antolí, A., & Cañas, J. J. (2013). Saccadic peak velocity as an alternative index of operator attention: A short review. *Revue Européenne de Psychologie Appliquée*, *63*, 335-343.

Di Stasi, L. L., Renner, R., Staehr, P., Helmert, J. R., Velichkovsky, B. M., Cañas, J. J., Cantena, A., & Pannasch, S. (2010). Saccadic peak velocity sensitivity to variations in mental workload. *Aviation, Space, and Environmental Medicine*, *81*, 413-417.

Divjak, M., & Bischof, H. (2008). Real-time video-based eye blink analysis for detection of low blink-rate during computer use. In Gonzáles, J., Moeslund, T. B., & Wang, L. (eds.), *Tracking humans for the evaluation of their motion in image sequences, First International Workshop (THEMIS 2008)*, (pp. 99-107). Barcelona, Spain: Gràficas Rey, S. L.

Fatourechi, M., Bashashati, A., Ward, R. K., & Birch, G. E. (2007). EMG and EOG artifacts in brain computer interface systems: A survey. *Clinical Neurophysiology*, *118*, 480-494.

Fitts, P. M., Jones, R. E., & Milton, J. L. (1950). Eye movements of aircraft pilots during instrument-landing approaches. *Aeronautical Engineering Review*, *9*, 24-29.

Galster, S. M., & Johnson, E. M. (2013). *Sense-assess-augment: A taxonomy for human effectiveness* (Technical Report AFRL-RH-WP-TM-2013-0002). Wright-Patterson Air Force Base, OH: United States Air Force Research Laboratory.

Gao, Q., Wang, Y., Song, F., Li, Z., & Dong, X. (2013). Mental workload measurement for emergency operating procedures in digital nuclear power plants. *Ergonomics*, *56*, 1070-1085.

Gevins, A. S., & Smith, M. E. (2003). Neurophysiological measures of cognitive workload during human-computer interaction. *Theoretical Issues in Ergonomics Science*, *4*, 113-131.

Gill, A. (1962). *Introduction to the theory of finite-state machines*. New York: McGraw-Hill. Gomer, F. E. (ed.) (1981). *Biocybernetic applications for military systems* (Report No. MDC E2191). Saint Louis, MO: McDonnell Douglas Astronautics Company—St. Louis Division.

Halverson, T., Estepp, J., Christensen, J., & Monnin, J. (2012). Classifying workload with eye movements in a complex task. In *Proceedings of the Human Factors and Ergonomics Society 56th Annual Meeting*, *56*, 168-172. doi: 10.1177/1071181312561012.

Hankins, T. C., & Wilson, G. F. (1998). A comparison of heart rate, eye activity, EEG and subjective measures of pilot mental workload during flight. *Aviation, Space, and Environment Medicine*, *69*, 360-367.

Hoepf, M., Middendorf, M., Epling, S., & Galster, S. (2015). Physiological indicators of workload in a remotely piloted aircraft simulation. In *Proceedings of the 18th International Symposium on Aviation Psychology* (pp. 428-433). Dayton, OH: International Symposium on Aviation Psychology.

Hoepf, M., Middendorf, M., & Galster, S. (in preparation). *Physiological indicators of workload in a surveillance and tracking task using remotely piloted aircraft* (Technical Report). Wright-Patterson Air Force Base, OH: United States Air Force Research Laboratory.

Jiang, X., Tien, G., Huang, D., Zheng, B., & Atkins, M. S. (2013). Capturing and evaluating blinks from video-based eyetrackers. *Behavior Research Methods*, *45*, 656-663.

Kong, X., & Wilson, G. F. (1998). A new EOG-based eye-blink detection algorithm. *Behavior Research Methods, Instruments, & Computers*, *30*, 713-719.

Kramer, A. F. (1991). Physiological metrics of mental workload: A review of recent progress. In D. L. Damos (ed.), *Multiple-task performance* (pp. 279-328). Bristol, PA: Taylor & Francis.

Marshall, S. P. (2007). Identifying cognitive state from eye metrics. *Aviation, Space, and Environmental Medicine*, *78*, B165-B175.

May, J. G., Kennedy, R. S., Williams, M. C., Dunlap, W. P. & Brannan, J. R. (1986). *Eye movements as an index of workload* (Technical Report AFOSR-TR-86-0416). Bolling AFB, DC: Air Force Office of Scientific Research.

Mead, J., Hoepf, M., Middendorf, M., & Gruenwald, C. (in preparation). *Polar saccade detection algorithm: Classification criteria refinement* (Technical Report). Wright-Patterson Air Force Base, OH: United States Air Force Research Laboratory.

Parasuraman, R., & Galster, S. (2013). Sensing, assessing, and augmenting threat detection: Behavioral, neuroimaging, and brain stimulation evidence for the critical role of attention. *Frontiers in Human Neuroscience, 7*, Article 273. doi: 10.3389/fnhum.2013.00273.

Schmorrow, D. D. & Reeves, L. M. (eds.) (2007). *Foundations of augmented cognition: Lecture notes in artificial intelligence, 4565*. Germany: Springer.

Sirevaag, E., Kramer, A., De Jong, R., & Mecklinger, A. (1988). A psychophysiological analysis of multi-task processing demands. *Psychophysiology, 25*, 482.

Stanney, K., Winslow, B., Hale, K., & Schmorrow, D. (2015). Augmented cognition. In D. A. Boehm-Davis, F. T. Durso, & J. D. Lee (eds.), *APA handbook of human systems integration* (pp. 329-343). Washington, DC: American Psychological Association.

Stern, J. A., & Skelly, J. J. (1984). The eyeblink and workload considerations. In *Proceedings of the Human Factors and Ergonomics Society 28th Annual Meeting* (pp. 942-944). Santa Monica, CA: Human Factors and Ergonomics Society.

Stern, J. A., Walrath, L. C., & Goldstein, R. (1984). The endogenous eyeblink. *Psychophysiology, 21*, 22-33.

Sukno, F. M., Pavani, S.-K., Butakoff, C., & Frangi, A. F. (2009). Automatic assessment of eye blinking patterns through statistical shape models. In M. Fritz, B. Schiele, & J. H. Piater (eds.), *Lecture notes in computer science, volume 5815* (pp. 33-42). New York: Springer.

Thickbroom, G. W., & Mastaglia F. L. (1986). Presaccadic spike potential. Relation to eye movement direction. *Electroencephalography and Clinical Neurophysiology, 64*, 211-214.

Toivanen, M., Pettersson, K., & Lukander, K. (2015). A probabilistic real-time algorithm for detecting blinks, saccades, and fixations from EOG data. *Journal of Eye Movement Research, 8*(2), 1-14.

Tokuda, S., Palmer, E., Merkle, E., & Chaparro, A. (2009). Using saccadic intrusions to quantify mental workload. In *Proceedings of the Human Factors and Ergonomics Society 53rd Annual Meeting* (pp. 809-813). Santa Monica, CA: Human Factors and Ergonomics Society.

Wang, Y., & Zhou, J. (2013). Attachment A: Literature review on physiological measures of cognitive workload. In F. Chen (ed.), *Robust multimodal cognitive load measurement (RMCLM)*. Report Number AOARD-124049. Sydney, Australia: National ICT Australia (NICTA).

Wickens, C. D., Hollands, J. G., Banbury, S., & Parasuraman, R. (2013). *Engineering psychology and human performance* (4th ed.). Boston, MA: Pearson.

Wierwille, W., Rahimi, M., & Casali, J. (1985). Evaluation of 20 workload measures using a simulated flight task emphasizing mediational activity. *Human Factors, 27*, 489-502.

Yang, J. H., Kennedy, Q., Sullivan, J., & Fricker, R. D., Jr. (2013). Pilot performance: Assessing how scan patterns & navigational assessments vary by flight experience. *Aviation, Space, and Environmental Medicine, 84*, 116-124.

撰稿人介绍

Scott Galster（斯科特·加尔特），美国赖特 - 帕特森空军基地第 711 人力效能联队战机界面部应用神经科学分部负责人，斯科特领导的研究团队致力于决策与绩效的神经机制研究，研究范围涵盖从基因对应激反应的影响到分布式团队绩效提升等多个前沿领域。斯科特拥有美国天主教大学应用实验心理学博士学位，曾荣获 NASA 奖学金、Paul Fitts 工程奖以及人类效能国际项目奖等多项殊荣。加尔特博士在应用神经科学领域具有开创性贡献，其创立的"感知 - 评估 - 增强"范式被美国国防部广泛采用，用于实时监测操作人员状态和绩效评估，并提供个性化增强方案以确保军事作业人员高效完成任务。同时，加尔特博士也是俄亥俄州立大学医学院神经科学系和工程学院生物医学工程系的兼职教授。

Christina Gruenwald（克里斯蒂娜·格伦瓦尔德），于 2015 年获得维滕伯格大学心理学学士学位，现任橡树岭科学与教育研究所下属的人类通用测量和评估网络（HUMAN）实验室助理研究员。自 2014 年 11 月起在 HUMAN 实验室工作，该实验室隶属于赖特 - 帕特森空军基地第 711 人力效能联队的应用神经科学分部（AFRL711 HPW/RHCP），采用"感知 - 评估 - 增强"（Sense-Assess-Augment）研究范式，专注于通过生理测量监测无人机（RPA）操作人员的认知状态、运用模型和算法评估其工作负荷，并在必要时采取增强措施以降低工作负荷提升绩效。在 HUMAN 实验室工作期间，参与了实验设计、生理传感器应用、数据收集与分析等工作。除支持"感知 - 评估 - 增强"研究外，还致力于眼动追踪指标的探索、验证与改进。在加入 HUMAN 实验室之前，曾担任维滕伯格大学 Jeffrey Brookings 博士的助理研究员，参与拟人化倾向和拒绝敏感性预测因素等方面的研究。

Matthew Middendorf（马修·米登多夫），现任俄亥俄州赖特 - 帕特森空军基地人类通用测量和分析网络（HUMAN）实验室主管，该实验室隶属于美国空军第 711 人力效能联队的应用神经科学部门（AFRL 711 HPW/RHCP）。拥有 36 年实验研究经验的米登多夫先生是实时编程、算法开发和信号处理领域的专家。马修最近领导团队开发了从生理信号中提取特征的创新算法用于认知状态评估，这项关键研究为优化无人机操作人员绩效的"感

知 - 评估 - 增强”范式提供了重要技术支持。在加入 HUMAN 实验室之前，米登多夫先生开发了基于脑电图（EEG）信号处理的免提图标激活软件，利用稳态视觉诱发电位实现人机交互。更早时期，马修作为首席工程师主导了采用动态座椅、抗荷服和战斗优势力反馈的评估方法研究项目，并在飞行模拟的多个技术领域（包括湍流建模、控制缩放、飞行控制系统、空气动力学、驾驶舱仪表、运动平台和外景生成等）积累了深厚的专业知识。

Michael A. Vidulich （迈克尔·A. 维杜利奇），美国空军研究实验室人类效能部应用神经科学分部的资深科学家，航空人因工程与认知科学领域的权威专家。自 1989 年起兼任莱特州立大学心理学系客座教授，此前曾在美国国家航空航天局（NASA）艾姆斯研究中心从事研究工作，2006—2013 年期间担任战斗机接口部门技术顾问。先后获得纽约州立大学波茨坦分校心理学学士、俄亥俄州立大学心理学硕士及伊利诺伊大学厄巴纳 - 香槟分校博士学位。作为人机界面评估领域的开拓者，维杜利奇博士专注于开发基于认知科学的界面适应性评估指标。迈克尔与 Pamela Tsang 教授共同主编了航空心理学经典著作《航空心理学原理与实践》，并与 Tsang 教授及 John Flach 教授合作编辑了《航空心理学研究进展（第一卷）》。

第十一章

无人机控制任务中的态势感知评估
——基于眼动追踪技术的研究

约瑟夫·T.科因，席亚拉·M.希布利，塞缪尔·S.蒙福特

在无干扰的情况下实现态势感知（SA，或称情境意识）的准确评估，一直是很多工程师和研究人员的目标。一般来说，如果作业人员的正常操作在生理参数测量过程中不受影响，则测量效果最佳。尽管如此，一些学者在测量 SA 时，仍会采用可能干扰正常作业过程的检测方法（例如，态势感知全局评估技术 SAGAT、情境即时评估方法 SPAM），他们把由于研究者疏忽造成的测量结果看作必然结果。随着眼动追踪技术的进步，研究者开始关注对作业人员完成任务过程中的主要心理状态进行无扰式连续测量，包括工作负荷、态势感知等（Ahlstrom & Friedman-Berg，2006；Ratwani，McCurry，& Trafton，2010）。当前，虽然眼动技术正被越来越广泛地应用，但有关数据处理及其在人因学领域的应用仍然面临方法和流程方面的技术难题。本章旨在完成 SA 测量相关文献回顾，并报告一项基于眼动实验的实证研究，实验环境为动态、复杂无人机（UAV）控制模拟环境。下文将详细探讨多种不同的 SA 测量技术的优势和局限性，并重点阐述基于眼动追踪技术的 SA 测量技术如何对传统测量技术进行有益补充。

当前和未来无人机作战面临的挑战

美国军方对无人机的使用量急剧增加。2005 年，无人机仅占美国国防部飞机库存的 5%，但到 2012 年，这一数字飙升至 41%（Gertler，2012）。最初，无人机为军事行动提供了有针对性的打击能力，但伴随着其数量、种类和能力的迅速扩大，情况已不再如此（美国国防部，2013 年）。另外，因其在军

事行动中的成功应用，人们开始探索将其应用于新的民用领域，包括娱乐、安保、无人机配送服务等。

其实，无人机并非"无人"，它们虽然没有飞行员实际驾驶，但完全依赖于操作员的控制。而且，一架无人机操作人员的数量在很多情况下超过了驾驶具有类似能力"有人机"的飞行员。例如，即使是小型战术无人机也可能需要三名操作员：一名无人机操控员，负责操控飞行器；一名有效载荷操作员，负责控制传感器（通常是摄像机）；还有一名任务指挥官，通过指导团队和处理外部通信来监督任务完成情况。无人机的控制模式正随其采购量及相关人力成本的快速增长而发生改变，操作人员从手动操控转向监督控制，在后一种模式中一名操作人员可同时监控多架无人机（美国国防部，2013年）。在这种模式下，无人机操作员的主要任务是完成多目标调度，即根据无人机在不同任务之间的优先级和资源约束，分配不同的无人机追踪不同的目标，并根据任务完成情况及实时变化的信息不断更新调度计划。无人机操作员的职责范围将日益扩大，因此，未来可能会涉及一系列人因工程学方面的挑战。本章将探讨 SA 测量中的相关技术难题。对 SA 进行持续监测是一种潜在的有效途径，有助于制定针对性干预措施以提高无人机操作员的任务参与度（Berka 等，2007）、操作效率（Endsley，1999）和整体绩效（Kohlmorgen 等，2007）。

研究表明，人类不太适合监控复杂的自动化系统，因为人在与复杂自动化系统交互的过程中仅能发挥监督作用（Parasuraman，1987）。许多经典的人因学研究表明，操作人员在监控复杂自动化系统以识别罕见事件或异常情况时，他们的警觉性会不可避免地下降（Mackworth，1948；Teichner，1974；Warm、Parasuraman & Matthews，2008）。人们在使用高度可靠的自动化系统时，通常会对自动化过于信任，从而出现警觉性下降的情况（Parasuraman，Molloy，& Singh，1993）。过度信任自动化的结果是导致操作人员注意力不集中，从而在自动化系统偶尔发生故障时不能及时发现，这是对自动化的错误使用（Parasuraman & Riley，1997）。例如，美国空军研究实验室的一项研究发现，被试者在完成高度自动化的无人机监控任务时，尽管被告知自动化可能会出错，但在系统真的出现路线错误时，所有被试者都没能发现（Calhoun，Draper，& Ruff，2009）。在这种情况下，操作人员的注意力不集中、产生分心，导致 SA 下降，自动化一旦发生故障可能会引起系统性能下降甚至造成严重损失。

态势感知（SA）的概念与测量方法

态势感知（SA）的概念是 Endsley 在 1988 年国际人因工程（Human Factor）年会上提出的，是指"在一定的时间和空间范围内，人们对环境信息的感知、理解以及对其可能产生的短期影响进行预测"（Endsley，1988a）。虽然一些研究人员对于 SA 究竟是信息收集的过程还是信息收集的结果存在不同看法（Adams，Tenney，& Pew，1995；Endsley，1995），但无论如何，这一概念对其进一步应用都具有重要的理论价值和现实意义。因此，需要研究人员解决的实际问题是如何评估 SA。与工作负荷等较为抽象、难以直接测量的指标一样，SA 也需综合使用直接指标和间接指标进行测量，包括探针检测、任务中实时检测、主观评估和绩效测量等。下文将对这些测量方法进行简要回顾。

探针检测（例如，态势感知全局评估技术 SAGAT）是用于 SA 评估的一种最常见方法（Endsley，1988b），通过提供特定的问题或情境，引导被试者表达对环境及任务状态的感知，促使其对 SA 概念进行深入理解。具体做法是，在被试者完成任务的过程中，先暂停任务并隐藏相关的任务界面，然后立即向被试者询问关于环境及任务状态的特定问题。探针检测的优点是实现了 SA 的直接测量，缺点是会使任务中断导致 SA 测量不连续，而且这种检测方法只能在受控的实验室环境中采用（Salmon，Stanton，Walker，& Green，2006）。

探针检测的替代方法之一是任务中实时检测，即在任务进展过程中实时检测 SA。例如，在采用情境即时评估方法（SPAM）时，系统会通知操作人员做好准备，然后操作人员给予反馈表示已做好随时响应的准备（Durso & Dattel，2004）。那么，响应时间和正确率均被视为 SA 的衡量标准，如果操作人员的响应又快又准确，则意味着高态势感知。这种实时检测方法非常适合在真实的任务情境中测量 SA，而上文所述的探针检测实际上可能会将操作人员的注意力从任务本身引向了其他环境因素，且操作人员本人也未必能清晰地意识到。

用于 SA 评估的另一种常见方法为：在任务完成后，要求操作人员本人进行主观评估，例如，态势感知评级技术（SART）（Taylor，1990）。具体做法是，待任务结束后，要求操作人员认真回忆自己在完成任务过程中的相关感受，并对以下 10 个维度的信息进行评级：对任务情境的熟悉程度、注意力集中程度、信息数量、信息质量、任务情境的不稳定性、对任务的专注度、任务情境的复杂性、任务情境的可变性、警觉度和心理能量富余度。评级范围为 1 ~ 7 分，1 分表示程度最低，7 分表示程度最高。研究者还提出了一种更简化的三维 SART 评级技术，仅用于评估操作人员的注意力和理解力。这种主观评估法很受欢迎，它易于实施且不会对操作人员的作业过程产生干扰，这两个优点使其非常适合在实际的操作环境下进行 SA 测量（Jones，2000）。但事实上，主观 SA 评估只能提供个体在完成任务期间对自我洞察力的主观感觉，该主观感觉可能与"实际的" SA 存在较大偏差，且个体差异性较大（Salmon 等，2006）。这些担忧确实存在，研究者发现 SART 主观评分与探针检测 SAGAT 得分不相关（Salmon 等，2009）。有研究者提出，SA 主观评估可能只衡量被试者对自我洞察力的信心，而不是 SA 本身（Endsley，1995）。

另一种评估 SA 的方法是根据任务绩效进行推断。虽然，任务绩效与 SA 不一定等同，但是，在发生意外情况时，如果操作人员对任务情境相关的信息了解越多，他就越能够正确及时地应对。例如，能提前意识到天气状况开始变差的无人机操作人员，比那些对天气变化全然不知的操作人员更有可能提早改变航线。但是，SA 和任务绩效之间的对应关系并不是固定不变的。比如，在某一次任务中，无人机操作员可能没有意识到天气变化，而其任务绩效也没有受到天气的不利影响，那么就出现了在低 SA 时仍能获得高绩效的情况。操作技能的个体差异也可能影响 SA 和绩效的关系，卓越的飞行员可能能够更好地从有限的信息中推断出系统的整体状态（Lathan & Tracey，2002）。最后有一点需要说明：如果眼动数据与绩效数据的关联度不够（例如，所检测的感兴趣区域 AOI 是在操作人员没有进行任何操作时的眼动数据），那么基于绩效的 SA 评估将是经不起推敲的。因此，准确测量操作人员的任务绩效对于 SA 评估至关重要。

眼动追踪与 SA

主观评估和行为类绩效指标测量等传统方法对于无人机操作人员的 SA 评估虽然有效但不完整。越来越多的研究者采用眼动追踪作为 SA 评估的补充手段（Moore & Gugerty，2010；Ratwani et al.，2010；Van de Merwe，Van Dijk，& Zon，2012；Gartenberg，Breslow，McCurry，& Trafton，2014）。眼动追踪技术优势很多，可用于测量注视点或眼球相对于头部的运动过程，其最大的优势是可以在不中断任务的情况下连续测量并提供客观数据（Van de Merwe 等，2012）。此外，眼动追踪还有助于深入了解 SA 的获取和维持过程（Adams et al.，1995），而其他测量方法侧重于把 SA 作为单纯的结果（Endsley，1995）。因此，在 SA 评估时将眼动追踪技术与传统测量方法结合使用，可以弥补传统方法的不足，也有助于提供更完整可靠的信息。

针对视觉注意力分配，眼动追踪提供了一种无干扰的连续测量方法。研究认为，眼睛注视位置可作为视觉注意力集中点的公认衡量标准，尽管在有些情况下个体可能会将注意力从注视位置转移到其他地方（Rayner，2009）。在被试者完成阅读理解任务时，采用眼动追踪技术采集眼动数据，可以获取有关信息处理的大量信息，比如哪些单词被深度加工、哪些单词被快速跳过（Rayner，2009）。当前，眼动追踪技术在阅读等简单任务中能够连续采集眼动数据并用于建模，但在复杂视觉环境中尚未能有效地推广应用。

人们的注意力在复杂环境中（例如飞行驾驶舱内）受到多种因素的影响，主要包括个体经验和当时的具体情况（Bellenkes，Wickens，& Kramer，1997；Crundall，Underwood，& Chapman，1999；Schriver，Morrow，Wickens，& Talleur，2008）。鉴于专家级操作人员可以快速识别并评估环境信息（Ericsson & Kintsch，1995；Klein，1997），这促使很多研究者采用眼动追踪作为了解专家级操作人员注意力分配与认知过程的方法。对注视点进行分析的主要方法是根据具体的研究问题将视觉区域划分为多个感兴趣区域（AOIs），以了解操作人员对于特定场景或任务的关注点（Holmqvist 等，2011）。

Gegenfurtner 等（2011）对 65 篇有关眼动追踪技术在多领域应用的文献进行综合分析后发现，专业知识与任务绩效密切相关（$r=0.49$），专家级操作人员对与任务相关的 AOIs 有更多关注（$r=0.56$），对冗余 AOIs 的关注较少（$r=-0.32$）。这些结果表明，基于眼动数据的专家注意力分配策略，可以在一定程度上解释绩效差异。例如，Schriver 等（2008）通过实验发现，在进行发动机故障诊断时，专家飞行员比经验不足的飞行员花费了更长时间用于查看与任务相关的 AOIs。此外，当面对多个价值不同的诊断线索时，专家飞行员用于查看高价值 AOIs 的时间更长，而经验不足的飞行员则花费了更长时间在低价值 AOIs。可见，目光注视的持续时间和位置似乎与态势感知（SA）的获取过程有关。Ratwani 等（2010）的研究结果也支持以上推测；Boussemart 等（2008）通过无人机控制模拟任务发现了类似的效应；Gartenberg 等（2014）发现，当被试者的注意力突然被中断后，他们的注视次数增加，平均注视持续时间缩短，从这一系列短暂而频繁的注视可以看出被试者正试图恢复 SA。总之，眼动追踪是一种衡量注意力分配或 SA 的方法。

关于眼动数据可作为 SA 的预测指标，尽管已有很多研究为其提供了有力证据，但这些研究采用的实验设计往往过于理想化，生态效度不高。例如，Ratwani 等（2010）采用无人机模拟任务对 SA 中高频变化的事件进行评估，这些高频事件需要操作人员密切监控。而事实上，在高度自动化的人机交互中，高频变化的事件非常少见。因此，无人机操作人员往往更难忍受无聊，而不是工作负荷过大（Cummings, Mastracchio, Thornburg, & Mkrtchyan, 2013）。

越来越多的研究开始尝试将眼动追踪技术应用到高逼真度的飞行模拟任务情境中。Moore 和 Gugerty（2010）基于洛杉矶机场空中交通管制模拟任务，对 SA 的两种测量方法（眼动测量和探针检测）进行了比较。要求被试者完成三个任务（各持续 15 min），在每个任务进行到大约 8 分钟时开始 SA 探针检测，询问他们正在监控的飞机数量和位置。研究者在整个实验过程中采集并分析被试者的眼动数据：注视飞机的时间占任务总时间的百分比及其标准差、注视飞机的平均持续时间、注视的总次数，以及最近邻指数（NNI，用于分析注视点的空间分布特征）。在这些指标中，仅前两个（即注视飞机的时间占任务总时间的百分比及其标准差）成功预测了 SA 探针检测的结果，同时 NNI 指标表示注意力分散，可用于预测被试者在任务过程中出现错误的次数。

Van de Merwe 等（2012）测量并分析了商业航空公司飞行员团队在模拟飞行中的眼动数据。在模拟飞行过程中，系统显示器呈现一条内容为"系统未定义、不匹配"的警告信息，信息呈现后，飞行员有 5 min 时间用于确定故障原因。实验结果发现，准确识别出故障原因的飞行员查看警告系统的时间与故障前相比增加了 45%，而未能识别出故障原因的飞行员仅增加了 8%。从 NNI 指标的结果可以看出，眼动扫描路径在未能识别出故障原因的飞行员组更加分散，表明该组飞行员不知道应该把注意力聚焦在哪里。综上，最近的研究表明，即便在复杂的、高逼真度的模拟任务环境中，眼动追踪也是一种很有前景的评估指标，可用于推测操作人员的行为和潜在认知状态。

基于眼动追踪的 SA 测量方法

根据文献报道，眼球运动一般分为扫视（saccades）和注视（fixations）两类：前者是眼球快速运动，后者则是眼球位置处于相对静止状态。视觉输入信息在扫视期间被抑制，之后会在注视过程中得到处理（Rayner, 2009）。注视检测主要有两种算法：基于离散度的算法和基于速度的算法。在基于离散度的注视检测算法中，需要计算与原始数据点中心点（质心）的最大距离，或者计算基于一组原始数据点中最远的 x 和 y 点之间的距离。在数据分析时，当样本数量（即注视点的记录）达到指定的最短注视时间，并且这些连续样本在位置上彼此足够接近，它们通常会被编码或归类为一次"注视"。注视分析时所涉及的"最大距离"和"最短持续时间"由研究者根据具体情况确定。基于速度的注视检测算法是根据连续点之间的角速度来计算注视点，通常定义为每秒度数，该算法不一定有与之相关的"注视最短持续时间"。有关算法与关键技术的详细讨论，请参阅相关文献（Holmqvist，2011）。

研究者在注视的定义方法和阈值设置方面存在激烈的争论（Collewijn & Kowler，2008；Holmqvist 等人，2011），他们可能没有意识到眼动分析技术的多样性，仅依赖于自己的眼动追踪软件选择了某一种算法。事实上，研究者往往还不能清晰地报告他们在计算注视时采用的具体技术或阈值，即便能够报告这些信息，也缺乏标准化的判别准则。具体而言，关于"注视最短持续时间"，在上述四项研究中出现了三种不同的数值：50 ms（Ratwani 等，2010）、100 ms（Moore & Gugerty，2010）和 150 ms（Van de Merwe 等，2012）；还有一项研究没有报告（Gartenberg 等，2014）。此外，研究者报告的"最大距离"也各不相同，在 1° ~ 2° 的视角范围内变化，另有一项研究报告使用了 30 个像素，但未能提供显示器的尺寸，因此无法转换为视角。在眼动追踪研究中计算视角非常重要，因为视角可用于对不同研究的结果进行比较，不受研究中所使用的显示器尺寸、像素及观察距离不同的限制。此外，在上述四项研究中，有两项未能清楚论述其采用的注视检测算法，另外两项研究分别采用了基于离散度的算法和基于速度的算法。

研究表明，注视检测算法和阈值设定会在很大程度上影响研究结果。因此，未来在发表注视相关的论文时，希望研究者报告不同阈值下的结果（Shic，Scassellati，& Chawarska，2008）。注视标准化定义和判别准则的缺乏，导致眼动追踪结果在不同研究之间缺乏可比性，使得研究者无法通过 Meta 分析对相关研究进行比较和综合。不同的注视检测算法不仅影响注视测量本身，还影响其衍生指标，例如 NNI（分析注视点空间分布特征的指标，Clark & Evans，1954）以及熵（衡量注视模式随机性的指标，Pincus，1991）。

NNI 是注视点间平均最小距离与随机分布预期平均距离之比（Clark & Evans，1954），是评估视觉搜索和认知加工效率的重要指标。通过分析 NNI，可以了解观察者在处理视觉信息时的效率，以及是否存在优化视觉搜索路径的可能性。NNI 最初用于说明生态系统中的物种分布是否均匀，于

2006 年被 Di Nocera、Terenzi 和 Camilli 首次用于分析眼动注视数据的分布特征。NNI 的计算公式是：平均最近邻距离（每个注视点与下一个最近注视点之间的距离）除以平均随机距离（基于注视区域和注视点数量进行计算）。NNI 的取值范围是 0 ~ 2.1491 不等，其中 0 表示最大聚类，1 表示随机，大于 1 表示分布越来越均匀。最初，Di Nocera 及其同事将 NNI 作为衡量操作人员工作负荷的指标。研究发现，在被试者玩星际大战游戏的过程中，随着工作负荷的增加，NNI 结果显示被试者的视线分布更加随机；在被试者完成难度更大的飞行任务时，NNI 也出现了类似的结果（Di Nocera，Camilli，& Terenzi，2007）。因此，对于那些困难型任务，被试者似乎采取了分散注意力的认知策略，而 NNI 指标恰好能够捕捉到这种注意力分散。

尽管工作负荷和态势感知（SA）是不同的概念，但二者是相关的，也许存在因果关系。例如，一名忙碌的操作人员可能无法理解并及时处理关于周围环境的所有信息。正如前文所述，Moore 和 Gugerty（2010）发现较高的 NNI 可用于预测被试者在空中交通管制任务中出现错误的次数。Van de Merwe 等（2012）发现，在警告信息呈现后，所有被试者的 NNI 值较之前都有所增加。此外，未能准确识别故障原因的飞行员具有更高的 NNI 值，这可能表明 SA 较差。这些研究表明，越来越分散（或随机）的注视模式表示缺乏或暂时失去了 SA。总之，NNI 及其他注视相关衍生指标对于 SA 评估似乎很有前景，但目前尚未得到充分利用。

用户操作测试监控平台（SCOUT™）

为了在动态、复杂的操作环境中研究眼动追踪技术，研究者开发了一种多场景无人机管控模拟系统（用户操作测试监控平台，SCOUT™）。下面对其组成和功能进行简要介绍。

SCOUT 由美国海军研究实验室（NRL）开发，用于研究用户在完成多架无人机管控任务时所涉及的人与自动化交互问题。SCOUT 包含三架不同的无人机，分别代表需要用户完成的多种任务，主要包括无人机管控规划任务（根据任务目标制定路线）、空域管理任务（请求进入受控空域）、通信任务（响应信息请求），以及在系统提供新信息或发出指令时及时调整任务参数（目标位置、搜寻半径等）和飞行参数（高度、速度等）。具体的任务设计和开发迭代均基于研究者现场观察的结果以及与无人机操作人员访谈所获得的反馈信息。图 11.1 为 SCOUT 的任务环境设置界面（双屏，屏幕左侧和右侧）。

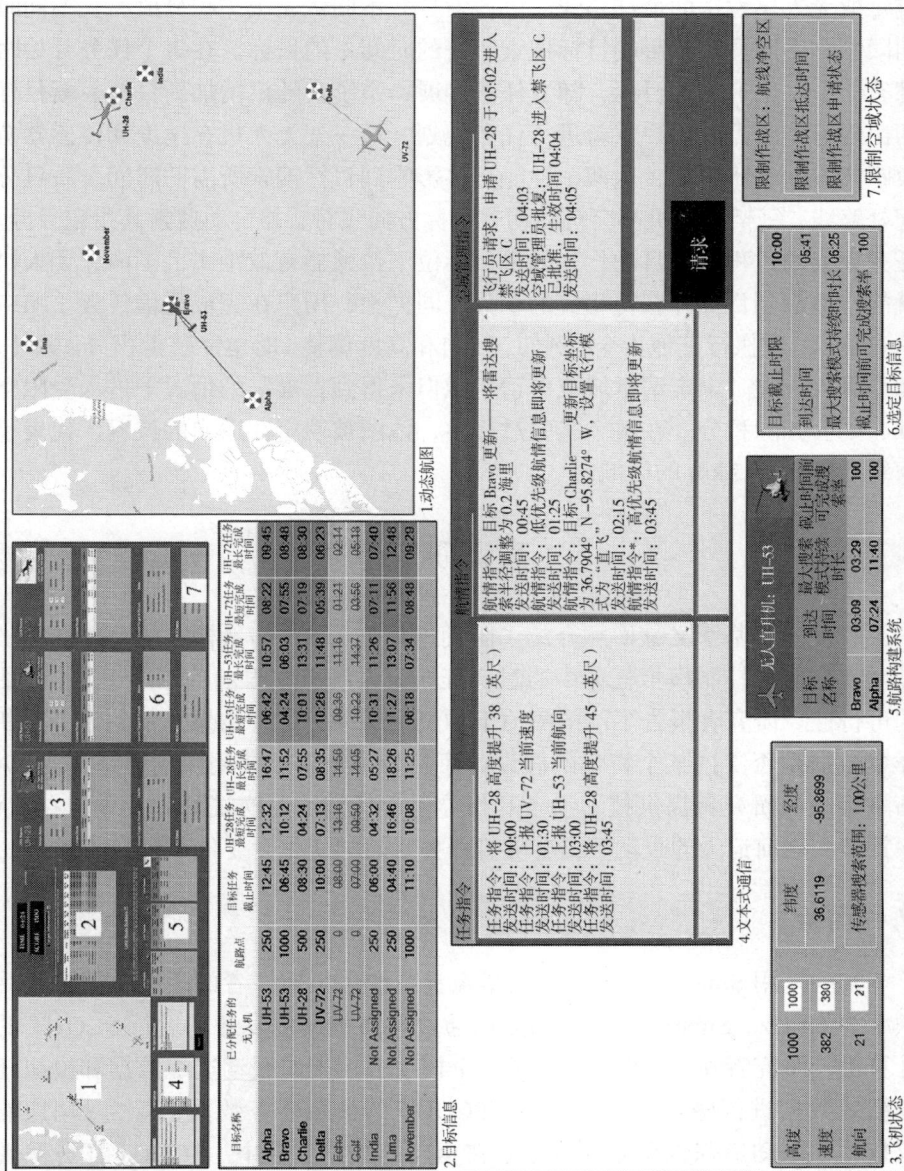

图 11.1　SCOUT 任务环境设置界面（3 架无人机执行目标搜索任务）

1. 动态航图
2. 目标信息
3. 飞机状态
4. 文本式通信
5. 航跟构建系统
6. 选定目标信息
7. 限制空域状态

为了尽可能激发用户的竞争意识和参与积极性，SCOUT 任务场景设计采用了游戏风格。用户每完成一次任务就会获得积分，并且在整个任务进程中会一直显示总积分。其中，任务规划是积分的主要来源，需要用户判断决定每架无人机发送的最佳路线，以搜索具有不同优先级（积分值）、不同时间限制和不同位置（影响目标搜索所需的时间）的目标。在每个任务开始时都有 7 个可供追踪的目标，随着任务进展，系统会随机增加新目标。新目标的出现可能会需要用户重新进行任务规划。这三架无人机在速度和传感器有效距离方面有所不同，这两个性能直接影响到目标搜索所需的时间。一旦分配好路线，每架无人机都会自动朝着目标方向飞行，并自动搜索其指定目标。任务完成的过程完全自动化，如果目标位于传感器有效距离范围内，无人机就能够追踪到目标并获得相应的积分。同样地，用户在完成通信任务（响应信息请求）或执行其他指令（例如，航向和高度调整）时也能获得积分。另外，如果无人机在"未申请空域或申请空域但未得到批准"的情况下进入受限空域，则会扣除积分。在整个实验过程中，地图被锁定在适当的位置，代表了大约 65 km × 45 km 的区域。

实证研究

以上内容基于文献回顾介绍了眼动追踪作为 SA 衡量标准的总体情况，下文将在监督控制模拟任务中通过实证研究系统考察眼动追踪用于 SA 评估的可行性。研究者报告了不同阈值下的测量结果，这些结果并不是为了判断样本数据是否支持某个特定的假设，而是为了给希望使用眼动追踪作为 SA 衡量标准的研究者提供技术参考和指导。学者们通过实证研究发现，在 SA 探针检测之前记录的眼动数据会随着任务绩效的变化而变化。

实验设备

实验采用 SmartEye Pro 6.1 五摄像头系统采集被试者的眼动数据，采用频率为 60 Hz。SmartEye 系统的数据通过网络数据包发送到运行 SCOUT 的计算机，研究者在 SCOUT 内置了一个模块，用于对眼动追踪数据和模拟任务绩效数据进行融合分析。此外，SCOUT 的模拟任务数据、行为 / 用户响应数据和眼动追踪数据被同步记录在相同的数据文件中。SCOUT 任务呈现在两个 30 英寸的显示器上，显示器的分辨率均为 2560 × 1600。根据显示器的尺寸和观察距离计算得出，本实验中的 50 个像素表示大约 1° 的视角。

实验设计

23 名来自美国海军研究实验室（NRL）的文职人员和暑期实习生自愿报

名参加实验，他们之前均没有无人机操作经验。对所有被试者进行大约 30 min 的培训，要求他们在观看系列视频之后完成示例任务。培训中有两名被试者不能充分理解实验内容，另外一名被试者在完成示例任务时正确率很低，因此三名被试者被排除。剩余 20 名被试者能够正确理解任务要求并顺利完成示例任务，则被邀请正式参加后续的两个实验（采用平衡设计以减少顺序效应）。被试者的年龄范围为 18 ~ 48 岁（平均 30±9.6 岁），其中女性 7 名、男性 13 名。

每个实验环节包括四个部分，都预先编写了脚本，按照以下顺序进行：规划阶段、阶段一、阶段二、阶段三。在规划阶段，无人机处于静止状态，被试者有 10 分钟时间制定初步计划，指派他们的三架无人机完成 7 个目标的搜索任务。规划阶段之后是任务执行阶段，被试者须完成一项总时间为 18 分钟的任务，任务分为三个不同的难度，分别对应阶段一、阶段二和阶段三。任务难度通过调整发送任务指令的时间间隔和新增目标数量进行控制，详见表 11.1。任务指令信息由系统通过显示器发送，要求被试者调整指定无人机的飞行参数（例如，"将 UH-28 的高度降低 117 英尺"）；同时，系统还会通过显示器提供待更新的目标信息，以帮助被试者更快地找到目标（例如，"将目标 alpha 的搜索半径减小到 1.5 km"）。

表 11.1　任务难度控制相关参数表

难度等级	发送任务指令的时间间隔	新增目标数量
容易	75 s	1
中等	45 s	3
困难	15 s	4

实验采用了类似于 SAGAT 探针检测的方法来评估 SA，并且在每 6 min 的时间段内进行一次检测（每个实验环节的任务总时间为 18 min、进行三次检测；每位被试者须完成两个实验环节，共计六次检测）。实验使用基于计算机的探针检测，旨在评估每架无人机的位置、每架无人机正在追踪的目标、目标的最终位置以及每个被追踪目标的积分值。在 SA 探针检测期间，SCOUT 控制显示界面消失，而探针检测对象将与无人机和被追踪的目标一起随机呈现在地图中心。这时，被试者有 2 min 时间用鼠标将地图上的无人机和被追踪目标拖动到自己所回忆的最终位置。然后，被试者指出每架无人机当前正在追踪的目标以及该目标的积分值。这些问题代表了 SA 的第一和第二级别，即感知和理解（Endsley，1995）。

被试者只要提交完自己的答案，就可以查看到地图上所有检测对象的正确位置（覆盖在他们的答案之上），从而评估自己的任务绩效。此外，他们还能得知自己的答案与实际位置之间的精确距离。被试者的答案越精确（即无人机与被追踪目标准确配对且各检测对象位置的距离偏差小），得分就越高。在显示了探针检测问题的正确答案后，任务界面将返回到检测之前的状态，待被试者按下"继续任务"按钮之后，无人机才会再次开始移动。

结果

SA 探针检测结果。SA 探针检测的主要指标是被试者所回忆的无人机位置、被追踪目标的位置与实际位置之间的距离偏差。距离以 km 为计量单位，最大距离偏差在 35 km 以内的数据视为有效数据进行统计分析，以避免结果出现太大误差。单因素重复测量方差分析结果显示，任务难度主效应显著，对无人机和被追踪目标的平均探测距离偏差均有显著影响，$F(2,38)=4.14$，$P=0.024$。Tukey HSD 事后检验结果显示，简单任务的平均探测距离偏差（7.92 km）明显低于困难任务（10.69 km），$P=0.018$，而中等难度任务的平均探测距离偏差（9.18 km）与其他难度任务之间无显著性差异。

SA 探针检测的次要指标是被试者正确识别每架无人机正在追踪的目标的能力。单因素重复测量方差分析结果显示，任务难度主效应显著，对无人机与被追踪目标正确配对的百分比有显著影响，$F(2,38)=7.826$，$P=0.001$。Tukey HSD 事后检验结果显示，简单任务中正确配对的百分比（61%）显著优于困难任务（36%），$P=0.001$。

注视分析。对每次在进行 SA 探针检测前 1 min 采集的原始眼动数据进行分析，分别采用基于离散度的算法和基于速度的算法进行注视检测。这两种技术被用来比较各自的检测结果与 SA 探针检测结果是否存在一致性关系。下文首先介绍每种算法的详细信息。

基于离散度的注视检测算法首先收集检测注视所需的最小样本数（即持续时间阈值），再计算这些样本的质心，然后确定所有样本是否都在研究者预先设定的质心半径内（即距离阈值）。如果样本没有落在指定范围内，则会删除窗口中的第一个样本，并添加一个新的样本，然后再重复这一过程；如果最小样本数在质心的最大距离半径内，则判别为一次注视，注视区域内的样本数量随着后续样本满足距离标准而不断扩展，即注视时间不断延长。每增加一个新样本，质心就重新计算，并重新检查所有的样本，直到确定新样本在距离阈值之外。

基于速度的注视检测算法根据连续数据包之间的角速度，将原始样本判别为注视或者扫视。该算法的典型应用不要求满足注视最短持续时间的要求（Holmqvist 等，2011），这意味着如果这些点的速度足够慢，那么只有两个原始样本可以构成一次注视。但研究者有时也会在基于速度的注视检测算法中应用时间约束（Shic 等，2008），一些软件包（例如，Tobii 的ClearView）虽然使用的是基于速度的注视检测算法，但同时也预先设置了"最大距离"和"最短持续时间"。使用"最大距离"和"最短持续时间"阈值设置，还可以在阈值保持不变的情况下对两种算法（基于离散度的算法和基于速度的算法）所得的结果进行比较。因此，基于速度的算法采用了与 ClearView软件包相同的计算方式，即通过计算连续数据包之间的距离进行注视检测，这本质上与计算速度是一样的，因为连续样本之间的时间恒定。每个样本只与它之前和之后的相邻样本进行比较。当连续样本的最小数量（由事先设置的注视最短持续时间决定）在指定距离内时，则该组样本被判别为一次注视。注视时间不断延长，直到出现的新样本不在之前样本的最大距离范围内。

　　与基于速度的算法相比，基于离散度的算法更为复杂，所采集的样本更加密集，因为它在每增加一个新样本时都需要计算新的质心，然后将每个样本与新计算的质心进行比较。相比之下，基于速度的算法仅将每个样本与它之前和之后的相邻样本进行比较（Salvucci 和 Goldberg，2000 年）。本研究在分析眼动数据时，综合使用了基于离散度和基于速度这两种算法，而且在基于速度的算法中额外采用了最短持续时间阈值。每种算法计算了六种不同的注视阈值，即三种最短持续时间（50 ms、100 ms 和 150 ms）和两种最大距离（50 和 100 像素，对应大约 1° 和 2° 视角）的组合，进行此分析是为了证明不同的判别标准可能对结果产生影响。

　　为了完成 SA 探针检测，被试者需要了解他们所控制的无人机及其追踪目标在地图上的相对位置。鉴于视觉注视与 SA 的获取过程存在相关性（Schriver 等，2008；Ratwani 等，2010；Gartenberg 等，2014），本研究将侧重于分析每次 SA 探针检测前 1 分钟内采集的眼动数据。图 11.2 描述了注视次数（基于六种不同阈值和两种不同算法）与 SA 探针检测偏差距离之间的相关性。与 SA 探针检测偏差距离显著相关的阈值组合和"无人机与被追踪目标正确配对的百分比"也显著相关，在图 11.2 中未呈现相关结果。

　　图 11.2 中描述的相关性模式表明，阈值标准或预先设置（即最短持续时间和最大距离）会影响注视的判别结果，无论是使用基于速度的算法还是基于离散度的算法都会有影响。后续的数据分析均使用基于速度的算法进行，最大距离阈值为 100 像素（即大约 2° 视角），最短持续时间阈值为 100 ms。

结果表明，以上阈值能够使注视和 SA 之间的相关性最高，而且基于速度的算法相较于基于离散度的算法更简单，具有更容易实时计算的优势。

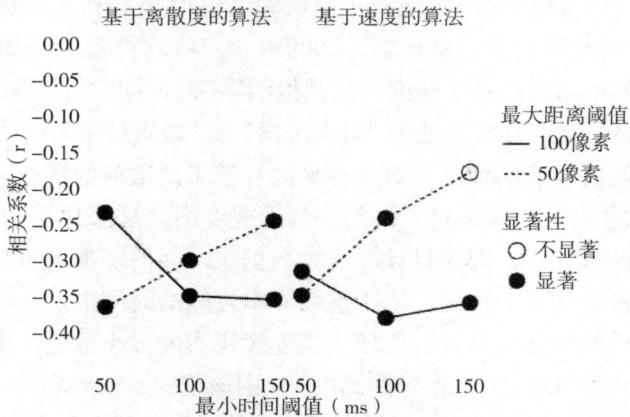

图 11.2   SA 探针检测偏差距离与注视次数的相关性

（分别使用基于速度和离散度的注视检测算法进行计算）

注：与算法相比，预先设置的阈值对结果的影响更大

注视与任务难度。对被试者在 SA 探针检测前 1 min 内的眼动数据进行单因素重复测量方差分析的结果显示，任务难度对注视次数有显著影响，$F(2,38)=35.59$，$P < 0.001$。Tukey HSD 事后检验结果表明，与简单任务（$M=37.98$）和中等难度任务（$M=27.00$）相比，被试者在完成困难任务时的注视次数显著减少（$M=13.18$）。相应地，被试者注视地图的总时间（以秒为单位）也呈现出了类似结果，即与简单任务（$M=12.09$）和中等难度任务（$M=8.65$）相比，被试者在完成困难任务时的总注视时间明显缩短（$M=3.96$）。

NNI。最近邻指数（NNI）是最近邻分析中常用的一种基于区域内点之间距离的聚类算法，用于分析注视点的空间分布特征。在眼动分析中，利用每次 SA 探针检测前 1 分钟的眼动数据，按照 NNI 算法对试验界面内（即显示屏幕内）注视点之间的坐标距离进行计算，便可得出 NNI 注视指数值。需要注意的是，只有当注视点个数 ≥ 5 时，才能计算 NNI。对被试者在完成不同难度任务时的 NNI 进行单因素重复测量方差分析，结果显示任务难度对屏幕左侧的 NNI 值没有影响，但对屏幕右侧的 NNI 值存在影响，具体表现为在简单任务条件下，屏幕右侧的 NNI 值（$M=1.02$）明显大于困难任务条件（$M=0.83$）。以上结果表明，随着任务难度的降低，被试者更加专注于关键信息，导致注视点分布的随机性降低，更加集中于特定区域呈规律分布，$F(2,38)=4.58$，$P=0.018$。NNI 值与 SA 误差距离或 "无人机与被追踪目标正确配对的百分比" 均无显著相关性，无论是屏幕左侧还是右侧呈现相同的趋势。

讨论

基于眼动的 SA 测量及其应用。本章所得的结论与前人的研究保持一致（Moore & Gugerty，2010），并且通过实验进一步证明基于眼动追踪技术的 SA 测量方法有助于动态了解 SA 的获取过程，而传统测量方法（如 SAGAT 和 SCOUT 中的探针检测）均强调 SA 是认知加工的结果。

与探针检测相比，基于眼动的 SA 测量方法有着传统测量方法不具备的优点，因为它能够提供连续的数据流。由此，基于眼动的 SA 测量其真正价值不是预测某一时间点的静态 SA，而在于对任务全过程中的动态 SA 进行测量。在本章的实验中，我们仅采集了 1 min 眼动数据即可预测随后的 SA，表明该方法确实可以作为 SA 的准实时测量手段。因此，我们认为这是一个非常适合进一步开展深入研究的领域。

本章的实验数据还表明当研究者设置不同的注视点阈值时，会导致对注视的判别结果不同，该结论可以为研究注视检测的相关人员提供参考。尽管很多研究者致力于比较不同种类注视检测算法的优缺点（Salvucci & Goldberg，2000），但本章的实验结果表明，对注视检测算法的挑选可能不如对阈值的精确定义那么重要。我们在实验中对注视距离/时间阈值进行调整，继而发现一些更为严格的注视判别标准（例如，50 像素和 150 ms）会影响注视的判别结果，导致所测得的注视次数不再与随后的 SA 探针检测结果相关。鉴于人类注视点阈值的多样性，研究者需要考虑多个阈值，而不能简单地认为所有眼动追踪系统的默认设置就能适合自己的研究课题。

当前，使用 NNI 表征注视模式是一种较新的科研实践，但已有相关研究提供了进一步的证据表明 NNI 可作为预测工作负荷的有效指标。然而，本研究中的 NNI 值与 SA 探针检测结果之间并未表现出显著相关，这与 Moore 和 Gugerty 在 2010 年的研究结果类似。尽管 NNI 和基于探针检测的 SA 测量结果两者之间的联系尚未建立，但 Van de Merwe（2012）等人的研究结果表明，无法识别故障原因的飞行员（SA 较低）与能够识别故障原因的飞行员（SA 较高）相比，NNI 变得更加随机（更接近 1）。这可能表明，在个体对异常事件做出反应的时刻，NNI 有助于识别该时刻的 SA。具体来说，注视点较为分散可能表明个体不知道如何分配注意力。NNI 测量的优点在于它不依赖事先定义的兴趣区域，只关注注视点是如何分散的。因此，更深入地探索 NNI 的意义、应用及其与 SA 的联系将是有价值的。

本研究的局限性之一是，实验中呈现给被试者的地图被视为一个单一的感兴趣区域（AOI）。尽管地图区域内的注视次数可以预测 SA，但将地图视为一个单一的 AOI 会妨碍更细致的数据分析。可替代的方法是将特定的无人机和被追踪目标分别视为 AOI。该功能已经添加到 SCOUT 中，未来基于 SCOUT 测试平台的研究则能够将个体对每个观察对象的 SA 与更精确区域的注视点相关联。

本研究存在另一个局限性，即实验中有时被试者的头部和身体出现大幅运动导致部分眼动数据丢失。鉴于眼动检测的时间窗口相对较长（1 min）且眼动仪以高频（60 Hz）采集原始数据，因此每名被试者都有足够的数据可供分析，但存在可变间隙。于是，我们在 SCOUT 测试平台增加了数据警报系统，如果警报系统检测到长时间的数据缺失，将向被试者发送视觉告警信息。当然，视觉告警信息所产生的具体影响仍需要进行足够大样本量的测试：它可能提高眼动追踪数据的质量，但也可能影响被试者的任务绩效和视觉扫描模式。

还有一个情况虽然不一定是局限性，但也需要重点关注：在本研究中，任务难度的增加是通过主试在现场通过聊天交流的方式告知被试者，而后在任务界面中增加被追踪目标的数量所实现的，这期间通常会使操作人员的注意力从地图显示上转移开。眼动数据分析结果表明，随着被试者观察地图的时间增加，SA 探针检测的整体误差减少，但目前尚不清楚如果将被试者的注意力全程聚焦于地图显示界面（排除偶尔偏离地图的情况），将如何影响眼动追踪指标或 SA 探针检测的结果。

未来的研究方向。基于眼动的 SA 测量还处于研究的起步阶段，但 Eye Tribe、Tobii's Eye X 和 Gazepoint 等新型低成本（100 ~ 500 美元）眼动追踪系统的开发，大大加速了该领域的研究步伐，为致力于使用眼动技术评估 SA 的研究人员打开了大门。研究者对上述新型低成本眼动追踪系统之一进行了初步性能检测，结果表明，在对注视点阈值进行精心设置的情况下，系统的准确性和精度可与高成本系统相媲美（Ooms，Dupont，Lapon & Popelka，2015）。

本章通过实验对基于眼动的 SA 测量结果和传统的 SA 探针检测结果进行了 Tukey HSD 事后检验。传统的探针检测是在预先指定的时间点进行 SA 测量，而基于眼动的 SA 测量则是根据在指定时间点之前采集的眼动数据进行 SA 测量。实验结果表明，基于眼动的 SA 测量与探针检测结果显著相关。以上结果验证了基于眼动的 SA 测量方法的有效性。另一种验证方法是通过眼动追踪技术对 SA 进行持续的动态评估，并在其检测到高 SA 或低 SA 时同步触发探针检测以进行准确性验证。本章仅关注基于眼动的 SA 测量与传统的探针检测两者之间的差异，但另外还有一些 SA 评估方法也可能从眼动追踪技术中受益。例如，在采用情境即时评估方法（SPAM）进行 SA 测量时，结合眼动追踪技术可以提供被试者在完成测试时注意力所聚焦的位置，这将能提供额外的信息，通常有助于理解被试者的 SA 获取过程。

结　论

　　尽管传统的 SA 测量方法（探针检测、情境即时评估方法和主观问卷等）具有很高的表面效度，但这些技术往往会造成干扰，难以实施，并且只能在离散的时间点上提供 SA 数据。眼动技术不会受到这些缺点的影响，可以实现 SA 的无干扰连续测量，因此，应进一步探索将眼动技术作为 SA 评估的补充手段。此外，基于眼动的 SA 测量方法可以应用到实际的工作场景中，例如，在触发自适应自动化领域用于提供量身定制的告警信息（Ratwani 等，2010）或用于评估操作人员在使用新的显示界面或自动化系统时的操作绩效。不过，需要注意的是，个体在操作环境中所关注的内容并不等同于他们从环境中实际获取的信息，SA 表征的是后者（Vidulich，2003）。此外，被试者注视特定的可视化控件是从中获取信息的前提，但并不等同于处理信息，即对信息进行认知加工（Sarter、Mumaw、Wickens，2007）。因此，眼动数据并不能被视为 SA 的完整表征，研究者可将其视为一种工具，用于更加完整地理解 SA 及其获取过程。本章所介绍的工作还强调了眼动检测算法的重要性，并建议研究人员需要重点考虑眼动测量过程中基本单位（如凝视点、注视点）的定义——定义可能不是唯一的，在不同的研究中也可能是变化的。关于眼动与 SA 联系的研究属于起步阶段，但展露出了很好的前景，新型低成本眼动设备的引入有望推动此项工作取得令人振奋的突破。

原著参考文献

Adams, M. J., Tenney, Y. J., & Pew, R. W. (1995). Situation awareness and the cognitive management of complex systems. *Human Factors*, 37, 85-104.

Ahlstrom, U., & Friedman-Berg, F. J. (2006). Using eye movement activity as a correlate of cognitive workload. *International Journal of Industrial Ergonomics*, *36*, 623-636.

Bellenkes, A. H., Wickens, C. D., & Kramer, A. F. (1997). Visual scanning and pilot expertise: The role of attentional flexibility and mental model development. *Aviation, Space, and Environmental Medicine*, *68*, 569-579.

Berka, C., Levendowski, D. J., Lumicao, M. N., Yau, A., Davis, G., Zivkovic, V. T., … Craven, P. L. (2007). EEG correlates of task engagement and mental workload in vigilance, learning, and memory tasks. *Aviation, Space, and Environmental Medicine*, *78* (Supplement 1), B231-B244.

Boussemart, Y., & Cummings, M. (2008). *Behavioral recognition and prediction of an operator supervising multiple heterogeneous unmanned vehicles*. Paper presented at the Humans Operating Unmanned Systems, Brest, France.

Calhoun, G. L., Draper, M. H., & Ruff, H. A. (2009). *Effect of level of automation on unmanned aerial vehicle routing task*. In Proceedings of the Human Factors and Ergonomics Society 53rd Annual Meeting, (pp. 197-201). Santa Monica, CA: Human Factors and Ergonomics Society.

Clark, P. J., & Evans, F. C. (1954). Distance to nearest neighbor as a measure of spatial relationships in populations. *Ecology*, *35*, 445-453.

Collewijn, H., & Kowler, E. (2008). The significance of microsaccades for vision and oculomotor control. *Journal of Vision*, *8*, 1-20.

Crundall, D., Underwood, G., & Chapman, P. (1999). Driving experience and the functional field of view. *Perception*, *28*, 1075-1087.

Cummings, M. L., Mastracchio, C., Thornburg, K. M., & Mkrtchyan, A. (2013). Boredom and distraction in multiple unmanned vehicle supervisory control. *Interacting with Computers*, *25*, 34-47.

Department of Defense . (2013). Unmanned systems integrated roadmap: FY2013-2038. Washington, DC.

Di Nocera, F., Camilli, M., & Terenzi, M. (2007). A random glance at the flight deck: Pilots' scanning strategies and the real-time assessment of mental workload. *Journal of Cognitive Engineering and Decision Making*, *1*, 271-285.

Di Nocera, F., Terenzi, M., & Camilli, M. (2006). Another look at scanpath: distance to nearest neighbour as a measure of mental workload. In D. de Waard, K. A. Brookhuis, & A. Toffetti (eds.), *Developments in human factors in transportation, design, and evaluation* (pp. 295-303). Maastricht, The Netherlands: Shaker Publishing.

Durso, F. T., & Dattel, A. R. (2004). SPAM: The real-time assessment of SA. In S. Banbury & S. Tremblay (eds.), *A cognitive approach to situation awareness: Theory and application* (Vol. 1, pp. 137-154). Hampshire, UK: Ashgate Publishing Ltd.

Endsley, M. R. (1988a). *Design and evaluation for situation awareness enhancement*. In Proceedings of the Human Factors and Ergonomics Society 32nd Annual Meeting, (pp.97-101). Santa Monica, CA: Human Factors and Ergonomics Society.

Endsley, M. R. (1988b). *Situation awareness global assessment technique (SAGAT)*. In Proceedings of the National Aerospace and Electronics Conference, (pp. 789-795). New York:Institute of Electrical and Electronics Engineers.

Endsley, M. R. (1995). Toward a theory of situation awareness in dynamic systems. *Human Factors*, *37*, 32-64.

Endsley, M. R. (1999). Situation awareness in aviation systems. In D. J. Garland, J. A. Wise, & V. D. Hopkin (eds.), *Handbook of aviation human factors* (pp. 257-276). Mahwah, NJ: Lawrence Erlbaum Associates.

Ericsson, K. A., & Kintsch, W. (1995). Long-term working memory. *Psychological Review*, *102*, 211-245.

Gartenberg, D., Breslow, L., McCurry, J. M., & Trafton, J. G. (2014). Situation awareness recovery. *Human Factors*, *56*, 710-727.

Gegenfurtner, A., Lehtinen, E., & Säljö, R. (2011). Expertise differences in the comprehension of visualizations: A meta-analysis of eye-tracking research in professional domains. *Educational Psychology Review*, *23*, 523-552.

Gertler, J. (2012). *US unmanned aerial systems* (Report No. 7-5700). Retrieved from http://oai.dtic. mil/oai/oai?verb=getRecord&metadataPrefix=html&identifier=ADA566235.

Holmqvist, K., Nyström, M., Andersson, R., Dewhurst, R., Jarodzka, H., & Van de Weijer, J. (2011). *Eye tracking: A comprehensive guide to methods and measures*. Oxford, UK: Oxford University Press.

Jones, D. G. (2000). Subjective measures of situation awareness. In M. R. Endsley & D. J. Garland (eds.), *Situation awareness analysis and measurement* (pp. 113-128). London: Routledge.

Klein, G. (1997). The recognition-primed decision (RPD) model: Looking back, looking forward. In C. E. Zsambo & G. Klein (eds.), *Naturalistic decision making* (pp. 285-292). New York: Routledge.

Kohlmorgen, J., Dornhege, G., Braun, M., Blankertz, B., Müller, K.-R., Curio, G., Hageman, K., Bruns, A., Schrauf, M., Kincses, W. (2007). Improving human performance in a real operating environment through real-time mental workload detection. In G. Dornhege, J. R. Millan, T. Hinterberger, D. McFarland, & K.-R. Müller (eds.), *Toward brain-computer interfacing* (pp. 409-422). Cambridge, MA: The MIT Press.

Lathan, C. E., & Tracey, M. (2002). The effects of operator spatial perception and sensory feedback on human-robot teleoperation performance. *Presence: Teleoperators and Virtual Environments*, *11*, 368-377.

Mackworth, N. (1948). The breakdown of vigilance durning prolonged visual search. *Quarterly Journal of Experimental Psychology*, *1*, 6-21.

Moore, K., & Gugerty, L. (2010). *Development of a novel measure of situation awareness*: The case for eye movement analysis. In Proceedings of the Human Factors and Ergonomics Society 54th Annual Meeting, (pp. 1650-1654). Santa Monica, CA: Human Factors and Ergonomics Society.

Ooms, K., Dupont, L., Lapon, L., & Popelka, S. (2015). Accuracy and precision of fixation locations recorded with the low-cost Eye Tribe tracker in different experimental set-ups. *Journal of Eye Movement Research*, *8*, 1-24.

Parasuraman, R. (1987). Human-computer monitoring. *Human Factors*, *29*, 695-706.

Parasuraman, R., Molloy, R., & Singh, I. L. (1993). Performance consequences of automationinduced "complacency". *The International Journal of Aviation Psychology*, 3, 1-23.

Parasuraman, R., & Riley, V. (1997). Humans and automation: Use, misuse, disuse, abuse. *Human Factors*, 39, 230-253.

Pincus, S. M. (1991). Approximate entropy as a measure of system complexity. *Proceedings of the National Academy of Sciences*, 88, 2297-2301. Washington, DC: National Academy of Sciences.

Ratwani, R. M., McCurry, J. M., & Trafton, J. G. (2010). *Single operator, multiple robots: an eye movement based theoretic model of operator situation awareness*. In Proceedings of the 5th ACM/IEEE international conference on Human-robot interaction (pp. 235-242). New York: Association for Computing Machinery.

Rayner, K. (2009). Eye movements and attention in reading, scene perception, and visual search. *The Quarterly Journal of Experimental Psychology*, 62, 1457-1506.

Salmon, P., Stanton, N., Walker, G., & Green, D. (2006). Situation awareness measurement: A review of applicability for C4i environments. *Applied Ergonomics*, 37, 225-238.

Salmon, P., Stanton, N. A., Walker, G. H., Jenkins, D., Ladva, D., Rafferty, L., & Young, M. (2009). Measuring situation awareness in complex systems: Comparison of measures study. *International Journal of Industrial Ergonomics*, 39, 490-500.

Salvucci, D. D., & Goldberg, J. H. (2000). *Identifying fixations and saccades in eye-tracking protocols*. In Proceedings of the 2000 Symposium on Eye Tracking Research & Applications (pp. 71-78), New York: Association for Computing Machinery.

Sarter, N. B., Mumaw, R. J., & Wickens, C. D. (2007). Pilots' monitoring strategies and performance on automated flight decks: An empirical study combining behavioral and eyetracking data. *Human Factors*, 49, 347-357.

Schriver, A. T., Morrow, D. G., Wickens, C. D., & Talleur, D. A. (2008). Expertise differences in attentional strategies related to pilot decision making. *Human Factors*, 50, 864-878.

Shic, F., Scassellati, B., & Chawarska, K. (2008). *The incomplete fixation measure*. In Proceedings of the 2008 Symposium on Eye Tracking Research & Applications (pp. 111-114). New York: Association for Computing Machinery.

Taylor, R. (1990). Situational awareness rating technique (SART): The development of a tool for aircrew systems design *Situational Awareness in Aerospace Operations (AGARD-CP-478)* (pp. 3/1-3/17). Neuilly Sur Seine, France.

Teichner, W. H. (1974). The detection of a simple visual signal as a function of time of watch. *Human Factors*, 16, 339-352.

Van de Merwe, K., Van Dijk, H., & Zon, R. (2012). Eye movements as an indicator of situation awareness in a flight simulator experiment. *The International Journal of Aviation Psychology*, 22, 78-95.

Vidulich, M. A. (2003). Mental workload and situation awareness: Essential concepts for aviation psychology practice. In P. Tsang & M. A. Vidulich (eds.), *Principles and practice of aviation psychology* (pp. 115-146). Mahwah, NJ: Lawrence Erlbaum Associates.

Warm, J. S., Parasuraman, R., & Matthews, G. (2008). Vigilance requires hard mental work and is stressful. *Human Factors*, 50, 433-441.

撰稿人介绍

Joseph T. Coyne （约瑟夫·T. 科因），美国海军研究实验室战斗人员人类系统集成实验室负责人。于 2004 年获得旧多米尼恩大学人的因素应用心理学博士学位，其博士研究聚焦于恶劣天气条件下飞行员的决策机制，探索了新型显示器对飞行员决策行为的影响，获得了美国国家航空航天局（NASA）的奖学金和实习资助。科因博士围绕战斗人员绩效评估与生理监测技术主持了多项重点研究项目，约瑟夫与海军陆战队、陆军等多个军事单位保持密切合作，研究成果具有显著的军事应用价值。在无人系统领域，约瑟夫开创性地将生理评估技术应用于模拟无人航空器实验任务中的绩效测量；在装备研发方面，主持了指挥控制车辆减震显示系统的影响评估；在模拟训练领域，对步兵虚拟训练环境进行了系统性评估。此外，约瑟夫还完成了多项认知任务分析研究，为深入理解战斗人员的实际需求提供了重要理论支撑。

Samuel S. Monfort （塞缪尔·S. 蒙福特），于 2012 年获得维克森林大学实验心理学硕士学位，现在是美国乔治梅森大学人的因素与应用认知专业博士研究生，从事沉浸式步兵训练系统的评估与优化研究，该项研究由海军研究办公室（ONR）资助。目前同时在 Perceptronics Solutions 公司担任人因科学家，并在海军研究实验室（NRL）担任研究助理，其研究涵盖人类绩效建模与预测、人机系统信任机制以及实验设计与统计分析方法创新等多个领域。

Ciara M. Sibley （茜亚拉·M. 西布利），美国海军研究实验室战斗人员人类系统集成实验室工程心理学家，其研究主要致力于两个前沿方向：①基于神经生理学数据的用户状态实时监测与任务绩效预测；②高负荷环境下的动态任务调度算法开发。目前，西布利博士担任无人机操作人员动态任务调度器开发项目的首席研究员，主动与无人机操作人员群体保持密切合作，其研究成果直接服务于作战系统的人因问题优化；同时作为副主管承担新一代主动决策支持技术的研发工作。西布利博士曾主导多个国防高级研究计划局（DARPA）和海军研究办公室（ONR）资助的重大项目，在无人系统人机协同、作战负荷管理等领域取得突破性进展。

第十二章

基于触觉感知的人机共享控制技术

M. M. 范帕森，罗尔夫·P. 博因克，

大卫·A. 艾宾克，马克·穆德，马克斯·穆德

近年来，人们对触觉界面（或称触觉显示）在汽车、飞机等交通工具中的应用越来越感兴趣，此类界面通过触觉交互向驾驶员提供相关的环境信息和设备信息。例如，日产汽车有限公司（Nissan Motor Company，Ltd.）生产的一种智能油门踏板，就是给油门增加了触觉反馈，它能够在车辆前方有障碍物（或其他车辆）时通过震动的方式及时向驾驶员提供力反馈以传达告警信息（Mulder, Abbink, Van Paassen, & Mulder, 2011）。又如，在航空领域，研究者围绕无人机（UAV）远程控制技术进行了系列研究，人们通过触觉反馈将飞机状态及时告知飞行员以提高态势感知能力（De Stigter, Mulder, & Van Paassen, 2007；Lam, Mulder, Van Paassen, Mulder, & Van der Helm, 2009；Goodrich, Schutte, & Williams, 2011）。当触觉控制器所产生的力反馈可以影响系统输入时，则产生了人机共享控制，此时无论是人（驾驶员）还是机器（自动化代理），都需要依靠触觉界面完成输入。

多重资源理论在智能化驾驶体验设计方面能给我们带来指导意义，例如，与传统的自动化辅助系统相比，人机共享触觉控制系统优势明显（Abbink, Mulder, & Boer, 2012）：驾驶员视觉通道的认知负荷经常超载，这是研究者普遍关心的问题，因此，人机共享触觉控制系统通过触觉通道实现操控，这样能够有效避免视觉通道的认知负荷进一步加重；同时，驾驶员可以通过适应性很强的神经肌肉系统实现触觉反馈以及时做出反应，并在必要时快速地拒绝自动化决策。研究表明，人机共享触觉控制系统具备传统自动化辅助系统的部分优势（比如性能提高、工作负荷减少等），但也会带来一些潜在的弊端和问题（Mars, Mathieu, & Hoc, 2014；Petermeijer, Abbink, & De Winter, 2014）。换句话说，诸如可靠性、自满、（过度）依赖、透明度和

自动化水平等问题，不仅是传统的自动化辅助系统需要考虑的，也是人机共享触觉控制系统需要考虑的。此外，人机共享触觉控制系统还需要关注以下两个关键因素：

第一，在驾驶过程中，驾驶员和自动化代理两者的贡献连续可变，达到动态平衡。这一点主要强调在人机共享触觉控制系统的设计阶段，设计者必须对驾驶员和自动化代理两者的责任进行明确划分，两者贡献的大小直接受触觉反馈控制器的阻尼、质量、转向刚度和作用力等参数的影响。其中，转向刚度可以理解为方向盘扭矩随方向盘转角变化的快慢程度。我们在前期工作中探索了转向刚度反馈和力反馈两种设计模式（Abbink & Mulder，2009）。鉴于神经肌肉系统的适应性很强，研究者在对人机共享触觉控制系统进行设计和评估的过程中，必须考虑人的适应性这一复杂因素：驾驶员通过调整自己的神经肌肉系统可以完成期望的动作，因此，在通常情况下，人机共享触觉控制系统总能产生可接受的控制行为（人在环），即无须通过反复试验的方式来优化系统性能。由此，研究者在进行参数设置时不仅要考虑关键任务的设计逻辑，还要综合考虑驾驶员神经肌肉系统的动态特性。关于这个问题，研究者在汽车驾驶和无人机控制领域进行了较深入的探索（Abbink et al.，2012；Sunil，Smisek，Van Paassen，& Mulder，2014）。

第二，人机共享触觉控制系统的输入等于驾驶员输入和自动化输入二者之和。这一点主要强调控制系统的输入（如方向盘的转动）是驾驶员和自动化代理两者共同驱动的结果，从而导致驾驶员和自动化代理两个控制器是同时工作、并行控制，而不是监督控制中常见的级联控制。这种不寻常的情况意味着设计者需要对人机共享控制的属性进行细致分析，让驾驶员和自动化代理形成互补型合作，而不是互相抵制。

在学员初学飞行阶段，教员担任辅助性控制器的角色，学员的控制器和教员的控制器两者之间通过机械方式实现连接。这种情况是人机共享触觉控制系统的一个典型实例，教员可以从多个维度进行适应性操控或调整。人机共享触觉控制系统的设计首先需要明确参考路径（即系统认为的"最佳"行驶路径）的制订策略，例如，在确定太阳耀斑的最佳路径时，是选择优化能源使用的宏观策略，还是选择对学员更有实际意义的具体策略？其次，在实现触觉控制、对路径横向进行校正的过程中还须确定是选择强烈迅速的方式还是柔和缓慢的方式。再次，大多数控制策略不仅涉及参考值校正，还涉及通过前馈控制对驾驶员即将采取的操控动作进行预测。教员可以在等待学员完成操控的过程中进行适应性调整，也可以提供部分或全部前馈控制。最后，需要关注人和自动化代理合作时两者的相对权限。比如，如果控制权完全被强有力的教员牢牢掌握（独立于反馈控制或前馈控制），那么教员和学员两个主体的权责平衡则会受到影响。

基于人机共享触觉控制技术模拟驾驶平台，我们通过实验分析了车辆的弯道通过性能，探讨了参考路径问题。众所周知，驾驶员在转弯处并不是沿着弯道中心行驶，而是略微"远离"中心以寻求更好的动态舒适性。由于驾驶行为存在明显的个体差异，使得参考路径与实际的驾驶行为达到兼容。在实验中，首先根据被试者的自然偏好建立参考模型，然后综合分析个体拟合值（即个性化标准 /IG）和总体拟合值作为被试者群体的平均值，达到普适性标准，即"一尺适合所有人"（one-size-fits-all，OSFA）的效果。Boink等在一项人机共享触觉控制测试中发现，很多被试者的实际驾驶行为与个性化标准 /IG 不相符，但符合普适性标准 /OSFA，这部分实验结果可能与实际的驾驶情况不符（Boink，Van Paassen，Mulder，& Abbink，2014）。

人机共享触觉控制系统在车道保持和弯道通过等智能驾驶辅助场景中应用时充满挑战，主要原因为目标参考路径不确定，以及反馈机制和前馈机制不明确等。下文将首先介绍相关实验，然后根据实验结果总结人机共享触觉控制系统设计过程中应注意的事项，最后提出具有广泛兼容性的系统架构，并通过汽车驾驶简化模型对其架构进行了测试。

人机共享触觉控制

对于具有人机共享触觉控制功能的车辆，驾驶员和自动化代理两者都可以实施控制输入：驾驶员通过对方向盘施加作用力，自动化代理则通过电动机在方向盘上增大扭矩。此外，方向盘有其自身的动态特性，通常是质量和阻尼，方向盘上的扭矩（自对准扭矩）则通过连杆传递导致方向盘具有明显的刚度（K_w）特性。我们参考 Griffiths 和 Gillespie（2004）所描述的人机共享触觉控制系统，进一步明确了自对准扭矩是如何实现的，提出了人机共享触觉控制流程示意图，如图 12.1 所示。

当驾驶员操控方向盘或其他控制器时，人的神经肌肉系统和人机共享触觉控制器的扭矩共同构成耦合系统的组合动态特性。驾驶员通常可以通过调整神经肌肉系统的力量来影响肢体动力学，从而有效增加或降低肢体刚度（K_{nms}）。肢体刚度会影响运动表现，主要取决于肌腱的刚度，可以简单地描述为肌体在受到给定力时抵抗长度变化的能力。人体神经肌肉系统的刚度

（K_{nms}）和触觉控制器的刚度（K_w）共同作用产生了系统综合扭矩，导致车辆最终的运动 δ_w，见图 12.1。

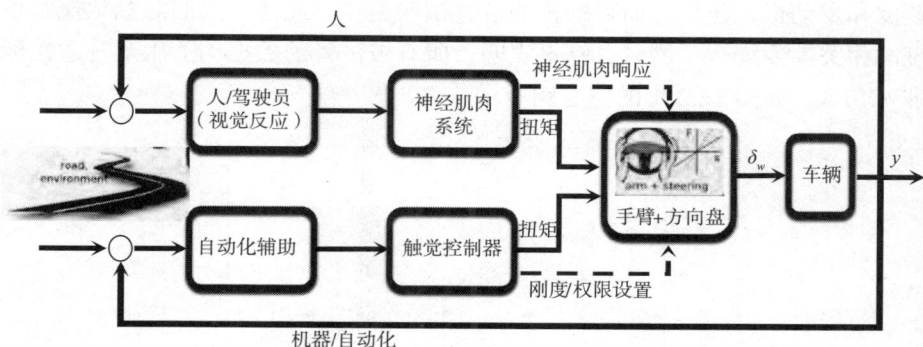

图 12.1 人机共享触觉控制流程示意图

注：人/驾驶员和自动化代理均提供输入扭矩，即通过组合动力学共同为车辆提供输入（δ_w）

如果参数设置得当，人机共享触觉控制器的转向刚度、阻尼和质量可以按照类似于神经肌肉系统的动态特性进行调整。这种调整可促使驾驶员和触觉控制器两者的贡献达到平衡（Abbink & Mulder，2009），图 12.1 中的虚线箭头表示调整过程。

人机共享触觉控制系统旨在避免车辆与障碍物（无论是移动的还是静止的）发生碰撞，因此及时生成导航信息是系统的主要功能之一。通过对排斥力进行测量和计算，人机共享触觉控制系统将其在虚拟场景中感知到的设备及障碍物与安全边界均呈现在触觉显示器上，然后依靠驾驶员和自动化代理的共同操控使车辆远离危险区域。如果只考虑单车道模拟驾驶任务情境，人机共享触觉控制系统则可以实现连续导航，那么自动化代理的职责就是让车辆保持在"最佳"行驶路径。由此，人机共享触觉控制系统需要产生连续推力从而将车辆引导回"最佳"行驶路径，而不仅仅是通过基于排斥力感知到的虚拟障碍物来降低车辆碰撞的概率。

人机共享触觉控制系统所设定的"最佳"行驶路径应该与驾驶员的实际驾驶路径相一致。比如，在弯道驾驶场景中，自动化代理不能假定车辆始终位于道路中央，因为这与驾驶员的实际行为不一致。考虑到车辆在某个预测时间点（T_{LH}）的参考路径和实际位置存在差异，我们通过实验验证了驾驶员通过弯道的方式，并采用基于方向盘角度计算的简单模型进行了路径拟合（Boink 等，2014），提出以下公式计算参考路径。

$$\delta_w(t) = K_\delta E_{T_{LH}}(t) \tag{12.1}$$

应用上述公式时，需为每名被试者分别确定 K_δ 和 T_{LH}，以计算触觉控制系统生成的参考路径，其中的 $E_{T_{LH}}$ 是指在预测时间点（T_{LH}）将车辆的当前速度和发动机转速积分而得的预测位置横向偏移。此外，我们对触觉控制系统的相关参数进行了测试，结果表明，所有被试者的数据均适用于普适性标准 /OSFA，如图 12.2 中的空心圆所示。

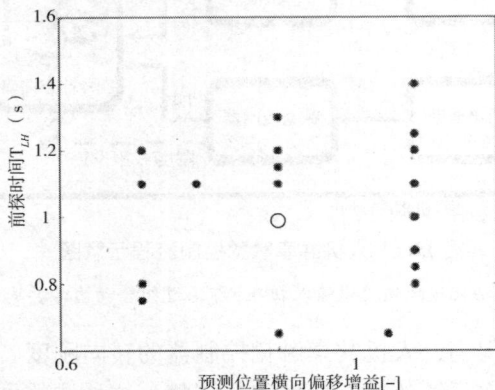

图 12.2　前探时间和预测位置横向偏移拟合（含个性化标准 /IG 和普适性标准 /OSFA）

注：$K_w K_\delta$（用实心圆表示），OSFA（用空心圆表示）（Boink 等，2014）

让车辆保持在参考路径行驶，依赖于系统产生一定的推力，这取决于系统增益（即放大系数），主要受方向盘转向刚度（K_w）的影响。假设驾驶员没有对方向盘施加任何作用力，那么，触觉控制器的扭矩会使方向盘产生一定角度的转动。触觉控制器的活动距离则被转换为方向盘上的扭矩：

$$F_h(t) = K_w \left[K_\delta E_{T_{LH}}(t) \right] \tag{12.2}$$

这意味着，在人机共享触觉控制条件下，驾驶员不需要对方向盘施加与驱动车辆按既定路径行驶完全匹配的力，他们只需要花很小的力气用于克服神经肌肉系统自身的自然刚度 K_{nms}。

实验概述

为了验证上述实验假设（即个性化标准 /IG 比普适标准 /OSFA 更适用），我们邀请 24 名被试者在固定基驾驶模拟器中完成了相关实验。模拟器装配有日产汽车有限公司（Nissan Motor Company，Ltd）的方向盘，由 Moog-FCS ECol-8000 S 电动机驱动；视景投影在前面和侧面的墙上，能够提供几乎 180° 的水平视野。实验分为两个阶段：在第一阶段，驾驶模拟器不提供人机共享触觉控制，被试者以 80 km/h 的固定速度在一条左右交替转弯且转弯角大于 45°（半径 250 m）的弯道上独立完成模拟驾驶，实验所得的数据与上文式（12.1）得出的 IG 模型和 OSFA 模型相吻合；被试者在完成第二阶段任务的过程中，驾驶模拟器分别按照 IG 模型和 OSFA 模型提供两种类型的人机共享触觉控制（具体拟合情况见图 12.2）。待被试者把两个阶段的实验都完成之后，要求他们判断自己更加喜欢哪个阶段的模拟驾驶任务。

实验结果与讨论

图 12.3 呈现了其中 1 名被试者分别在"手动驾驶 / 不提供触觉控制辅助"和"自动驾驶 / 提供个性化触觉控制辅助"两种情况下的实验结果。值得注意的是，所得的部分实验结果与预期不相符。首先，无论是否提供触觉控制辅助，系统计算所得的预测位置横向偏移数值（即在预测时间点的位置偏移

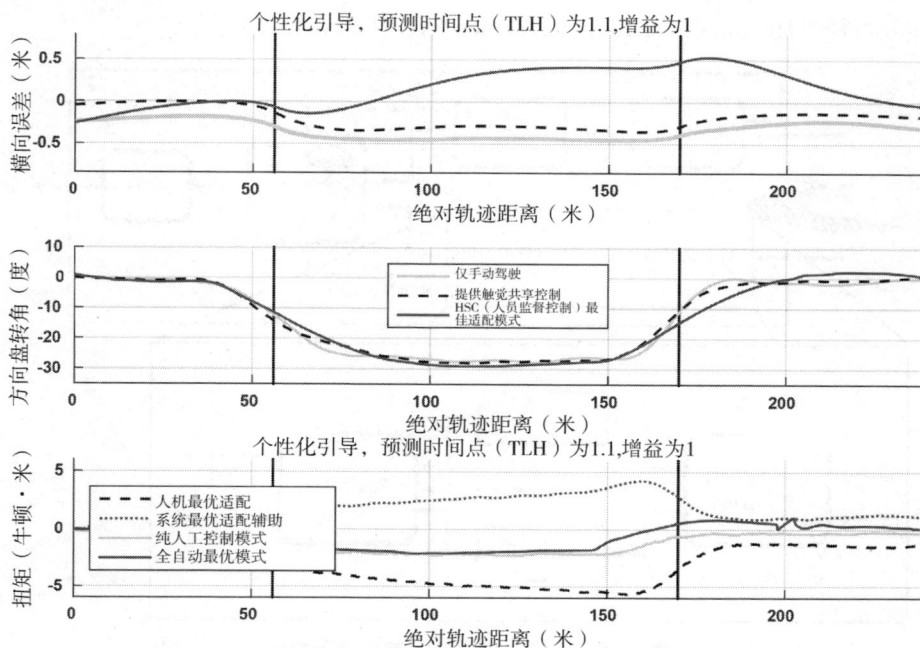

图 12.3　提供触觉控制 vs 不提供触觉控制两种条件下的实验结果示例（1 名被试者）

注：在最初很长一段距离内（60～170 m 弯道），触觉控制系统未表现出对扭矩的贡献，而后出现了与驾驶员用力相反的情况

$E_{T_{LH}}$）都相当小，也就是说被试者在两种实验条件下完成弯道驾驶任务的绩效都很高且无显著差异；其次，当驾驶员把手从方向盘上移开，让车辆完全由触觉控制辅助系统"独立驾驶"时，系统计算所得的预测位置横向偏移值 $E_{T_{LH}}$ 相当大，表明式（12.2）中的控制规则实际上不是很有效；最后，我们发现，在相当长的一段弯道上，触觉控制系统的扭矩似乎与驾驶员施加的力相反，该现象在多名被试者身上出现，这导致模型需要高增益和较长的预测时间。

经验教训初步探讨

本实验解决了构建人机共享触觉控制系统时所面临的主要难题，即对于一个使用连续参照物的系统而言，参考路径该如何确定。显然，选择道路中心作为参考路径会导致驾驶行为很不自然，因此本实验提出了一条简单且符合驾驶员实际驾驶行为的控制规则。以往的研究基于被试者驾驶过程中的实时数据计算参考路径（Abbink，Cleij，Mulder，& Van Paassen，2012），与之不同，本实验计算被试者多次驾驶数据的平均值作为参考路径，这种计算方法在触觉控制系统中适用性更强，被认为可得出"与驾驶员实际行驶路径相一致的"参考路径（Human Compatible Reference，HCR，图 12.4）。

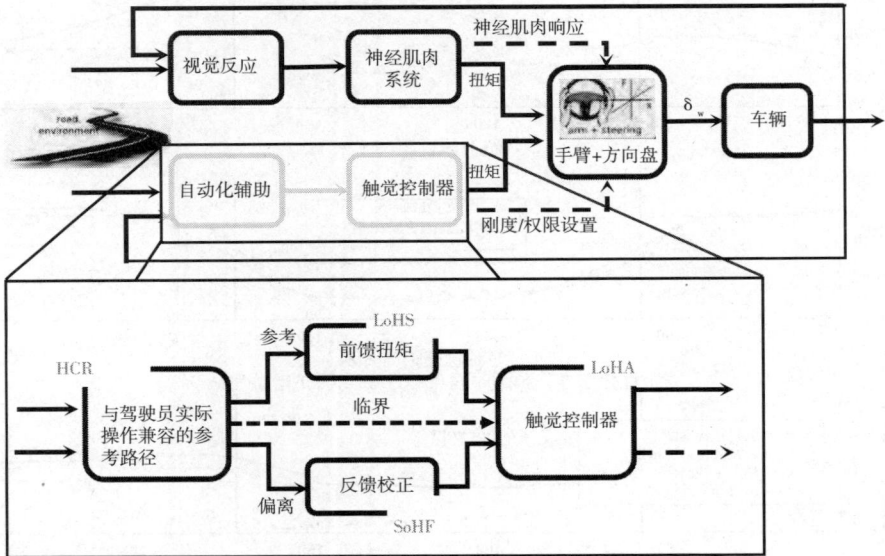

图 12.4　人机共享触觉控制系统示意图

注：本图包含与触觉控制系统设计相关的四个组件，即 HCR（与驾驶员实际行驶路径相一致的参考路径）、LoHS（触觉支持水平）、SoHF（触觉反馈强度）、LoHA（触觉权限水平）

另外，被试者在使用人机共享触觉控制系统时更偏好普适性标准 /OSFA 而不是个性化标准 /IG，这个实验结果出乎意料。通过分析发现：这与人机共享触觉控制系统的增益有关，即增益较低时被试者倾向于 IG 设置，增益较高时则倾向于 OSFA 设置。为了调查可能的原因，我们进一步深入分析了人机共享触觉控制系统的特性。

从实验所记录的日志数据可以看出，人机共享触觉控制系统经常抵消操作人员的控制输入，由此可以推测强度较弱的触觉输入可能比高强度的输入更容易被操作人员接受。Mars 等（Mars、Deroo 和 Hoc 2014）的研究也发现了同样的结果，他们在实验中采用"车辆始终位于道路中央"的触觉控制模式，迫使被试者不太自然地完成弯道驾驶，这给被试者更喜欢较弱的触觉输入提供了额外理由。那么，为什么人机共享触觉控制系统在许多情况下会抵消操作人员的输入，不能对车辆位置的控制发挥有效作用呢？为什么仅靠人机共享触觉控制系统无法对车辆进行适当的操控？这些问题将通过下文中对人机共享触觉控制简单模型的研究得以解答。

为了初步验证本研究提出的控制规则［式（12.2）］的有效性，我们进一步采用小角度近似算法计算预测时间点的预测位置横向偏移 $E_{T_{LH}}$，如下式（12.3）所示。

该公式基于车辆当前位置的横向偏移 $[y(t)-y(rt)]$ 和方向 / 角度改变 $[\Psi(t)-\Psi(rt)]$ 进行计算：

$$\widetilde{E}_{T_{LH}} = vT_{LH}\left[\Psi(t)-\Psi_r(t)\right] + \gamma(t) - y_r(t) \tag{12.3}$$

其中 v 为车速，T_{LH} 为预测时间点（通常在 1 s 或者更短的时间内），$\Psi(t)$ 为车辆行驶方向，$\Psi_r(t)$ 为车辆所在位置的道路走向，$\gamma(t)$ 为车辆的当前位置，$y_r(t)$ 为道路中心线。

本实验采用单一反馈控制回路驱动车辆按照参考路径转向，并在转向错误时及时提供反馈；将车辆在预测时间点的位置与参考路径（即道路中心）进行比较，通过计算横向偏移来确定人机共享触觉控制系统应该产生的扭矩。

实验中，我们让被试者先在不提供人机共享触觉控制的情况下完成模拟驾驶通过多条弯道，旨在获取被试者对弯道行驶路径的实际偏好，有助于模型校正。继而，我们考察了在具有触觉控制的情况下，系统是否能够准确生成与被试者实际偏好匹配的转向命令［式（12.1）］。在这种情况下，由于预测时间点的横向偏移 $E_{T_{LH}}$ 最小，模型无法捕捉到被试者在行驶过程中可能发生的临时变化，这将成为模型预测路径与被试者实际行驶路径两者之间偏差的唯一来源。根据式（12.2）计算可得，此时的触觉反馈力几乎为 0。有类似研究发现了同样的情况，即当驾驶员自身能够及时控制转弯路径并且将偏移量控制为 0 时，人机共享触觉控制系统将不产生扭矩，此时对弯道行驶不做任何贡献（Griffiths & Gillespie，2004）。

优秀的驾驶员能够精确复制自己之前的输入，极度完美，导致触觉控制系统不提供任何辅助支持。这意味着，只有当驾驶员的行驶路径偏离参考路径时，触觉控制系统才发挥作用。

那么，在车辆不偏离参考路径的情况下，触觉控制系统应该做出多大贡献？这与设计决策有关。在我们的实验中，触觉控制系统是否发挥作用取决于事先确定的参考路径和车辆实际行驶路径之间的偏差。在这种情况下，被试者要想获得触觉控制系统的支持，就必须先允许自己偏离参考路径。提供个性化触觉控制系统辅助的"自动驾驶"模式解释了这一点（图 12.3）。对于触觉控制系统的设计，需要考虑的另一个设计要素为"触觉支持水平"（LoHS）。低等级的 LoHS 对应于"只给用户提供很少的控制输入用于跟随指定目标"（在本实验中为道路），随着 LoHS 等级的提高，触觉控制系统会进一步增加控制输入。

通过计算车辆位置 $\gamma(t)$ 初始的横向偏移，可以为普适性标准（OSFA）的进一步调优提供依据。每米单位长度横向偏移所产生的扭矩大小为 $[K_w K_\delta (\gamma r(t)-\gamma(t))]$ 牛顿米（N.m）。与之类似，车辆行驶方向上的初始偏移也会产生类似的效果，但所产生的扭矩与横向偏移相比有增量，具体增幅为 $[K_w K_\delta V T_{LH}(\Psi r(t)-\Psi(t))]$（N.m），可通过车辆和触觉控制系统的简单模型来实现相关计算，结果如图 12.5 所示。反馈增益（$K_w K_\delta$）越大，对行驶方向和横向位置偏移产生的影响越大；前探时间（T_{LH}）越长，对行驶方向的影响越大。

当行驶路径偏离参考路径时，驾驶员对控制策略的偏好会影响触觉反馈强度。很显然，上文介绍的触觉反馈系统架构过于强调对行驶路径的纠偏设置，因此建议取消纠偏增益与参考路径的耦合。这涉及触觉控制系统的另一个设计决策，即"触觉反馈强度"（SoHF）的设置，也就是当车辆偏离参考路径时反馈强度应该如何设置的问题。

鉴于大多数驾驶员的绩效依赖于前馈控制，我们提出将路径偏移反馈信号与参考路径定位所需的前馈信号分离，依靠内部模型生成开环控制信号，这与 Rasmussen（1983）的研究结果相吻合。但大多数触觉反馈控制系统被设计为闭环系统，没有前馈组件。当这些闭环控制系统仅显示目标路径与系统输出之间的偏移时，研究者则会更加关注操作人员的绩效（Mc Ruer &

Jex，1967）。从文献检索的结果来看，该领域中关于目标追踪的研究较少，而针对目标路径控制的研究则更少（Van der El，Pool，Damveld，Van Paassen，& Mulder，2016）。因此，需要将触觉反馈控制系统分为两个控制回路：一个是开环控制，提供基于触觉支持的控制输入以实现路径追踪；另一个是额外的闭环控制，提供基于触觉支持的控制输入以缩小驾驶员实际行驶路径与参考路径的偏差。这些控制回路在实现过程中可以合并，但在设计环节应该分开，各自遵循既定的控制规则。

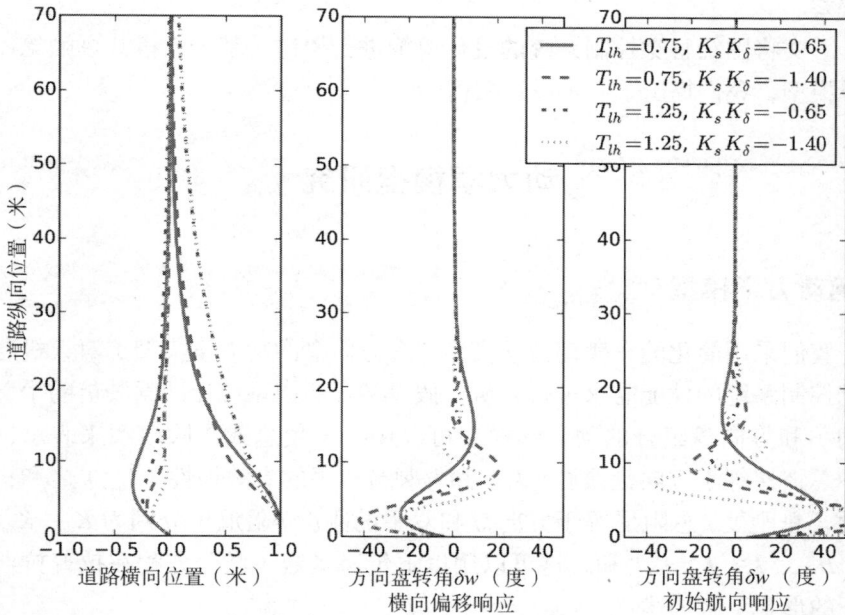

图中图例：

$T_{lh}=0.75,\ K_sK_\delta=-0.65$
$T_{lh}=0.75,\ K_sK_\delta=-1.40$
$T_{lh}=1.25,\ K_sK_\delta=-0.65$
$T_{lh}=1.25,\ K_sK_\delta=-1.40$

左图：纵轴 道路纵向位置（米），横轴 道路横向位置（米）
中间图：横轴 方向盘转角δw（度）横向偏移响应
右图：横轴 方向盘转角δw（度）初始航向响应

图 12.5　触觉控制系统的模拟响应（横向位置向右偏移 1 m、行驶方向向左偏移 5°）

注：左图显示了横向位置偏移和行驶方向偏移两种条件下的综合响应；中间图显示了横向位置偏移的 δ_w 响应；右图显示了行驶方向偏移的 δ_w 响应

设计决策关系到触觉控制器的权限。早在 2005 年，研究者（Parasuraman，Sheridan，&Wickens，2000；Sheridan & Parasuraman）提出了监督控制权限，与之类似，Abbink 等人于 2012 年首次提出了"触觉权限水平"（LoHA）这一术语。触觉控制系统在最终确定控制输入时，需要对控制器的转向刚度进行设置（固定的或可变的），从而改变自动化的权重。控制器的转向刚度会在很大程度上影响触觉控制系统的效应，并削弱驾驶员的贡献。驾驶员可以通过调整自身神经肌肉系统的力量（即增加肢体刚度）来抵消这种趋势，但需要花费额外的力气。神经肌肉系统刚度的增加会给驾驶员带来更高的权限，此时触觉控制系统的作用则变小。人体神经肌肉系统的适应性很强，与之相反，触觉控制系统通常对机械控制器的刚度变化非常不敏感。

需要注意的是，在触觉控制系统具有较高权限的情况下，如果只使用反馈控制方式，系统仍会将行驶路径设定为参考路径。我们在实验中给触觉控制系统设立了偏移量控制，促使行驶路径的生成策略与被试者在实际驾驶过程中所采取的弯道策略不相匹配。这种设计在实验中惹恼了一些被试者，因为我们所提供的触觉控制系统基本上没有起到辅助驾驶的作用，反而还会带来偏差。

下文将围绕触觉控制系统的设计决策进行探讨，基于人机共享触觉控制简单模型，我们提出了一种设计架构。

动力学模型研究

车辆动力学模型

我们采用简化的车辆动力学模型（含方向盘的动力学模型）对人机共享触觉控制系统的性能需求进行分析。假设神经肌肉系统（即驾驶员的手臂、肌肉）和方向盘组合的动力学模型可以用一个集总式二阶模型来表示，模型中总惯性等于方向盘惯性（I_w）和驾驶员双手的有效惯性（I_{nms}）之和；同样地，总刚度/总阻尼等于方向盘和双手的刚度/阻尼（分别为 K_w、K_{nms}、B_w、B_{nms}、I_w、I_{nms}）之和。这可以用以下传递函数（微分方程在拉普拉斯变换下的形式）来描述：

$$H_{w+nws}(s) = \frac{1}{(I_w + I_{nms})s^2 + (B_w + B_{nms})s + (K_w + K_{nms})} \qquad (12.4)$$

该函数给出了方向盘角度 δ_w，用于对驾驶员神经肌肉系统的扭矩（F_{nms}）和触觉控制系统的扭矩（F_h）之和进行响应。

在我们的模拟实验中，车辆速度保持恒定，轮胎打滑的动力学效应可以忽略不计。为了对轮胎打滑效应进行补偿，我们假设方向盘转动角度和前轮转动角度的比值（即有效转向比）K_{eff}= 1/15，轴距 L_{wb}= 2.8 m，则车辆的行驶方向 $\dot{\Psi}$ 可以通过以下公式进行计算：

$$\dot{\Psi} = \frac{K_{eff}V}{L_{wb}}\delta_w \qquad (12.5)$$

其中，v 为车辆行驶的恒定速度，在本实验中为 22 m/s。车辆动力学模型的输入为驾驶员神经肌肉系统的扭矩（F_{nms}）和触觉控制系统的扭矩（F_h）之和，模型输出为车辆的行驶方向以及扭矩产生的行程（用 x、y 坐标进行定义）。

模型控制策略

实验所采用的模型控制策略基于对车辆预测路径横向位置的反馈，这意味着驾驶员在转弯时的路径偏好恰好与触觉反馈的强度相耦合，如图 12.5 所示。

因此，模型需要一种替代控制策略。如果触觉控制系统需要对弯道转向输入做出贡献，那么就需要提供道路轨迹信息；换句话说，系统需要"目标"信号作参考。然后，系统将这些信息作为规则输入到前馈控制中，待前馈控制接收到道路轨迹信息后便在汽车方向盘上产生所需的触觉辅助扭矩作为输出。

在这种情况下，可以采用曲率函数 $k(l)$ 来定义道路，当车辆速度恒定时，行驶距离 $l=vt$。为了保持道路中心线行驶，车辆在恒定速度 v 时的转弯率应与道路曲率相匹配，计算公式如下：

$$r(t) = k(vt)v \tag{12.6}$$

假设可以通过使用方向盘转动角度和前轮转动角度的比值 Keff（即有效转向比）来考虑车轮打滑效应，则可以根据目标转弯率来计算所需的转向角，计算公式如下：

$$\delta_w(t) = r(t)\frac{L_{wb}}{K_{eff}} \tag{12.7}$$

如果忽略（或补偿）汽车方向盘和驾驶员神经肌肉系统的动力学效应，系统所需的触觉扭矩则可通过公式"转向角 $\delta_w \times$ 方向盘刚度 K_w"进行计算；根据该扭矩可进一步计算得出方向盘转动的角度。上述转向规律将会生成按照道路中心线行驶的路径输入，这种情况下大多数驾驶员会感到不自然。

在上述实验中，我们使用了闭环转向控制规则，以横向位置偏移为输入来生成触觉反馈力。下一步我们需要探索一种新的开环控制规则，该规则无须考虑车辆当前的横向位置或行驶方向，只要依据路径信息就可以生成触觉反馈力。它应该能够展现出与驾驶员实际驾驶行为相似的特征，即在车辆进入弯道之前提前做好转弯准备，让车辆稍微保持在弯道内侧，然后顺利地结束转弯。基于上述式（12.7），系统可以在车辆稍前方的位置使用曲率，这样车辆就会在进入弯道之前提前开始准备好转弯。假设前探时间为 $T_{LH_{hs}}$，那么车辆在 t 时刻的目标转弯率为 $\kappa\left[(t+T_{LH_{hs}})V\right]$。

如果不做进一步的修改，上述控制规则可能导致方向盘角度和转速的突然变化，并且过早地进入转弯和结束转弯。为了使输入信号更加流畅，我们在模型中使用了二阶滤波器，从而得到以下传递函数，可根据原始目标转弯曲率来描述系统的响应特性：

$$H_{fhs}(s) = \frac{1}{\left(1 + \tau_{fhs}s\right)^2} \tag{12.8}$$

应用上述传递函数可以使触觉控制系统的输入更加平稳，从而使车辆转向更加平稳。参数 τ_{fhs} 是滤波器的时间常数，它的取值越大，得到的信号越平滑。根据车辆参数（轴距 L_{wb}，速度 v，有效转向比 K_{eff} 和方向盘刚度 K_w），触觉支持扭矩可以使用滤波后的目标转弯曲率计算如下：

$$F_{hs}(t) = K_{LoHS} \frac{K_w L_{wb} v}{K_{eff}} K_{fhs}(t) \tag{12.9}$$

这里 K_{LOHS} 是决定触觉控制系统对路径控制能有多大贡献的参数；当 $K_{LOHS}=1$ 时，触觉控制系统将提供完全自动控制的模式。图 12.6 给出了将滤波器模型所产生的扭矩用于控制车辆单次转弯的示例，滤波器固有的特性会导致通过模型计算所得的道路前方观察点略微滞后，从而生成触觉支持扭矩的时间也将出现相应的延迟。考虑到方向盘和车辆的动态特性，需要将前探时间 $T_{LH_{hs}}$ 和滤波器时间常数 τ_{fhs} 进行匹配，以确保系统提供辅助转弯的时刻既不晚也不早，从而保证触觉控制系统能够正常工作。

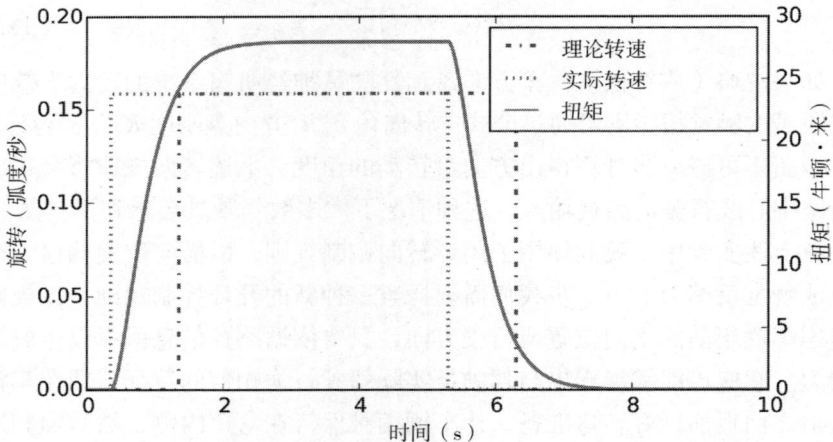

图 12.6　45°以上弯道（长度 110 m）的前馈扭矩信号计算

注：本仿真参数 $T_{LH_{hs}}=1.0$ s，$\tau_{fhs}=0.285$ s，$K_w=4.2$ Nm·rad^{-1}，$L=2.8$mwb。注意，扭矩显示在第二个轴上

　　触觉控制系统的第二个功能是基于反馈控制规则对路径偏差进行纠正。在这种情况下，路径偏差被定义为驾驶员独立驾驶时的转弯角度与系统自动运行时仅依靠前馈控制所实现的转向角度之间的差异。这需要充分考虑驾驶员的实际操作行为，否则前馈和反馈控制规则将会干扰驾驶员的正常驾驶并迫使他们采取不自然的转向控制策略。考虑到这一点，触觉控制系统的控制结构采用前馈信号实现了对车辆横向位置的预测。

　　触觉控制系统的前探时间与车速共同决定车辆的转弯幅度。如果车辆在通过弯道时，要将其前方一定距离（$T_{LH_{hs}} \cdot v$）处的某个点保持在道路中心，则可以计算出车辆与道路中心线之间的近似距离，计算公式如下：

$$\gamma_{cc}(t) \approx \frac{1}{2} k_{fhs}(t)\left(T_{LH_{hs}}v\right)^2 \tag{12.10}$$

　　公式中的 $K_{fhs}(t)$ 为滤波后的道路曲率。通过预测车辆在前探时间 T_{LHhs} 时的位置 γ_{pred}，并将其与通过上述公式计算所得的参考值 $\gamma_{cc}(t)$ 进行比较，可以确定偏离参考路径的校正扭矩：

$$F_{hf} = K_{SoHF}\left(\gamma_r + \gamma_{cc} - \gamma_{pred}\right) \tag{12.11}$$

　　反馈控制的前探时间可以独立于触觉控制系统的前探时间，当反馈控制前探时间持续较长时需要更多关注车辆行驶方向的改变。式（12.11）中增益系数 K_{SoHF} 决定了系统对横向偏移的反应强度，γ_{Tlh} 和 $\gamma_{cc}(t)$ 为车辆相对于道路中心线的距离。

　　图 12.7 的模型模拟了车辆完全由触觉控制系统"独立驾驶"（驾驶员把手从方向盘上移开），显示了触觉控制系统中前馈控制和反馈控制的综合效应，展示了如何在开环前馈系统中增加反馈控制的情况。模型结果显示车辆在仅依靠前馈控制转弯时路径偏差较小，这得益于前馈信号生成过程中简化模型的应用。通过横向位置反馈，车辆只需要进行相对较小的修正就能够有效引导到参考路径。以上实验结果说明前馈控制不需要非常精确，因为在实际驾驶中无论如何都不可能达到完美。

　　为了阐明路径追踪与反馈强度相对独立的事实，我们尝试建立了反馈控制规则的两种变体：一种是高增益（$K_w K_\delta$ 为 1.25），前探时间为 1.4 s；另一种是低增益（$K_w K_\delta$ 为 0.75，前探时间为 0.75 s。

　　触觉控制系统综合使用前馈控制和反馈控制，反馈控制架构可分为两个独立的信息模块（图 12.8）。模块一的具体设置决定了"触觉支持水平"（LoHS），用于追踪目标信号；模块二通过独立调谐的方式实现预先设定的"触觉反馈强度"（SoHF），旨在计算车辆的预期轨迹及路径调整。模块二可根据模块一的结果及车辆的实际行驶路径对位置偏移进行纠正。

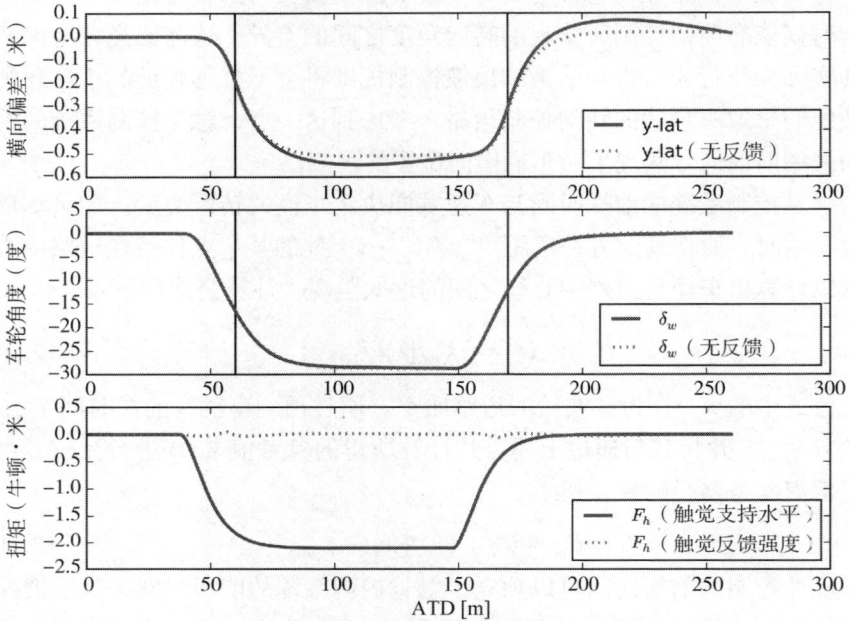

图 12.7　基于触觉控制系统的左转弯仿真

注：本次模拟 $T_{LHhs}T_{LHhf}$=1.0 s，τ_{fhs}=0.285 s，T_{LHhf}=0.65 s，$K_W K_\delta$=0.42，其他参数和路面数据与文中实验数据相同

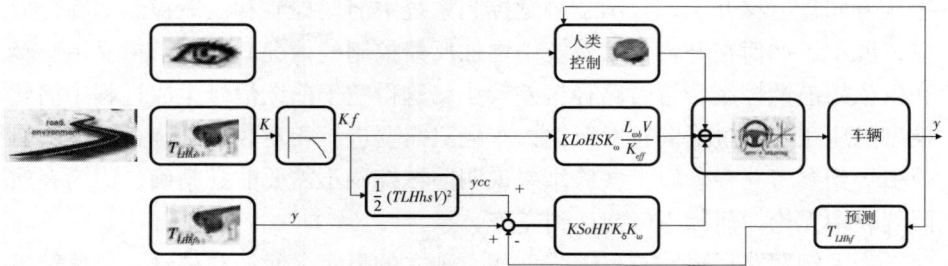

图 12.8　触觉控制系统设计架构概述

注：道路曲率 κ 用于计算车辆通过弯道时触觉控制的参考值，横向位置偏移量为触觉反馈提供参考

结　论

教练机是训练飞行员从最初级的飞行技术到能够单独飞行与完成指定工作的特殊机种。我们知道，在教练机上，教员的操纵杆和学员的操纵杆之间有机械连接，该设计就是人机共享触觉控制系统的一个典型例子。教员充当触觉反馈控制器，随时为学员提供驾驶辅助。优秀的教员可以帮助学员及时感知到触觉辅助系统的输入，并随着学员飞行技能的进步，逐步降低辅助系统的触觉支持水平（LoHS）和触觉反馈强度（SoHF），即按需降低或消除系统的前馈输入和反馈输入，确保所提供的驾驶辅助与学员的实际操作相一致。教员可根据需要调整对操纵杆的握力以提供可变的"触觉权限水平"（LoHA），用于平衡触觉反馈权限。

在人机共享触觉控制与自动化的实现过程中，飞行教员的行为可从以下四个方面进行明确。

①一致性（HCR）。人机共享触觉控制系统所提供的驾驶辅助功能应与飞行学员的实际操作相一致，所生成的控件应与学员自身的驾驶策略、飞行环境及飞行相关的约束条件相兼容，所提供的自动化辅助功能应能够让学员通过触觉感知到、同时也能够通过视听觉等其他感觉通道清晰地感知到，以便学员可以通过自己的切身体验对触觉控制系统的功能进行直观验证。

②触觉支持水平（LoHS）。人机共享触觉控制系统旨在通过前馈输入尽可能地让学员的实际驾驶路径与参考路径保持一致，触觉支持水平不同，前馈输入所做的贡献则不同。

③触觉反馈强度和策略（SoHF）。触觉反馈强度和策略（即控制规则）决定着驾驶路径的横向位置偏移和行驶方向的改变。因此，人机共享触觉控制系统在提供校正时需要慎重选择适宜的反馈强度和控制规则，从而最大限度地减少实际行驶路径和参考路径之间的偏差。

④触觉权限水平（LoHA）。触觉权限水平决定着人工输入和自动化输入之间的平衡，选择刚度较大的控制器（方向盘）有助于达到高水平的触觉权限。

针对触觉控制系统的设计，以上第①点和第④点内容已有相关文献进行了较深入的阐述，但第②点、第③点内容在当前许多系统的设计中仍未被充分重视。本章针对触觉控制系统提出了一种可行的架构模型及相应的实验设计、实验结果等论据，该模型可以对触觉支持水平和反馈强度进行单独调整。

原著参考文献

Abbink, D. A., Cleij, D., Mulder, M., & Van Paassen, M. M. (2012). The importance of including knowledge of neuromuscular behaviour in haptic shared control. In *2012 IEEE International Conference on Systems, Man, and Cybernetics (SMC)* (pp. 3350-3355). Seoul, Korea: IEEE. doi:10.1109/ICSMC.2012.6378309.

Abbink, D. A., & Mulder, M. (2009). Exploring the dimensions of haptic feedback support in manual control. *ASME Journal of Computing and Information Science in Engineering, Special Issue on Haptics, 9*(March), 1-9.

Abbink, D. A., Mulder, M., & Boer, E. R. (2012). Haptic shared control: Smoothly shifting control authority? *Cognition, Technology & Work, 14*, 19-28.

Boink, R., Van Paassen, M. M., Mulder, M., & Abbink, D. A. (2014). Understanding and reducing conflicts between driver and haptic shared control. In Chen, C. L. P., & Gruver, W. A. (eds.), *IEEE Systems, Man and Cybernetics Conference* (pp. 1529-1534). San Diego, CA: IEEE.

De Stigter, S., Mulder, M., & Van Paassen, M. M. (2007). Design and evaluation of a haptic flight director. *Journal of Guidance, Control, and Dynamics, 30*, 35-46.

Goodrich, K., Schutte, P., & Williams, R. (2011, September). Haptic-multimodal flight control system update. In *11th AIAA Aviation Technology, Integration, and Operations (ATIO) Conference. American Institute of Aeronautics and Astronautics.* Retrieved from http://dx.doi.org/10.2514/6.2011-6984 (accessed March 2, 2015).

Griffiths, P. G., & Gillespie, R. B. (2004). Shared control between human and machine: Haptic display of automation during manual control of vehicle heading. In *Proceedings of the 12th International Symposium on Haptic Interfaces for Virtual Environment and Teleoperator Systems* (Vol. 27, pp. 358-366). Chicago, IL: IEEE.

Lam, T. M., Mulder, M., Van Paassen, M. M., Mulder, J. A., & Van der Helm, F. C. T. (2009). Force-stiffness feedback in uninhabited aerial vehicle teleoperation with time delay. *Journal of Guidance, Control, and Dynamics, 32*, 821-835.

Mars, F., Deroo, M., & Hoc, J.-M. (2014). Analysis of human-machine cooperation when driving with different degrees of haptic shared control. *IEEE Transactions on Haptics, 7*, 324-333.

McRuer, D. T., & Jex, H. R. (1967). A review of quasi-linear pilot models. *IEEE Transactions on Human Factors in Electronics, HFE-8*, 231-249. doi:10.1109/THFE.1967.234304.

Mulder, M., Abbink, D. A., Van Paassen, M. M., & Mulder, M. (2011). Design of a haptic gas pedal for active car-following support. *IEEE Transactions on Intelligent Transportation Systems, 12*, 268-279.

Parasuraman, R., Sheridan, T. B., & Wickens, C. D. (2000). A model for types and levels of human interaction with automation. *IEEE Transactions on Systems, Man, and Cybernetics. Part A, Systems and Humans, 30*, 286-297.

Petermeijer, S. M., Abbink, D. A., & De Winter, J. C. F. (2014). Should drivers be operating within an automation-free bandwidth? Evaluating haptic steering support systems with different levels of authority. *Human Factors*, *57*, 5-20.

Rasmussen, J. (1983). Skills, rules, and knowledge: Signals, signs, and symbols, and other distinctions in human performance models. *IEEE Transactions on Systems*, *Man and Cybernetics*, *SMC-13*, 257-266.

Sheridan, T. B., & Parasuraman, R. (2005). Human-automation interaction. *Reviews of Human Factors and Ergonomics*, *1*, 89-129.

Sunil, E., Smisek, J., Van Paassen, M. M., & Mulder, M. (2014). Validation of a tuning method for haptic shared control using neuromuscular system analysis. In *Proceedings of the IEEE International Conference on Systems*, *Man and Cybernetics* (pp. 1518-1523). San Diego, CA: IEEE.

Van der El, K., Pool, D. M., Damveld, H. J., Van Paassen, M. M., & Mulder, M. (2016). An empirical human controller model for preview tracking tasks. *IEEE Transactions on Cybernetics*, 1-13, 46, 2609-2621.

撰稿人介绍

David A·Abbink（大卫·A. 阿宾克），荷兰代尔夫特理工大学生物机械工程系副教授，该校触觉实验室（Delft Haptics Lab）的创始负责人，同时担任《国际电气和电子工程协会人机系统期刊》（*IEEE Transactions on Human-Machine Systems*）副主编。2006 年 12 月在代尔夫特理工大学获得机械工程博士学位，其博士论文荣获荷兰运动科学领域最佳博士论文奖。凭借卓越的学术成就，大卫先后于 2009 年和 2015 年获得荷兰国家科学基金会（NWO）颁发的 VENI 和 VIDI 两项个人研究奖，这两项荣誉在荷兰科学界具有极高声望。阿宾克博士的研究工作获得了多方资助，包括荷兰国家科学基金会、美国波音公司以及日本日产汽车公司等国际知名机构的支持。

Rolf P·Boink（罗尔夫·P. 博因克），荷兰领先能源分配电网运营商阿兰德（Alliander NV）公司人因工程师。罗尔夫毕业于代尔夫特理工大学，获得航空航天工程硕士学位，研究方向为人机交互。

Mark Mulder（马克·穆尔德），是一位兼具工程学与医学教育背景的跨学科专家。马克于 2000 年获得荷兰代尔夫特理工大学航空航天工程硕士学位，2007 年获得同校博士学位，专注于触觉驾驶支持系统的研究。2008—

2014 年间，马克在完成代尔夫特理工大学生物力学与航空航天工程系博士后工作的同时攻读医学，并于 2014 年 12 月获得医学博士学位。目前，穆尔德博士担任内科医生在临床医学领域执业，其独特的工程学与医学融合的学术背景为医疗技术创新提供了跨学科新视角。

Max Mulder（马克斯·穆尔德），荷兰代尔夫特理工大学航空航天工程学院控制与仿真系主任及全职教授。马克斯于 1992 年获得该校航空航天工程硕士学位，1999 年获得博士学位，其博士论文《聚焦于隧道 - 天空显示系统的控制论研究》被评为优秀论文。穆尔德教授的研究涵盖控制论在人类感知与行为建模中的应用，以及认知系统工程在生态人机系统设计中的实践。

M. M. (René) Van Paassen M.M.〔（雷内）·范·帕森〕，荷兰代尔夫特理工大学航空航天工程系副教授，人机交互与飞行仿真领域的国际知名专家。1988 年以优等成绩获得代尔夫特理工大学硕士学位，1994 年获同校博士学位，在硕士和博士阶段均致力于飞行员手臂神经肌肉系统的动力学特性研究。完成博士学位后，先后在德国卡塞尔大学担任 Brite/EuRam 研究员（研究过程控制动力学中的手段 - 目的可视化技术），并在丹麦技术大学从事博士后研究。作为 IEEE 和 AIAA 高级会员及《IEEE 人机系统学报》副主编，范·帕森教授的研究涵盖感知过程建模、触觉接口设计、人类手动控制机制，以及复杂认知系统的交互范式等人机交互领域的多个前沿方向。